ESFERA PÚBLICA E CONSELHOS DE ASSISTÊNCIA SOCIAL

Dados Internacionais de Catalogação na Publicação (CIP)
(Câmara Brasileira do Livro, SP, Brasil)

Raichelis, Raquel
    Esfera pública e conselhos de assistência social : caminhos da construção democrática / Raquel Raichelis. – 7. ed. – São Paulo : Cortez, 2015.

    Bibliografia
    ISBN 978-85-249-2324-1

    1. Assistência social – Brasil – Aspectos políticos 2. Brasil – Aspectos políticos 3. Conselho Nacional Assistência Social (CNAS) 4. Política social – Brasil 5. Serviço social – Brasil I. Título.

15-00554   CDD-361.30981

Índices para catálogo sistemático:
1. Brasil : Assistência social : Serviço social   361.30981

RAQUEL RAICHELIS

ESFERA PÚBLICA E CONSELHOS DE ASSISTÊNCIA SOCIAL
caminhos da construção democrática

7ª edição

CORTEZ EDITORA

ESFERA PÚBLICA E CONSELHOS DE ASSISTÊNCIA SOCIAL:
caminhos da construção democrática
Raquel Raichelis

Capa: de Sign Arte Visual
Preparação dos originais: Dirceu Scali Jr.
Revisão: Maria de Lourdes de Almeida
Composição: Linea Editora Ltda.
Coordenação editorial: Danilo A. Q. Morales

Direitos para esta edição
CORTEZ EDITORA
Rua Monte Alegre, 1074 – Perdizes
05014-001 – São Paulo – SP
Tel.: (11) 3864-0111   Fax: (11) 3864-4290
E-mail: cortez@cortezeditora.com.br
www.cortezeditora.com.br

Impresso no Brasil — março de 2015

A Berkus e Elka Raichelis, meus pais, minhas raízes.

A Jaime, companheiro de caminhada, amoroso e solidário.

A Andre e Daniel, nossos melhores frutos.

SUMÁRIO

RELAÇÃO DE SIGLAS

Abong	Associação Brasileira de ONGs
Anas	Associação Nacional dos Assistentes Sociais
Anasselba-SAS	Associação Nacional dos Servidores da LBA — Secretaria de Assistência Social
ANG	Associação Nacional de Gerontologia
Apae	Associação dos Pais e Amigos dos Excepcionais
CBIA	Centro Brasileiro da Infância e Adolescência
Ceneas	Comissão Executiva Nacional de Entidades Sindicais de Assistentes Sociais
CFESS	Conselho Federal de Serviço Social
CLT	Consolidação das Leis do Trabalho
CNAS	Conselho Nacional de Assistência Social
CNBB	Conferência Nacional dos Bispos do Brasil
CNS	Conselho Nacional de Saúde
CNSS	Conselho Nacional de Serviço Social

Conanda	Conselho Nacional da Criança e do Adolescente
Consea	Conselho de Segurança Alimentar
CRESS	Conselho Regional de Serviço Social
CUT	Central Única dos Trabalhadores
ECA	Estatuto da Criança e do Adolescente
Famurs	Federação dos Municípios do Rio Grande do Sul
Fase	Federação de Órgãos para Assistência Social e Educacional
Febiex	Federação Brasileira das Instituições de Excepcionais
FNAS	Fundo Nacional de Assistência Social
Ibase	Instituto Brasileiro de Análises Sociais
IBGE	Instituto Brasileiro de Geografia e Estatística
Inesc	Instituto Nacional de Estudos Sócio-Econômicos
INSS	Instituto Nacional de Seguro Social
Ipea	Instituto de Pesquisa Econômica Aplicada
LBA	Legião Brasileira de Assistência
Loas	Lei Orgânica de Assistência Social
MNMMR	Movimento Nacional de Meninos e Meninas de Rua
MPAS	Ministério da Previdência e Assistência Social
Neppos/UnB	Núcleo de Estudos e Pesquisas em Políticas Sociais da Universidade de Brasília
Onedef	Organização Nacional de Deficientes Físicos
ONG	Organização Não Governamental
PAT	Programa de Alimentação do Trabalhador

PCS	Programa Comunidade Solidária
PFL	Partido de Frente Liberal
PMDB	Partido do Movimento Democrático Brasileiro
PNAS	Política Nacional de Assistência Social
PNUD	Programa das Nações Unidas para o Desenvolvimento
PPS	Plano de Prioridades Sociais
Prodea	Programa de Distribuição Emergencial de Alimentos
PSDB	Partido da Social Democracia Brasileira
PT	Partido dos Trabalhadores
PUC-SP	Pontifícia Universidade Católica de São Paulo
SAS	Secretaria de Assistência Social
Seplan	Secretaria de Planejamento, Orçamento e Coordenação da Presidência da República
SUS	Sistema Único de Saúde

NOTA À 2ª EDIÇÃO

A 2ª edição deste livro mantém, basicamente, a mesma versão do texto original publicado em 1998.

As questões que são objeto da análise permanecem desafiando ainda mais intensamente a todos aqueles que se dedicam à árdua tarefa de contribuir para a democratização do Estado e da sociedade brasileira, no campo da formulação e implementação das políticas sociais públicas em nosso país.

Durante o processo de elaboração da tese de doutorado que deu base ao livro (defendida em 1997 na PUC-SP), as indagações que me levaram a refletir sobre os impasses para a consolidação de esferas públicas democráticas no âmbito da política social, especialmente da assistência social, em muitos casos apenas se esboçavam.

Da mesma forma, o movimento de multiplicação de fóruns e conselhos gestores das políticas sociais sinalizava uma tendência que hoje se encontra em franca expansão, e continua interpelando os sujeitos sociais comprometidos com a sua democratização.

Essa dinâmica sociopolítica reafirma, assim, o conjunto de ideias que orientaram as análises ante as configurações societárias contemporâneas, bem como as linhas de interpretação adotadas na reflexão original, que permanecem em plena vigência na conjuntura atual.

Por essas razões, e pelo curto lapso temporal que separa as duas edições deste livro, optei por realizar apenas atualizações pontuais em algumas informações, advertir o leitor quanto a alterações significativas que ocorrem no período, além de pequenas mudanças de linguagem para conferir maior precisão ao texto.

Com essa nova edição, espero contribuir para maior divulgação deste trabalho, que vem recebendo a acolhida generosa de pesquisadores, docentes, profissionais, gestores, intelectuais, trabalhadores sociais, militantes políticos e, principalmente, das novas gerações de estudantes que mantêm acesa a utopia de uma sociedade democrática e igualitária, apesar das adversidades e perplexidades que marcam o tempo presente.

Raquel Raichelis

PREFÁCIO

Francisco de Oliveira[1]

Há livros que cabem como uma luva em determinadas conjunturas; alguns, atendem, apenas, necessidades da discussão do presente, enquanto outros cumprem esses requisitos mas se projetam para além, permanecendo como uma contribuição indispensável para a permanente atualização dos temas de que trata. O livro, derivado da tese de doutorado "A Construção da Esfera Pública no Âmbito da Política de Assistência Social", de Raquel Raichelis Degenszajn, é do segundo tipo, e prefaciá-lo é participar, também, da discussão que ela empreende, das mais pertinentes e oportunas.

A tese e o livro beneficiam-se do trabalho, da discussão, da problematização e da produção teórica e empírica que se realiza na Faculdade e na Pós-Graduação de Serviço Social da Pontifícia

---

1. Professor titular de Sociologia do Departamento de Sociologia da Faculdade de Filosofia, Letras e Ciências Humanas da Universidade de São Paulo. Presidente e pesquisador do Centro de Estudos dos Direitos da Cidadania (CENEDIC), da mesma universidade.

Universidade Católica de São Paulo. Esse núcleo de docência e pesquisa da nossa eminente PUC-SP é, hoje, reconhecidamente, um dos mais importantes centros de discussão sobre as questões relativas à assistência social, seu estatuto como política pública, suas relações com os processos de constituição da cidadania e do Estado de Direito Democrático, os processos de exclusão ou de inclusão na sociedade, além de caracterizar-se como um corpo docente e investigador cuja militância nas lutas democráticas desmente a falsificação grosseira da incompatibilidade entre excelência da produção científica e militância cidadã. Ajunte-se a isso, sem desmerecer os homens que participam do Serviço Social da PUC-SP, o papel destacado das mulheres que fazem esse núcleo de docência e pesquisa: isto se deve não apenas ao fato de que a profissão de assistente social foi, historicamente, um nicho de ocupação e profissionalização feminina, exatamente pelos preconceitos quase atávicos na formação da sociedade brasileira, pois fazer "caridade" era atributo de mulheres, mas, além disso, pelo decidido engajamento das mulheres nos processos da luta democrática no Brasil dos últimos trinta anos, uma das mais expressivas e decisivas contribuições para o pouco de democracia que logramos.

A primeira parte do livro é dedicada à discussão das possíveis fundamentações teóricas para o estatuto da assistência social, repercutindo e ampliando um debate crítico no qual os assistentes sociais têm se empenhado, desde há uns quarenta anos, para retirar o serviço social e a assistência pública social do limbo do assistencialismo caritativo. Não se trata de desprezar a assistência feita em nome da caridade, essa virtude teologal que o apóstolo Paulo declarava ser a marca específica do cristianismo. A discussão que se trava tem a ver com o caráter privado do assistencialismo caritativo, e a questão que se põe é a de seu caráter público: o resumo do problema está em a assistência pública "constituir-se como política e (o de) realizar-se como pública" (p. 269). Longe de implacabilidade aparentemente rigorosa, mas na verdade cínica, de ou haver assistência pública como política ou os pobres que morram desassistidos, tipo de pensamento bem próximo às máximas neoliberais, a questão que está em primeiro lugar é o do direito do cidadão poder dispor dos auxílios que o ajudem a superar e contornar períodos difíceis em conjunturas especiais, que, infelizmente, vão se tornando estruturais. Que a discussão mostra resultados positivos, não pode menos que ser apreciada pelas próprias posições do representante da CNBB no Conselho Nacional de Assistência Social, relatadas no livro: a Igreja Católica, por longo tempo detentora e quase monopolizadora da assistência social, já põe em xeque o caráter privado em que enclausurou sua atuação, no passado, e mesmo ainda hoje, em muitas situações.

A constituição da assistência social como política pública percorre um longo caminho, no país "cordial" de Sérgio Buarque de Holanda, em que a sociabilidade do favor era — e ainda é — a moeda de troca das relações sociais, principalmente entre dominantes e dominados. A área da assistência social presta-se, como poucas, a essa "cordialidade". Desfazer isto que é quase uma "segunda natureza" das relações de dominação no Brasil, para transformá-la numa esfera pública não burguesa que ao mesmo tempo se estrutura nos direitos e reforça-se com sua prática, não é uma tarefa para poucas décadas. Aliás, a contribuição da tese, agora livro, de Raquel Raichelis para a elucidação do "quiproquó" entre esfera pública não estatal e esfera pública não burguesa vem muito a propósito, na conjuntura atual em que se trava a luta pela reforma do Estado brasileiro. Não é desconhecido de ninguém que o neoliberalismo metamorfoseou a tese da autonomia da sociedade civil numa proposta de esfera pública não estatal, típico das "reformas" patrocinadas pelo ministro Bresser Pereira, da Reforma do Estado e da Administração Pública. Tomando essa bandeira, propõem-se organizações públicas não estatais, algumas já criadas, para fazer as vezes do Estado, por demais "inchado" para o gosto neoliberal. A discussão que Raquel procede desmistifica esse tipo de proposição, pois faz a pergunta sobre quem opera a universalização dos direitos, deveres e obrigações: a própria sociedade civil, que na verdade, pelas propostas neoliberais, é reduzida a um conjunto de instituições, que, a rigor, vão operar uma espécie de "corporativismo", justamente e aparentemente *la bête noire* do neoliberalismo?

A própria participação dos atores é estudada cuidadosamente, quando a autora se detém sobre o CNAS (Conselho Nacional de Assistência Social). A presença forte das assistentes sociais é bem marcada, devido à sua tradição neste campo de luta, ao lado de outras instituições, tais como a própria CNBB, e agora as ONGs dedicadas à questão da assistência social. Mas Raquel anota a fraca presença dos trabalhadores, assalariados da cidade e do campo, além da ausência de organizações de representação do campesinato. Essa ausência, que enfraquece o CNAS, não se deve, apenas, a manobras do Estado, mas, sobretudo, ao fato de que as organizações dos trabalhadores ainda não se deram conta de que a assistência social é o campo que complementa os direitos do trabalho, sob outras formas. Virar as costas para esse importante campo de disputa política, onde se afirmará ou negará o direito à assistência pública como política não pontual, não *ad hoc*, não ao sabor das conjunturas, é estreitar o próprio campo do conflito e deixar ao Estado e às classes dominantes, como no passado, as definições de política que aí se formulam. Além disso, longe de ser ingênua, treinada e calejada por uma longa experiência nesse campo minado de ambiguidades que é a assistência social, Raquel percebe que o próprio assistencialismo caritativo, que se dá sob as formas do fisiologismo, do clientelismo e da corrupção, constituem o que Foucault chamaria de "recursos de método" dos agentes da assistência social, pelo que o abandono dessas práticas, mesmo quando o discurso já está em mudança, não se dá assim tão facilmente.

O papel do Estado é fundamental na assistência como pública e/ou política. Tendo sido, desde o Estado Novo, com a criação da Legião Brasileira de Assistência — LBA, o fundador da assistência pública como não política — já que, antes dele, cabia quase exclusivamente à Igreja Católica e às entidades filantrópicas encarregar-se dos pobres sobre os quais o mercado não tem responsabilidades —, o Estado tem enormes dificuldades de lidar com a assistência pública como política e como direito, tal como a Constituição de 88, ainda que guardando alguns anacronismos, definiu fundamentalmente em suas linhas gerais. De um lado, porque a LBA constituiu-se no lugar dos arranjos clientelísticos por excelência, irrigando uma rede de interesses cujo desmanche não é exatamente fácil como o de automóveis roubados. De fato, a LBA, corrigindo o que foi dito antes, erigiu a assistência social sob um novo paradigma que podemos chamar, contraditoriamente, de filantropia estatal. De outro, porque, como se constata na constituição e funcionamento do CNAS, os representantes do Estado, geralmente funcionários de segundo e terceiro escalões, de fato não são *representantes*: são apenas assistentes, cuja presença, nas mais das vezes, serve apenas para anular a representatividade de outros sujeitos da assistência social. Num conselho como o CNAS, que inova precisamente pelo fato de que também é executivo, esse papel de meros assistentes da pretensa representação dos distintos níveis e instituições setoriais governamentais entrava os trabalhos, pois eles não dispõem de poderes decisórios. Neste caso, não se trata apenas de que as regras da hierarquia burocrática impedem a tomada de decisões por parte dos "representantes" do Estado: isto também conta, mas o principal é que a assistência social de fato não é, nem de longe, prioridade estatal, nem política, continuando a ser apenas o *locus* de decisões *ad hoc*. Neste caso, apenas a presença às vezes do próprio ministro, ou de um representante com reais poderes, pode fazer funcionar o *ad hoc*, o que é pior, porque o conselho não consegue estabelecer pautas de ação sistemática e contínua.

No período em que a pesquisa para a tese, agora livro, foi realizada, a autora não se dedicou ao estudo da Comunidade Solidária, pela sua recência. Mas seu trabalho fornece todos os elementos para a decifração dessa nova instituição do governo Fernando Henrique Cardoso. Seguindo a velha tradição do poder, a Comunidade Solidária é presidida pela Primeira-Dama, tal como Vargas entregou a D. Darci Vargas a presidência da LBA. Mas o presidente ainda se esforça por dizer que seu governo encerrou a era Vargas; talvez não a era "Darci"... Para além do humor fácil, que revela mais continuidade que ruptura, o verdadeiro caráter da Comunidade Solidária consiste em estabelecer uma instituição de coordenação da assistência social que repete todos os velhos padrões do assistencialismo filantrópico público. Em primeiro lugar, o conselho da Comunidade Solidária não tem representantes eleitos pelos sujeitos que atuam na área da assistência social: além do representante da CNBB, uma pura manobra para não aumentar a área de atrito com a Igreja Católica, o conselho da Comunidade Solidária é composto, maiormente, por personalidades da mídia e do *show business* tupiniquim. Indagado, certa vez, sobre a razão pela qual o governo não havia convidado representantes da sociedade civil para compor o referido conselho, importante assessor direto da Presidência da República retrucou, com a maior sem-cerimônia, que precisamente o governo não queria "representantes" naquele fórum, que aliás passou, imediatamente, a não ser fórum.

Não sem razão, a Comunidade Solidária anulou, imediatamente, o CNAS como *locus* da formulação da assistência social como política pública. Depois de algumas escaramuças, Herbert de Souza, o saudoso Betinho, renunciou imediatamente ao posto que lhe tinha sido ofertado, no que foi seguido por ninguém menos que Renato Aragão, o famoso "trapalhão", por não reconhecerem no conselho a que pertenciam qualquer função na delimitação, formulação e implementação da assistência social promovida pela Comunidade Solidária. A ação da Comunidade Solidária reproduz, ponto por ponto, a trajetória da assistência social na estrutura do Estado brasileiro: assistencialista no pior sentido do termo, fisiológica, clientelista, fonte de corrupção política, e, sobretudo, o não reconhecimento dos agentes da assistência social e do serviço social como sujeitos da política. Salta-se por cima das instituições, para realizar a assistência diretamente, numa das características que mais aproximam o neoliberalismo do autoritarismo. Trata-se de silenciar a voz e o voto na deliberação da política, o que a reconduz ao "leito de Procusto" da privatização das carências de uma parcela significativa da sociedade brasileira, o que quer dizer uma regressão do estatuto dos direitos. Destrói-se a esfera pública não burguesa, para voltar-se ao modelo tradicional: o projeto e a forma de atuação da Comunidade Solidária são a cara da privatização do Estado na área da assistência social, que corresponde ao lado privatizante que se passa na questão das empresas públicas e na concepção do Estado Mínimo, do Estado *clean* e *lean*, cuja lógica de atuação deve ser a mesma das empresas privadas.

As matrizes dessas reflexões, contidas no livro de Raquel, abrindo para o tratamento e a inteligibilidade de inúmeras outras questões no âmbito da democratização, indicam-nos que na formulação e posta em marcha da política de assistência social, encontra--se uma das chaves-mestras para a compreensão do próprio projeto neoliberal e dos riscos que ele significa para a democratização da sociedade brasileira. Conforme nos lembrou T. H. Marshall, a cidadania, que é o que está sendo posto em questão pelo neoliberalismo, é a arma insubstituível para a erradicação da miséria e da indignidade que grassam na sociedade brasileira. Longe de esperarmos que o desenvolvimento econômico seja a chave para essa erradicação, a própria história da economia brasileira, a que mais cresceu no sistema capitalista ao longo do último século, desde os anos 1970 do século XIX até muito recentemente nos anos do "milagre" da ditadura militar, nos ensina que a condição cidadã é a única que pode dar sentido ao desenvolvimento econômico. Apesar de que o tom rigorosamente científico em que se desenvolve o trabalho de Raquel nos advirta contra as diversas satanizações, por minha conta direi: cabe aos cidadãos, na esfera da política em geral, e em cada um dos "fora" em que se trava a luta entre duas concepções distintas e antagônicas da assistência social pública, chamar outra vez o grande apóstolo da caridade para que ordene ao demônio neoliberal: Vade retro, Satanás. O livro de Raquel faz parte desse chamado.

APRESENTAÇÃO

Nas últimas décadas, a sociedade capitalista contemporânea vem atravessando profundas transformações que desafiam as formulações e as práticas sociais de intelectuais, pesquisadores e políticos. Teorias, conceitos e interpretações acumulados pelo pensamento social parecem hoje insuficientes para desvendar os nexos explicativos das mudanças econômicas, sociais, políticas e culturais que vêm se processando velozmente nesse fim de século. No interior desse processo, generaliza-se a convicção de que os mecanismos tradicionais da democracia representativa não têm sido capazes de absorver demandas sociais cada vez mais abrangentes, que requerem novos condutos de expressão e reconhecimento. Os elos entre sociedade política e sociedade civil tornam-se cada vez mais importantes. Emerge o debate sobre as relações entre democratização e representação dos interesses populares na esfera das decisões políticas.

Em tal perspectiva, a discussão das políticas públicas ganha relevância por seu caráter de mediação entre as demandas sociais e as formas como são incorporadas e processadas pelo aparato governamental. Vai ganhando força a ideia de que os espaços de construção e gestão das políticas sociais devem ser alargados, para abrigar a participação de novos atores sociais.

O movimento de multiplicação de sujeitos sociais, organizado nas décadas recentes em torno de demandas no campo das políticas sociais, possibilitou rediscutir e rever concepções e práticas responsáveis pela fragilidade das respostas do aparato governamental diante do agravamento da questão social. Simultaneamente, deu impulso à emergência de propostas voltadas para a criação de novos fóruns de representação e deliberação, capazes de incorporar a participação popular nos processos decisórios.

Essa conjuntura política repercute no campo da assistência social, especialmente no interior da categoria profissional dos assistentes sociais, e traz novas indagações e desafios em relação aos quais, no entanto, não existem ainda respostas consolidadas no plano teórico e político.

Embora a assistência social seja historicamente uma área de intervenção recorrente na prática dos profissionais de Serviço Social, não alcançou o estatuto de política pública. No âmbito da categoria dos assistentes sociais, de modo geral, a assistência social foi tradicionalmente considerada como atividade da *esfera privada* de parcela dos seus agentes, desenvolvida na intimidade de um cotidiano que coloca frente a frente os *portadores da carência* — usuários dos serviços assistenciais — e os *provedores das respostas* (invariavelmente emergenciais e insuficientes) — os assistentes sociais —, num movimento ambíguo de afirmação/recusa, continuidade/ ruptura da assistência social, diante da premência da necessidade e da precariedade das soluções.

Na hierarquia das práticas profissionais, o campo da assistência social foi sendo posto em plano secundário, estabelecendo-se uma cisão entre as ações assistenciais voltadas para a "emergência social" e outras frentes de trabalho que conteriam maior potencialidade na luta por direitos. Essa espécie de dualização do campo profissional debilitou as possibilidades de enfrentamento teórico e político da assistência social, como campo de definição de política pública articulada às demais políticas sociais.

Mais recentemente, no quadro de agravamento da crise social e de luta contra o autoritarismo, pode-se observar a emergência de um movimento mais amplo, na profissão e na sociedade, de retomada do debate sobre a assistência social sob novos ângulos e dentro de outros parâmetros.

Como assistente social e docente da Faculdade de Serviço Social da Pontifícia Universidade Católica de São Paulo, venho acompanhando há muitos anos o debate profissional em torno dessas questões. A rigor, a temática com que trabalho neste estudo incorpora reflexões e elaborações que venho desenvolvendo desde finais da década de 1970, a partir da experiência no âmbito das políticas sociais junto aos movimentos populares, seja por meio da universidade, seja da inserção profissional em instituições governamentais. Minha dissertação de mestrado, concluída em 1986, já revelava embrionariamente o teor de minhas preocupações, dirigidas para as possibilidades de incorporação do *protagonismo* dos novos atores sociais nas definições das prioridades a serem contempladas pelos programas e serviços sociais públicos. O debate sobre a assistência social apenas se iniciava, mas já era possível observar um movimento do Serviço Social que buscava inserir a reflexão sobre a assistência social na dinâmica contraditória das respostas do Estado à questão social. Nessa direção, a assistência social começava a ser apreendida, também, como possibilidade de extensão de direitos sociais a amplos segmentos sociais excluídos do seu acesso.

Este estudo situa-se, assim, na perspectiva daquele movimento que pretende conferir visibilidade ao processo de consolidação da assistência social como campo de afirmação e ampliação de direitos sociais, inscritos na agenda estatal no plano da responsabilidade pública. Seu foco é a análise das possibilidades de construção da esfera pública no âmbito da assistência social, considerada a partir dos processos recentes de sua configuração como política pública.

Trata-se de estudar um fenômeno que está duplamente em formação. De um lado, porque historicamente a assistência social não foi concebida como área de definição política dentro do universo das políticas sociais, constituindo-se num *mix* de ações dispersas e descontínuas de órgãos governamentais e de instituições privadas, que exercem papel subsidiário na execução de programas e serviços assistenciais. De outro, as relações das entidades assistenciais sem fins lucrativos com o Estado, construídas de longa data, viabilizaram o acesso dessas organizações ao fundo público, passando ao largo de mecanismos de controle social. Nesses termos, a tradição acumulada da assistência social tem sido a da regulação *ad hoc*, do tratamento caso a caso, sempre sujeitos a manipulações personalistas e clientelistas a serviço de interesses imediatistas, quando não de práticas de corrupção no uso dos recursos públicos.

Nesse contexto, as possibilidades de mudanças surgem a partir da conjuntura dos anos 1980, quando, em meio à crise social e aos esforços democratizadores, propiciou-se novo cenário político para o redimensionamento da assistência social. O momento de inflexão nessa trajetória foi a Constituição Federal de 1988, que definiu instrumentos de participação da sociedade civil na formulação e no controle da gestão das políticas públicas. No caso da Assistência Social, o mecanismo constitucional foi configurado em termos operacionais pela Lei Orgânica de Assistência Social (Loas) — sancionada pelo presidente Itamar Franco e regulamentada pela Lei n. 8.742, de 7 de dezembro de 1993 —, com a criação dos Conselhos de Assistência Social nas três esferas governamentais. Isso representou para o campo da assistência social uma espécie de estatuto de maioridade jurídica, já que, pela primeira vez, é definida como política pública.

Para desenvolver a problematização que é objeto deste livro, o estudo centrou-se na análise do Conselho Nacional de Assistência Social (CNAS). O CNAS foi instituído pela Loas em seu artigo 17, como instância colegiada de gestão democrática e participativa da Política de Assistência Social, e constitui espaço privilegiado de representação da sociedade política e da sociedade civil na definição e no controle social dessa política setorial.

Quais são as dificuldades para a implementação da política de assistência social com a participação ativa de segmentos organizados da sociedade civil, em processos que envolvem decisão e partilha do poder governamental? Quais os embates e confrontos que se desencadeiam neste processo? Até que ponto este mecanismo institucional viabiliza a *publicização* dos conflitos em jogo e os traz para a visibilidade da cena pública? Essas são algumas das indagações que este texto pretende enfocar.

Para a apreensão da temática em questão, este trabalho apoiou-se em ampla bibliografia, selecionada para orientar a análise da diversidade de ângulos necessários à reconstrução do objeto. Cabe destacar, no entanto, a escassez da literatura sobre a temática dos conselhos, em particular dos conselhos de assistência social, principalmente pelo caráter recente das experiências em curso e, ainda mais, pelo fato de que a política nacional encontra-se em fase de discussão.[2] Além disso, a Loas só foi aprovada em 1993 e o CNAS foi criado em 1994. São fatores importantes para

---

2. A Política Nacional de Assistência Social foi aprovada em 16/12/1998, pela Resolução n. 207 do CNAS, portanto, cinco anos após a promulgação da LOAS.

circunscrever as dificuldades enfrentadas no desenvolvimento da pesquisa sobre o tema.

Como suporte para a análise, examinei também um conjunto de documentos que definem os marcos legais do campo de intervenção da assistência social e do CNAS, além de textos produzidos pelo próprio conselho. A relação desses documentos pode ser encontrada na Bibliografia.

Considerando que as temáticas relacionadas ao objeto em estudo desenvolvem-se intensamente articuladas à conjuntura política atual, vali-me, como fonte complementar e, também, de dados atualizados sobre as diversas expressões da questão social, de material publicado na imprensa, inclusive na forma de artigos assinados por representantes governamentais ou especialistas e de entrevistas. Em alguns momentos, utilizei a observação direta, participando como observadora de reuniões plenárias e ampliadas do CNAS em Brasília e de outros encontros organizados para o debate da política de assistência social.

Para construir o universo empírico da investigação foram realizadas dezoito entrevistas com conselheiros que integram o CNAS, a partir de um roteiro de questões abertas que orientaram a abordagem dos temas centrais da pesquisa.[3]

---

3. O CNAS é integrado por representantes governamentais e da sociedade civil, está subdividida em três segmentos: representantes das entidades prestadoras de serviços assistenciais e de assessoria, representantes dos usuários e representantes dos trabalhadores da assistência social. De acordo com essa composição, foram entrevistados os seguintes conselheiros representantes governamentais:

— da Secretaria de Assistência Social, Carlos Maranhão Gomes de Sá (titular) e Joana Maria Braga da Silva (suplente; respondeu o roteiro por escrito);

— do Ministério da Previdência e Assistência Social, Luiz Fernando Beskov;

— do Ministério do Trabalho, Marcelo Afonso Monteiro;

— do Ministério da Educação, Gilda Figueiredo Portugal Gouvea;

— do Ministério do Planejamento e Orçamento, Elizeu Francisco Calsing (do IPEA);

A maioria das entrevistas foi realizada em maio de 1996, em Brasília, sede do CNAS. Na oportunidade de uma das reuniões ordinárias, seguida de reunião ampliada com representantes dos conselhos e fóruns estaduais e municipais de assistência social, pude realizar as entrevistas tanto com os conselheiros residentes no Distrito Federal quanto com os oriundos de diferentes estados, que para ali se dirigem mensalmente a fim de participar das reuniões do Conselho ou das comissões técnicas de trabalho. Todas as entrevistas foram gravadas com o consentimento dos entrevistados.

Os entrevistados não representam amostragem aleatória do universo investigado. Transformaram-se em sujeitos da pesquisa, na qualidade de representantes dos órgãos ministeriais, das organizações e das entidades que participam da composição do CNAS. Por essa razão, os depoimentos citados ao longo do tra-

---

— do Ministério da Saúde, Lisete Castanho Ribeiro;

— e como representante dos municípios, Marlowa Jovchelovitch (presidente do CNAS).

Como representantes de entidades da sociedade civil, foram ouvidos:

— da Associação Brasileira de Organizações Não Governamentais (Abong), Vandevaldo Nogueira;

— da Conferência Nacional dos Bispos do Brasil (CNBB), padre Virgílio Leite Uchôa;

— e da Cáritas Brasileira, irmã Rosita Milesi (suplente; ex-secretária executiva do CNAS).

Os representantes de usuários que participaram das entrevistas foram:

— do Movimento Nacional dos Meninos e Meninas de Rua (MNMMR), José Antonio Moroni;

— da Associação Nacional de Gerontologia (ANG), Maria José Lima de C. Rocha Barroso;

— e da Organização Nacional de Entidades de Deficientes Físicos (ONEDEF), Ana Maria Lima Barbosa.

E, como representantes dos trabalhadores:

— da Associação Nacional dos Servidores da Secretaria de Assistência Social (Anasselba-SAS), Maria de Fátima de A. Ferreira;

— da Central Única dos Trabalhadores (CUT), Patrícia Souza de Marco;

— e do Conselho Federal de Serviço Social (CFESS), Maria Carmelita Yazbek (titular; vice-presidente do CNAS) e Ana Lígia Gomes (suplente).

balho serão identificados pelos nomes das entidades às quais os representantes se vinculam. Não foram entrevistados todos os membros que integravam o CNAS à época da pesquisa, mas a quase totalidade dos titulares e alguns suplentes. Em princípio, defini como critério entrevistar apenas os titulares, mas, dada a intensa e sistemática participação de alguns suplentes, sua inclusão mostrou-se relevante.

No caso dos representantes da sociedade civil, as entidades e organizações que integram o CNAS foram eleitas em fórum específico, sob fiscalização do Ministério Público. Os representantes governamentais são indicados pelos respectivos ministérios, a partir de critérios não devidamente explicitados, o que será objeto de análise no desenvolvimento deste trabalho.

As entrevistas proporcionaram ampla interlocução com os sujeitos, não se limitaram a mero levantamento e registro de dados. Mais do que informantes, os sujeitos entrevistados revelaram-se interlocutores qualificados diante dos temas de interesse deste estudo e contribuíram para indicar veios fecundos para a análise. Todos os entrevistados mostraram grande disponibilidade, reforçando a relevância da pesquisa e expressando interesse por seu desenvolvimento.

Nas seções que integram esse trabalho, procuro explicitar os diferentes ângulos orientadores de nossa análise.

No capítulo I, analiso as categorias *público* e *privado* e problematizo as configurações de sua articulação no contexto do Estado liberal e do *Welfare State*, pormenorizando as transformações que se operaram na esfera pública a partir da crise do capitalismo contemporâneo. Lido com as conexões teóricas e políticas, estruturais e conjunturais que configuram as peculiaridades do capitalismo na formação socioeconômica brasileira, destacando os limites à estruturação da esfera pública e as mudanças desencadeadas a partir do cenário sociopolítico das décadas de 1980 e 1990. Examino as formas de proteção social e particularizo as reflexões sobre a assistência social nas diferentes conjunturas políticas, tendo como referência a crise do Estado burocrático-autoritário, no contexto da transição e da consolidação democráticas.

A seguir, no capítulo II, explicito o processo que desencadeia a redefinição das concepções e direções da assistência social a partir da aprovação da Lei Orgânica de Assistência Social. Reconstruo a trajetória de implantação do Conselho Nacional de Assistência Social e as dificuldades que cercaram seu reconhecimento no contexto do governo Itamar Franco e seus desdobramentos no governo Fernando Henrique Cardoso.

No capítulo III, desenvolvo mais diretamente a análise dos dados extraídos das entrevistas com os conselheiros do CNAS, buscando estabelecer conexões teóricas com os eixos que orientaram as preocupações centrais deste estudo. Exponho a antinomia entre carência e direito, as concepções da política de assistência social na óptica dos sujeitos que integram o Conselho e suas posições a respeito do significado do CNAS como espaço de gestão participativa e democrática.

No capítulo IV, detenho-me nas questões envolvidas na representação de cada um dos segmentos que compõem o CNAS, com o objetivo de identificar peculiaridades e dificuldades para a sua efetivação.

No capítulo V, afinal, apresento as conclusões deste estudo, que expressam o estágio de compreensão do tema que consegui atingir — e, ao mesmo tempo, enuncio algumas indagações que o caminho percorrido propiciou.

Este livro, escrito originalmente como tese de doutorado apresentada à Pontifícia Universidade Católica de São Paulo em 1997, é editado agora sem modificações substanciais.

No percurso de elaboração do trabalho, estimulante e desafiador, muitos amigos e companheiros de trabalho estiveram presentes, e nomeá-los tornaria a lista muito longa. Quero registrar aqui minha gratidão.

Contudo, não poderia deixar de destacar meu reconhecimento àqueles que viabilizaram mais diretamente a realização desse trabalho.

Ao professor Luiz E. Wanderley, amigo e orientador da tese, pesquisador do tema que inspirou minhas reflexões, compartilhou comigo os desafios desse trabalho, através do estímulo permanente, diálogo e respeito intelectual.

Aos sujeitos desta pesquisa, conselheiros integrantes do Conselho Nacional de Assistência Social que, valorizando esse trabalho, me concederam as entrevistas com grande disponibilidade.

Aos integrantes da banca examinadora da tese, as professoras Aldaíza Sposati, Maria Carmelita Yazbek, Potyara Pereira e Vera Telles, pelas valiosas observações e sugestões, que contribuíram para enriquecer e precisar minhas reflexões.

A Capes e ao Conselho de Ensino e Pesquisa da PUC-SP que, em diferentes momentos, me concederam recursos fundamentais para a realização dessa investigação.

A Cleisa M. M. Rosa, amiga de todas as horas, que realizou leitura crítica e sugestiva dos originais.

À professora Maria Lúcia Barroco, amiga e companheira de trabalho e de luta, interlocutora permanente, que elaborou pareceres atentos e qualificados aos meus relatórios ao Cepe/ PUC-SP.

À amiga Rosangela Paz, parceira das primeiras e longas conversas, quando este trabalho era apenas uma promessa.

Às amigas Ana Lúcia Ancona, Liliana Jalfen e Malu Genevois, presença na vida cotidiana, pelo apoio afetivo e amizade profunda.

Finalmente, ao Frank Roy C. Ferreira, mais do que um revisor preciso e rigoroso do texto, um interlocutor estimulante que, com respeito e sutileza, imprimiu estilo e leveza aos originais.

INTRODUÇÃO

A escolha da temática deste livro parte do reconhecimento de que o exame das transformações que vêm se processando no universo da assistência social indica a *exigência teórica* do desvendamento das questões que tais transformações desencadeiam, e a *exigência política* da instituição de uma nova cultura capaz de conferir dimensão pública às práticas desenvolvidas naquele campo.

A concepção de esfera pública aqui adotada baseia-se na ideia de que sua constituição é parte integrante do processo de democratização, pela via do fortalecimento do Estado e da sociedade civil,[1] expresso fundamentalmente pela inscrição dos interesses das

---

1. As concepções de Estado e de sociedade civil estão incorporadas a nossa análise no contexto da tradição gramsciana da teoria ampliada do Estado. Estabelecendo novos nexos e articulações entre economia e política, sociedade civil e Estado, estrutura e superestrutura, a contribuição de Antonio Gramsci enriquece a teoria marxista "clássica" de Estado, considerado em sentido estrito como organismo de coerção e dominação pela classe dominante. Para Gramsci, o Estado comporta duas esferas: a *sociedade política*, ou Estado no sentido estrito da coerção, e a *sociedade civil*, constituída pelo conjunto de organizações responsáveis pela elaboração e/ou difusão das ideologias, como os sindicatos, os partidos, as Igrejas, o sistema escolar, a organização material da cultura (imprensa, meios de comunicação de massa) e as organizações profissionais. São estas duas esferas que formam em conjunto o Estado no sentido amplo ou, nos termos de Gramsci, *sociedade política* mais

maiorias nos processos de decisão política. Inerente a tal movimento, encontra-se o desafio de construir espaços de interlocução entre sujeitos sociais que imprimam níveis crescentes de *publicização*[2] no âmbito da sociedade política e da sociedade civil, no sentido da criação de uma nova ordem democrática valorizadora da universalização dos direitos de cidadania.

Esta perspectiva desencadeia possibilidades de mudar a tendência de secundarização da sociedade civil, pela via fecunda do fortalecimento das formas democráticas de relacionamento entre as esferas estatal e privada. Entendida dessa forma, a publicização das práticas sociais envolve a representação de interesses coletivos na cena pública, que possam ser confrontados e negociados a partir da explicitação dos conflitos que regem as relações societárias na sociedade capitalista contemporânea.

Nos termos de Arendt (1991) e Telles (1990), a ideia de esfera pública remete a um espaço de aparecimento e visibilidade.

Segundo Telles (1990, p. 29), "tudo o que vem a público pode ser visto e ouvido por todos", e é essa visibilidade pública que constrói a realidade, que forja *um mundo comum*. Os caminhos de

---

sociedade civil, vale dizer, *hegemonia revestida de coerção* (Gramsci, 1978). Para o autor, a relativa autonomia da sociedade civil, como esfera própria, funciona como mediação necessária entre a estrutura econômica e o Estado-coerção. Essa autonomia, segundo Coutinho (1981), não é apenas material, mas também funcional; abre-se, assim, a possibilidade de luta pela hegemonia e pelo consenso no interior da sociedade civil, isto é, no Estado em seu sentido amplo. Para aprofundamento da análise sobre a teoria ampliada do Estado, ver Coutinho (1981, p. 87-102). A análise de Bobbio (1982) sobre o conceito de sociedade civil é referência básica, apesar das críticas de alguns autores quanto a sua interpretação das relações entre estrutura e superestrutura no pensamento de Gramsci. Sobre esse aspecto, consultar Coutinho (1981) e Simionato (1995).

2. O conceito de publicização, relacionado à configuração de instituições públicas não estatais, foi utilizado por Luiz Eduardo Wanderley em 1987 para a análise do caso da PUC-SP, que, naquela data, debatia alternativas de organização jurídico-institucional para a Universidade. Trata-se de uma possibilidade que buscou superar a polarização estatal — privado no campo das instituições de ensino superior (cf. Wanderley, 1987).

formação dessa esfera *comum* são construídos, portanto, pelo discurso e pela ação dos sujeitos sociais que, estabelecendo uma interlocução pública, possam deliberar em conjunto as questões que dizem respeito a um destino coletivo. Aqui se inscreve sua dimensão propriamente política, na medida em que, nessa óptica, a noção de esfera pública se afirma como *comunidade politicamente organizada* e baseada no reconhecimento do direito de todos à participação na vida pública.

Nestes termos, o processo de publicização nas diferentes esferas da vida social não é concebido como anterior ao aparecimento dos conflitos. Ao contrário, trata-se de um movimento que impregna o tecido social, direcionado pela correlação de forças políticas que se estabelece entre os atores sociais e que permite tornar visíveis os conflitos e viabilizar os consensos. É um processo que assume, assim, o caráter de estratégia política de sujeitos sociais que passam a disputar lugares de reconhecimento social e político. Entendida desta forma, a construção da esfera pública transcende a forma estatal ou privada. Remete a novas formas de articulação entre Estado e sociedade civil, formas em que interesses coletivos possam ser confrontados e negociados. É nessa perspectiva que é possível encontrar, na análise de muitos estudiosos, a constatação do esgotamento da dicotomia público-privado *vis-à-vis* a dicotomia estatal--mercado, pela incapacidade de a primeira abranger o universo das práticas sociais contidas na ideia de público.

O exame das questões que envolvem a esfera pública descortina um universo imenso de fenômenos que se relacionam às complexas relações entre Estado, mercado e sociedade civil, num contexto em que transparece a intensa interpenetração das contradições entre o *público* e o *privado*, na sociedade brasileira, esvaindo-se as fronteiras que demarcam seus limites. Entretanto, a abordagem das relações *público-privado* é aqui recortada a partir do modo como essas dimensões se expressam na implementação dos serviços e programas de assistência social. Neste campo, embora o Estado não possa ser associado automaticamente ao público, o privado não se confunde com o mercado, ainda que transitem nesta esfera interesses de sujeitos privados. O privado é aqui representado por um conjunto heterogêneo de entidades que se distinguem das organizações puramente mercantis, ao exercerem papel de intermediação na prestação de bens e serviços não contributivos, que não derivam da inserção do beneficiário no mercado de trabalho.[3]

No processo, combinam-se de modo complexo os âmbitos privados e estatais. Os mecanismos utilizados pelo Estado para a transferência de recursos e de responsabilidade pela execução de programas para a rede de entidades assistenciais não configuraram a assistência social nem como política nem como pública. Associar esses dois termos — *política* e *pública* — é o ângulo a partir do qual pretendemos penetrar nos meandros da temática em questão.

Tal associação só começou a ser possível, no entanto, em função do cenário político que, a partir de fins da década de 1980, delineou um novo perfil da assistência social profundamente entrelaçado na dinâmica sociopolítica que caracterizou a sociedade brasileira naquele período, nos marcos dos esforços reformadores inscritos na Constituição de 1988.

As lutas pela democratização da sociedade brasileira, protagonizadas por amplos movimentos sociais, são expressões da tentativa de constituir esferas públicas, quando a luta pela conquista e pela extensão de direitos associou-se à construção democrática do Estado e da sociedade. Essa dinâmica inseriu-se nos

---

3. Esta abordagem não implica desconsiderar que é no âmbito da produção, das relações entre capital e trabalho, que são geradas as necessidades que conduzem à formulação das políticas sociais no capitalismo, nem desconhecer as complexas articulações entre empresa e Estado na sua implementação. O recorte do presente estudo, todavia, busca explorar a dimensão da participação das organizações privadas não mercantis e não lucrativas na conformação da esfera pública no campo da política de assistência social.

processos econômicos e sociais relacionados com a *crise brasileira dos anos 1980*.[4]

Tomando como baliza o quadro das mudanças que se operam a partir da desagregação do Estado autoritário no Brasil, observa--se a interpenetração de duas dinâmicas societárias que explicam a crise iniciada na década de 1970 e seu aprofundamento na década de 1980. Trata-se da combinação, por complexas mediações, de um *elemento político*, determinado pela crise do autoritarismo e pela transição negociada "pelo alto" que marcou a democratização em nosso país, e *determinantes econômico-sociais* derivados dos processos de reorganização do capitalismo em escala mundial, responsáveis pela articulação de novo padrão de acumulação nos países centrais, com rebatimentos nos países situados na periferia do sistema capitalista.

No plano internacional, a emergência de novas modalidades de articulação entre o estatal e o privado tem como pano de fundo a crise do Estado contemporâneo, que faz ressurgir com grande intensidade o ideário neoliberal e visa restaurar o mercado como instância de mediação societária. Nessas circunstâncias, está em jogo a forma de regulação do *Welfare State*, principalmente naqueles países europeus que foram o berço da social-democracia clássica. No Brasil, isso se reflete na crise do modelo nacional-

---

4. Incorporamos a expressão de Mota (1995), para quem a *crise brasileira dos anos 1980* pode ser compreendida como expressão particular de uma crise de proporções mais amplas que atinge o capitalismo contemporâneo e assume peculiaridades na formação social brasileira em função do modo como, historicamente, se efetivou a inserção subordinada do Brasil na ordem capitalista internacional. Este processo guarda profundas relações com as transformações operadas no capitalismo em escala mundial e remete, ao mesmo tempo, aos traços particulares de sua realização na sociedade brasileira (Mota, 1995, p. 23). É importante esclarecer, ainda, que o termo *crise* não é empregado, em nosso estudo, como sinônimo de colapso ou falência, mas na perspectiva de apreender as mutações por que passam o Estado e a sociedade capitalista contemporâneos, que engendram novas formas de articulação entre essas esferas a partir da dinâmica societária que as informa.

-desenvolvimentista, diante das exigências de reorganização do capitalismo na periferia, tendo em vista determinações oriundas da nova ordem mundial.

Para o tema em questão, é fundamental observar que este modo de regulação capitalista, que consolida o *Welfare State* e se expande velozmente e de modo ascendente a partir da Segunda Guerra Mundial, vai abrir espaços para a implementação de sistemas de proteção social que atuam como instrumentos de *desmercadorização* da força de trabalho (Castel, 1995; Esping-Andersen, 1991; Francisco de Oliveira, 1988 e 1993a). Isto porque, intrinsecamente ligado ao trabalho, se associa um conjunto de direitos sociais que decorrem do lugar que os sujeitos ocupam na *sociedade salarial* (Castel, 1995), cuja garantia de acesso desvincula o *status* dos indivíduos *vis-à-vis* o mercado (Esping-Andersen, 1991, p. 101).[5] Esse processo, realizado diferentemente nos vários países capitalistas desenvolvidos da Europa e Estados Unidos, origina um conjunto de instituições de bem-estar social que vão compor amplo e diversificado sistema de proteção social, cujos pilares serão assentados nas políticas de pleno emprego, nas políticas sociais universais, na estruturação de redes de proteção contra riscos sociais, nas quais se destacam o seguro-desemprego e a previdência social.

São essas novas relações entre Estado, mercado e sociedade civil que, nos últimos vinte anos, começam a sofrer um processo de erosão que atinge a rede de proteção social, fundamento e base do *Welfare State*.

---

5. Para Esping-Andersen (1991, p. 102), a "mera presença da previdência ou da assistência social não gera necessariamente uma desmercadorização significativa se não emanciparem substancialmente os indivíduos da dependência do mercado". Este autor afirma que a questão da "desmercadorização" é altamente polêmica, operando com a ideia da existência de diferentes *graus* de "desmercadorização" efetivados pelos distintos modelos ou regimes de *Welfare State* implementados em cada país. Apesar disso, conclui que os *Welfare States* "desmercadorizantes" são muito recentes.

O esgarçamento dos sistemas de proteção social, no contexto do que alguns autores (Habermas, 1987; Offe, 1989a, 1989b, por exemplo) denominaram de *crise da sociedade do trabalho*, é tributário das profundas transformações que se processam no mundo do trabalho. Reestruturação produtiva, globalização das economias e dos mercados, mudanças nos processos de trabalho, transformações na materialidade e na subjetividade da *classe-que-vive-do--trabalho* (Antunes, 1995) são sintomas reais da crise global que atinge a sociedade capitalista contemporânea e que rebate nas formas de regulação do *Welfare State*, especialmente naqueles países que avançaram mais na consolidação de amplos sistemas de seguridade social.[6]

Este novo processo, que tivera início na década de 1970, acelera-se vertiginosamente no contexto da *débâcle* dos países socialistas do Leste Europeu, com a falência do *socialismo realmente existente* (Hobsbawm, 1993, p. 101) e permite a emergência das propostas neoliberais de Estado mínimo e de desmontagem dos mecanismos de regulação keynesiana.

Os fundamentos da debilitação dos Estados de Bem-Estar Social e do avanço das propostas neoliberais devem ser buscados

---

6. O conceito de seguridade social que passou a se generalizar após a Segunda Guerra Mundial abarca, desde sua origem, um conjunto diversificado de políticas sociais, como a previdência social, a saúde e a assistência social. Sua emergência teve como paradigma a organização dos Estados de Bem-Estar (*Welfare States*), voltados para a garantia de condições básicas de existência a todos os cidadãos, no que se refere a renda, bens e serviços sociais. Trata-se de um modelo assentado no reconhecimento do caráter universal da cidadania. Compreende "ações compensatórias (para os impossibilitados de trabalhar), cobertura nas situações de riscos do trabalho (doenças, acidentes, invalidez e desemprego temporário) e manutenção da renda (benefícios, aposentadorias e pensões)" (Mota, 1996, p. 191), situadas na esfera dos direitos sociais. No entanto, dependendo das características que assume o *Welfare State* em cada país, o sistema de seguridade social pode ser mais restrito ou mais universalizado. No Brasil, o conceito de seguridade social como política social e como direito social foi incorporado pela primeira vez na Constituição de 1988 (Mota, 1996). Para maior aprofundamento, consultar também Fleury (1994).

na crise do próprio capitalismo, mais do que na análise interna das instituições e mecanismos de regulação social consolidados pelo *Welfare State*, embora estes também devam passar pelo crivo de uma avaliação crítica.

Nesta problematização inicial, contudo, é importante enfatizar que, para a apreensão das particularidades da crise brasileira, profundamente articulada com a inserção subordinada de nossa economia na região periférica do capitalismo internacional, é impossível transpor mecanicamente o modelo da ascensão do ideário neoliberal nos países capitalistas centrais. Isso não significa adotar a perspectiva de isolar o contexto brasileiro do quadro mais geral da crise internacional que hoje o capitalismo vive — mesmo porque a globalização do capital e dos mercados traz fortes repercussões aos países do Terceiro Mundo, especialmente àqueles que possuem um complexo parque industrial, como é o caso do Brasil. Ao contrário, trata-se de identificar as especificidades daqueles processos na sociedade brasileira, para captar a intensidade diferenciada com que rebatem na vida social e as dificuldades que surgem para seu equacionamento.

Na sociedade brasileira, a política social, como estratégia de Estado, começa a ser implementada no contexto da emergência do capitalismo monopolista, como mecanismo de enfrentamento das sequelas da questão social.[7] A intervenção estatal associa as funções

---

7. A questão social está na base dos movimentos da sociedade brasileira, como produto e condição da ordem burguesa. Nessas condições, diz respeito à sociedade de classes e é, portanto, expressão das lutas dos trabalhadores urbanos e rurais pela apropriação da riqueza socialmente produzida. A questão social expressa, assim, um conjunto de problemas políticos, sociais e econômicos que a formação da classe operária e seu ingresso no cenário político desencadeiam, no curso da constituição e desenvolvimento da sociedade capitalista (Cerqueira Filho, 1982). Na sociedade brasileira contemporânea, observa Yazbek (1993, p. 36), "os movimentos sociais em geral e o movimento sindical em particular polarizam essas lutas, articulando suas demandas perante o Estado e o patronato que, no enfrentamento da questão social, constituem políticas no campo social". Aliás, são essas conquistas,

econômicas e políticas necessárias à preservação e ao controle da força de trabalho ocupada e excedente (Netto, 1992, p. 26-27). Dessa maneira, a política social é convertida em políticas setoriais que recortam as expressões da questão social em problemáticas particulares e fragmentadas e se configuram como mecanismos de gestão do Estado na mediação dos conflitos sociais. No estabelecimento das políticas sociais, portanto, combinam-se necessidades decorrentes do atendimento às demandas próprias do estágio de desenvolvimento do capitalismo e das pressões das lutas de classe ativadas pelas mobilizações da classe trabalhadora. Constitui-se, assim, um espaço complexo de tensões, conflitos e lutas entre diferentes atores sociais.

Faleiros (1992) sintetiza as relações entre Estado e sociedade civil na gestão das políticas sociais e identifica, em diferentes graus e combinações, o autoritarismo, o clientelismo/paternalismo e o burocratismo como modalidades presentes historicamente na sua realização.[8] Tais relações engendraram verdadeira simbiose entre o *público* e o *privado*, em que o público, identificado com o estatal, encobriu invariavelmente os processos de privatização do Estado, determinando-se a ausência da esfera pública na formação econômico-social brasileira.

No quadro de redefinições das relações entre Estado e sociedade civil, por outro lado, surgiram novos espaços em que as forças sociais foram protagonistas na formulação de projetos societários,

---

materializadas nas políticas públicas, fruto da luta histórica dos trabalhadores, que se veem hoje ameaçadas pelas pretendidas reformas constitucionais de corte neoliberal.

8. Para Faleiros — que faz uma análise histórica e circunstanciada da presença desses elementos na trajetória das políticas de saúde e segurança no Brasil —, o autoritarismo implica a imposição de cima para baixo e, portanto, a ausência de negociações na formulação das políticas sociais, o paternalismo/clientelismo transforma as políticas em concessões das classes dominantes às classes subalternas, enquanto o burocratismo é instrumento de *tecnificação* e despolitização das políticas sociais, transformadas em procedimentos administrativos.

para fazer frente à crise social que se aprofundou na década de 1980 e ganhou novos contornos na atual, com o alarmante aumento da pobreza e da miséria que acentuou, ainda mais, os níveis de desigualdade social no Brasil.[9]

---

9. Já é lugar-comum a referência ao agravamento das condições de vida e de trabalho de extensas camadas da população, que repercute nas expressões da questão social em todos os níveis. A propensão em nossa sociedade a se banalizar a pobreza é, aliás, indício grave de sua aceitação como algo "natural", que integra a paisagem cotidiana das cidades. Por isso, torna-se importante trabalhar com alguns dados que, pela eloquência, falam alto da nossa pobreza e do profundo abismo que entre nós separa pobres e ricos, mesmo que os números não revelem toda a magnitude da situação de miséria, que não é apenas a expressão de uma relação numérica. Segundo dados do Programa das Nações Unidas para o Desenvolvimento (PNUD — 1996), o Brasil, no início da década de 1990, apresentava um dos maiores índices de desigualdade social no mundo: a renda média dos 10% mais ricos é quase trinta vezes maior do que a renda média dos 40% mais pobres, enquanto, na maioria dos países, é no máximo dez vezes superior. O crescimento da economia brasileira não beneficiou igualmente a todos os grupos — pelo contrário, reforçou o incremento da desigualdade social: a fração de renda apropriada pelos 20% mais ricos aumentou onze pontos, ao passo que a fração de renda apropriada pelos 50% mais pobres declinou seis pontos. Os números demonstram nitidamente o aumento da pobreza durante a década de 1980. Em 1990, havia no Brasil 42 milhões de pobres (abaixo da linha de pobreza), que representavam 30% da população, e 16 milhões de indigentes (com renda insuficiente para atender suas necessidades alimentares). Em relação a emprego e mercado de trabalho, os dados apresentados no Relatório Brasileiro para a Cúpula Mundial para o Desenvolvimento Social (1995) mostram que 52% dos trabalhadores recebem menos de dois salários mínimos e que os ganhos relativos ao trabalho na renda nacional não ultrapassam 30%. Ao longo da década de 1980, o salário médio real sofreu redução de 14%, e, no início dos anos 1990, aumentou a tendência à queda. Nas seis principais metrópoles brasileiras, entre 1989 e 1992, o declínio do salário médio real foi superior a 40%. É no setor industrial, em 1990, que se registra a maior retração das rendas reais médias dos trabalhadores: 20% em relação a 1981. Ao mesmo tempo, constata-se, ainda em 1990, aumento acentuado das atividades do mercado informal. De 1989 a 1992, as situações informais de trabalho ampliaram-se mais de 8% e tendem a aumentar nos anos mais recentes. Isto talvez explique as taxas de desemprego aberto (segundo o IBGE, em 1990 eram de 5,3%), que não têm se ampliado mais em função da elevada presença do setor informal. De acordo com o PNUD — 1996, aumentou também a participação da mulher na PEA, que passou de 31% em 1981 para 35% em 1990, concentrando-se no setor terciário (em geral, empregos de baixo prestígio e pouca remuneração) e no mercado informal (cerca de 50%). Os salários das mulheres são sistematicamente menores do que o dos homens e não há evidências de declínio desta tendência. A porcentagem de mulheres chefes de família cresceu, entre 1980 e 1990, de 43% para 51%. Quanto aos programas de combate à pobreza, a avaliação do PNUD — 1996 é que

Nesse contexto, ganharam impulso mudanças nas políticas sociais, *refuncionalizadas* pelo ideário neoliberal como mecanismos a serem ativados para administração dos efeitos perversos da adoção das medidas de ajuste econômico junto a amplas parcelas da população. De outra parte, na década de 1980, tomou forma um cenário de intensa revitalização da sociedade civil, na conjuntura das mobilizações desencadeadas pelo processo constituinte, que culminou com a aprovação da Carta ora em vigor.

Diante da crise do Estado, do agravamento da questão social e da luta pela democratização do país, a busca por novos espaços de participação da sociedade civil consubstanciou-se, entre outros aspectos, pela definição no texto constitucional de instrumentos ativadores da publicização na formulação e na gestão das políticas públicas. Estimulou-se a definição de mecanismos de transferência de parcelas de poder do Estado para a sociedade civil e foram induzidas mudanças substantivas na dinâmica dessas relações.

São esses os elementos, até aqui delineados, que delimitam a problematização de nosso objeto de estudo e possibilitam estabelecer os recortes da abordagem que estamos desenvolvendo.

A análise realizada neste trabalho permite localizar a matriz de origem das experiências de conselhos institucionais — em particular os de assistência social nos planos nacional, estadual e municipal — no campo das políticas sociais. Estes conselhos, que se organizam em diferentes setores daquelas políticas, significam uma experiência em gestação no que se refere ao desenho de uma nova institucionalidade nas práticas sociais de distintos atores da sociedade civil e do Estado.

---

apresentam baixa efetividade, principalmente com os grupos mais pobres, e que o acesso a estes programas é proporcionalmente menor para os mais pobres entre os pobres (indigentes, pobres estruturais, pobres das regiões mais pobres, em particular das áreas rurais).

A constituição de tais espaços tornou-se possível, também, em virtude das mudanças que se processaram no caráter dos movimentos populares, que, *de costas para o Estado* no contexto do autoritarismo militar, redefiniram suas estratégias e práticas e passaram a considerar a participação institucional como espaço a ser ocupado. Atenuou-se, de certa forma, a desconfiança de que a participação nas estruturas institucionais levaria necessariamente à manipulação e à cooptação da presença popular.

Sob diferentes ângulos, é possível reconhecer a importância desse fenômeno. Isso não quer dizer que se desenvolva isento de ambiguidades e contradições. Ao contrário, a polêmica a respeito do significado político dos conselhos e das consequências de sua institucionalização continua despertando posições críticas e questionadoras quanto à oportunidade e às consequências da participação da sociedade civil nesses espaços. É exatamente em função de tais questões que consideramos relevante o exame mais circunstanciado dessas experiências. A análise pode nos auxiliar a implodir concepções dicotômicas, que ora enfatizam o polo das virtualidades contidas na sociedade civil, ora funcionam como *satanização* do Estado (Borón, 1995), identificado como responsável por todos os problemas que acometem a sociedade.

De fato, as reflexões desenvolvidas apontam múltiplos desafios para a consolidação dos conselhos, tanto no campo governamental quanto da sociedade civil.

No campo governamental, uma das principais dificuldades relaciona-se às resistências para que as definições das políticas públicas sejam abertas à participação e ao controle social, retirando--as das mãos da burocracia estatal para permitir a penetração da sociedade civil. No da sociedade civil, o reconhecimento da heterogeneidade dos atores e das concepções, práticas, experiências e propostas acumuladas geradoras de múltiplos interesses e demandas, nem sempre convergentes, desafia o estabelecimento da agenda comum que deve orientar ações e decisões coletivas. No campo das relações entre representantes da sociedade civil e representantes governamentais que integram os conselhos, por fim, impõe-se o desafio de adotar estratégias políticas que ampliem o arco de alianças capazes de fortalecer um campo hegemônico progressista na defesa da política de assistência social como terreno de direitos.

Até que ponto as experiências *conselhistas* em curso são reveladoras da emergência de uma nova *sociedade civil repolitizada*? Até onde a prática dos conselhos pode impulsionar a construção de uma esfera pública afirmativa de direitos no campo da assistência social? A partir dessas indagações, delineamos os parâmetros para a construção do processo de investigação.

Dada a importância da emergência dos conselhos e de suas potencialidades para o exame da temática central deste estudo, buscamos construir a base empírica do trabalho mediante pesquisa de campo com os sujeitos que integram o novo espaço de interlocução no âmbito da política de assistência social, representado pelo Conselho Nacional de Assistência Social (CNAS).

O CNAS é uma instância colegiada de participação da sociedade civil na definição da Política Nacional de Assistência Social, localizada no Ministério da Previdência e Assistência Social (MPAS) e vinculada à Secretaria Nacional de Assistência Social (SAS),[10] órgão do governo federal responsável pela coordenação da política nessa área. A criação do CNAS decorre de parâmetros democratizadores consagrados na Constituição Federal e na Lei Orgânica de Assistência Social (Loas), que instituíram os conselhos como

---

10. Embora a denominação desse órgão tenha mudado para SEAS (Secretaria de Estado de Assistência Social), ele continuará a ser identificado como SAS ao longo do livro, para manter-se fiel ao período em que foi escrito.

mecanismos de participação da sociedade civil no âmbito da definição, controle e gestão das políticas sociais.

Pela primeira vez, a Assistência Social, no nível dos textos legais, foi alçada ao *status* de política pública.[11] Nesta condição, integra a Seguridade Social, juntamente com a Saúde e a Previdência Social,[12] e situa-se, dessa forma, no campo do direito de cidadania social. Apesar das dificuldades de consolidar essas definições na prática concreta dos agentes e instituições, a conceituação da assistência social como política pública ganha destaque num campo tradicionalmente imbricado com as ações da benemerência e da

---

11. Adotamos a noção de política pública, tal como Potyara Pereira (1996, p. 130) a concebe: não como alocação autoritária de decisões do governo, mas como "linha de ação coletiva que concretiza direitos sociais declarados e garantidos em lei", que exige positividade institucional para a satisfação de necessidades sociais. "É mediante as políticas públicas que são distribuídos ou redistribuídos bens e serviços sociais demandados pela sociedade em sua relação de reciprocidade e antagonismo com o Estado. Nesse sentido, o direito que fundamenta a política pública é um direito coletivo e não individual."

12. Segundo a Constituição Federal de 1988, a Seguridade Social "compreende um conjunto integrado de ações de iniciativa dos Poderes Públicos e da sociedade, destinadas a assegurar os direitos relativos à saúde, à previdência e à assistência social". São seus objetivos: "universalidade da cobertura e do atendimento; uniformidade e equivalência dos benefícios e serviços às populações urbanas e rurais; seletividade e distributividade na prestação dos benefícios e serviços; irredutibilidade do valor dos benefícios; equidade na forma de participação no custeio; diversidade da base de financiamento; caráter democrático e descentralizado da gestão administrativa, com a participação da comunidade, em especial dos trabalhadores, empresários e aposentados" (Constituição da República Federativa do Brasil, título VII, capítulo II, artigo 194). A concepção de seguridade social que prevaleceu no texto legal tem sentido mais restrito do que o praticado pelo *Welfare State*. Fleury (1994, p. 224) denomina o sistema brasileiro de *seguridade social híbrida*, porque está orientada por práticas e princípios concorrentes: uma base contratual individual e programas distributivos de assistência social. Além disso, apesar de a definição legal referir-se a um sistema integrado de ações, esta unidade é apenas formal, uma vez que se mantém, internamente, a-histórica desarticulação entre as áreas da Previdência Social, da Saúde e da Assistência Social. No entanto, é inegável o avanço contido na adoção do conceito de seguridade social na Constituição brasileira, por inscrevê-lo no terreno do direito, imprimir-lhe *status* de política pública, definir fontes de financiamento e novas modalidades de gestão democrática e descentralizada (Fleury, 1994; Mota, 1996).

filantropia. Assim concebida, a assistência social diferencia-se das iniciativas morais de ajuda ao necessitado, que não produzem direitos e não são judicialmente reclamáveis (Potyara Pereira, 1996, p. 70). A definição constitucional da assistência social como política pública geradora de direitos possibilitou que sua construção fosse acompanhada por mecanismos institucionais de democratização e de controle social, como são os conselhos e as Conferências de Assistência Social, instrumentos que se inserem no campo de definição da responsabilidade pública. Ao mesmo tempo, conceber a assistência social nesta perspectiva não implica diluir a responsabilidade estatal por sua condução. Ao contrário, situá-la no campo dos direitos remete à ativa intervenção do Estado, para garantir sua efetivação dentro dos parâmetros legais que a definem.

A Constituição de 1988, ao reafirmar a legalidade dos condutos clássicos da democracia representativa, abriu novas possibilidades de exercício da democracia participativa por meio dos instrumentos que integram aquilo que Benevides (1990) denominou *cidadania ativa*.

A Carta Constitucional definiu novos canais que apontam para a ampliação da participação popular nas decisões públicas e propôs a adoção do plebiscito, do referendo e de projetos de iniciativa popular, elementos da democracia semidireta, na análise de Benevides. Nesta mesma linha, a Constituição estabeleceu mecanismos de participação no campo de ação das políticas sociais, instituindo a criação de conselhos integrados por representantes dos diferentes segmentos da sociedade para colaborar na implementação e no controle daquelas políticas.

Atualmente, estes conselhos vêm se organizando em diferentes setores das políticas sociais e estão assumindo importância crescente como espaços de participação social nas diferentes esferas da ação governamental. A composição mista e paritária e a natureza deliberativa de suas funções, como estabeleceu a formatação legal que orienta sua implantação, constituem uma das principais inovações democráticas no campo das políticas sociais no país.

Antonio Ivo Carvalho, ao analisar o significado da proposta dos conselhos na área da saúde, política social que tomou a dianteira nesse processo, afirma:

> Situando-se na contramão da tradicional tendência clientelista e autoritária do Estado brasileiro, aparecem como um constructo institucional expressivo da imagem-objetivo de democracia em saúde, perseguido pelo processo da Reforma Sanitária (Carvalho, 1995, p. 4).

No entanto, a experiência dos conselhos no Brasil não é nova. Além das necessárias referências às práticas operárias do início do século, inspiradas pelo anarquismo *autogestionário*, e às comissões de fábrica estimuladas pelas oposições sindicais nos anos 1970-80 (práticas no âmbito da produção), foi o crescimento dos movimentos sociais urbanos, nesse mesmo período, e sua complexa relação com o Estado na transição democrática que trouxeram a temática dos conselhos, agora no âmbito da reprodução social (Gohn, 1990b; Wanderley, 1991b).

Segundo Maria da Glória Gohn, é possível distinguir dois tipos de conselhos no campo das relações entre movimentos populares e Estado: os *conselhos populares*, criados pelos próprios movimentos populares como instrumentos de pressão e negociação de reivindicações junto aos governos, e os *conselhos comunitários*, criados diretamente pelos governos nas diferentes esferas para servir de canal de mediação com os movimentos e organizações populares. Os conselhos comunitários ganharam força a partir de 1982, com a vitória dos governos de oposição à ditadura militar, quando a bandeira da descentralização e da participação comunitária integrou diferentes projetos governamentais em vários estados e municípios. Nesta perspectiva, foram criados inúmeros conselhos cujos campos de ação eram a condição da mulher, do negro, do deficiente físico, do idoso etc. No entanto, na maioria das vezes, estes conselhos, meramente consultivos, "constituíam-se em mecanismos de ritualização de demandas ou instrumentos de cooptação de lideranças" (Maria Lúcia da Silveira *apud* Teixeira, 1996, p. 8).

A outra modalidade de conselhos que se organizou no período — os populares — não era estruturada formalmente. Funcionava como mecanismo de pressão direta junto aos governos, na exigência do atendimento às demandas dos movimentos populares. Inúmeras e variadas experiências significativas, que agregavam diferentes setores e problemáticas, foram realizadas em diversos municípios como, por exemplo, as Comissões de Saúde da Zona Leste de São Paulo (1970), a Assembleia do Povo de Campinas (1979), o Conselho Popular Municipal de Osasco (1980), entre outras. Os conselhos populares surgiram inicialmente na área da saúde e emergiram com a unificação dos movimentos que reivindicavam melhores condições de saúde e de saneamento básico na década de 1970. Na análise de Gohn (1990), os conselhos de saúde tinham grande representatividade, mas não eram deliberativos nem autônomos na gestão dos recursos, o que dificultava a tarefa básica de fiscalização que deveriam desempenhar.

A temática dos conselhos fortaleceu-se ainda mais a partir das eleições de 1988, cujos resultados ensejaram *administrações populares* em várias cidades importantes, como São Paulo, Campinas, Santos e Santo André. Desenvolveram-se múltiplas experiências dignas de nota, em que a participação popular efetivou-se por distintas modalidades de relação com as administrações municipais. Apesar da polêmica que envolveu (e ainda envolve) a questão dos conselhos e as diferentes visões sobre seu significado no interior dos movimentos populares, no movimento sindical, nos partidos de esquerda, na academia, estas iniciativas de participação constituíram importantes referências para as propostas do *campo popular* elaboradas na Constituinte. A conjuntura pós-Constituinte induziu, portanto, à criação de conselhos institucionais, ampliando-se o debate sobre esse mecanismo e sua prática em diferentes esferas das políticas governamentais.

As diferentes experiências de estruturação de conselhos atualmente em curso nas áreas da saúde, criança e adolescente, assistência social e outras, que se iniciaram a partir da regulamentação das respectivas Leis Orgânicas, expressam a busca de novos canais de participação da sociedade civil por dentro do Estado, numa conjuntura peculiar de reorganização das forças sociais no processo de democratização. Dentro deste cenário, é possível estabelecer o contexto da implantação do CNAS e dos conselhos estaduais e municipais de assistência social que estão se organizando em todo o país. Trata-se de um movimento que promove ampla mobilização dos agentes no campo da assistência social, ao mesmo tempo em que estimula o debate político ante as potencialidades dos conselhos para o avanço das práticas democráticas no âmbito das políticas públicas. É, portanto, na perspectiva de indagar sobre o significado desse espaço institucional, sobre sua possível contribuição na conformação da esfera pública no âmbito de ação da política de assistência social, que estabelecemos o CNAS como unidade de análise.

Diante do exposto nesta primeira aproximação ao tema, retomamos as categorias que orientam a análise, como base estratégica para a investigação. A concepção de esfera pública aqui adotada pressupõe a escolha de alguns de seus elementos constitutivos, considerados como um conjunto dinamicamente articulado.

- *Visibilidade social.* As ações e os discursos dos sujeitos devem expressar-se com transparência, não apenas para os diretamente envolvidos, mas também para aqueles implicados nas decisões políticas. Supõem publicidade e fidedignidade das informações que orientam as deliberações nos espaços públicos de representação.

- *Controle social.* Significa acesso aos processos que informam as decisões no âmbito da sociedade política. Permite participação da sociedade civil organizada na formulação e na revisão das regras que conduzem as negociações e a arbitragem sobre os interesses em jogo, além do acompanhamento da implementação daquelas decisões, segundo critérios pactuados.

- *Representação de interesses coletivos.* Implica a constituição de sujeitos sociais ativos, que se apresentam na cena política a partir da qualificação de demandas coletivas, em relação às quais exercem papel de mediadores.

- *Democratização.* Remete à ampliação dos fóruns de decisão política que, extrapolando os condutos tradicionais de representação, permite incorporar novos sujeitos sociais como protagonistas e contribui para consolidar e criar novos direitos. Implica a dialética entre conflito e consenso, de modo que os diferentes e múltiplos interesses possam ser qualificados e confrontados, daí resultando a interlocução pública capaz de gerar acordos e entendimentos que orientem decisões coletivas.

- *Cultura pública.* Implica o enfrentamento do autoritarismo social e da "cultura privatista" de apropriação do público pelo privado. Remete à construção de mediações sociopolíticas dos interesses dos sujeitos sociais a serem reconhecidos, representados e negociados na cena visível da esfera pública. Significa superar a "cultura do assistencial" que infantiliza, tutela e torna vulneráveis os segmentos pobres da classe trabalhadora, impedindo-os de se constituir como sujeitos portadores de direitos legítimos.

No que se refere à elaboração do processo investigativo, não foram estabelecidas "hipóteses para verificação", mas questões norteadoras do trabalho "baseadas no conhecimento prévio dos quadros reais da pesquisa e formuladas com o fim de orientar teoricamente a pesquisa" (Fernandes, 1976b, p. 300).

1. A ideia central é que a criação dos conselhos paritários e deliberativos representou um avanço em relação aos antigos e aos recém-criados conselhos consultivos e não paritários, que, além de não terem poder de decisão para deliberar sobre matérias afetas a seu campo específico, foram constituídos de forma autoritária e centralizadora, não representativa dos segmentos organizados da sociedade civil — exemplo paradigmático é o Conselho da Comunidade Solidária, criado pelo governo Fernando Henrique Cardoso.

No entanto, no que se refere aos conselhos de assistência social, sua implantação pode significar um impulso na publicização dessa política, na medida em que se consiga deslocar a assistência social do campo da regulação *ad hoc*, em que sempre esteve, para a cena pública e que se contemple a definição de regras e critérios públicos, mediadores das relações entre o público-estatal e o público-privado. Sua consolidação como espaço público depende da incorporação de mecanismos *publicizadores*: visibilidade social, controle social, representação de interesses coletivos, democratização e cultura pública.

2. No campo da política de assistência social, a questão da representação da sociedade civil tem sido problemática: evidencia-

-se certo *vazio de alteridade*.[13] O trabalhador da área não se reconhece como tal; o precário reconhecimento social dos usuários dos serviços assistenciais dificulta a formação de identidades e representação coletivas. Por outro lado, as entidades assistenciais, que compõem um universo heterogêneo, são quase sempre portadoras de um discurso supostamente desinteressado em favor dos usuários dos serviços assistenciais que estariam *representando*.

No caso dos representantes governamentais, as dificuldades podem ser localizadas nos limites para a legitimação dessas representações pelo núcleo do poder e a reduzida margem de decisão de que são investidos. A análise procurou circunscrever as peculiaridades da participação desses agentes num espaço de interlocução com a sociedade civil e as possibilidades e limites para o estabelecimento de alianças e consensos capazes de conferir caráter público às decisões.

As questões relacionadas à conformação dos sujeitos dessa esfera pública no âmbito da assistência social e sua interlocução no espaço do Conselho foram fundamentais, portanto, para a problematização dos elementos envolvidos no presente estudo.

Uma das questões investigadas relacionou-se, assim, à qualidade dos sujeitos investidos de representação. No contexto da análise, os sujeitos são considerados como mediadores socialmente legitimados, como indivíduos integrantes de coletividades mais amplas (movimentos, organizações, entidades, órgãos governamentais) capazes de vocalizar demandas e estabelecer alianças que transformem necessidades sociais em propostas e definições políticas a serem incluídas na agenda das políticas públicas.

---

13. Francisco de Oliveira, ao analisar a importância da participação política das classes médias durante o período autoritário, adverte para o papel que assumiram, de *administradores do ad hoc*, ou seja, "no vazio de alteridade, as organizações das classes médias terminaram por tomar o lugar dos *alter*" (Oliveira, 1990, p. 64).

Até que ponto as representações que compõem o CNAS estão conseguindo constituir-se como sujeitos na direção indicada? Quais são as dificuldades que se interpõem nesse processo?

3. A problematização dessas questões estimulou-nos, ao mesmo tempo, à reflexão sobre as potencialidades do CNAS como elemento indutor de *nova cultura política* no campo da assistência social, área que, por tradição, nunca foi publicizada, nem no âmbito dos atores políticos diretamente envolvidos, nem no plano da formação de uma opinião pública crítica. A criação de uma nova cultura remete à questão da *hegemonia*, nos termos definidos por Gramsci, da *direção política e cultural* no processo de formação da *vontade coletiva*.[14] Envolve a constituição de sujeitos sociais no movimento de conquista do consenso e da direção ético-política, em torno de valores a serem fixados para condução e sustentação de determinado projeto político.

Isso implicou verificar, também, a capacidade dos sujeitos integrantes do CNAS de transcender o nível setorial e corporativo de suas representações, constituindo-se em tradutores de demandas sociais mais amplas, para construir uma direção hegemônica capaz de inscrever na política pública os direitos sociais das camadas populares às quais se dirige.

4. No entanto, no contexto de encolhimento das funções sociais do Estado e do agravamento sem precedentes da crise social, a

---

14. Segundo Bobbio (1982, p. 46-47), Gramsci, ao estudar o partido moderno, propõe dois temas centrais: "o da formação da *vontade coletiva* (que é o tema da direção política) e o da *reforma intelectual e moral* (que é o tema da direção cultural)". Gramsci deu grande ênfase ao tema da direção cultural, no sentido da reforma dos costumes e da cultura como elementos fundamentais no processo de constituição da hegemonia. Nesse contexto, a direção cultural envolve como entidades portadoras não apenas o partido, mas também todas as demais instituições da sociedade civil que possuam uma articulação com a elaboração e a difusão da cultura, no sentido de formação de uma *vontade coletiva* capaz de transformar não só o aparelho estatal em sentido estrito, mas a própria sociedade civil. Nesses termos, a hegemonia é, também, elaboração, difusão e realização de uma nova concepção do mundo. Ver, ainda, Coutinho (1981) e Simionatto (1995).

pressão pela desregulamentação social e econômica tem atuado como fator inibidor da consolidação da esfera pública, enfraquecendo os parâmetros públicos e ameaçando a possibilidade de radicalização da cidadania nas práticas sociais.

Colocada a questão nesses termos, é possível observar que a afirmação da hegemonia neoliberal no Brasil tende a deslocar os espaços de representação coletiva e controle social da sociedade civil sobre o Estado para a ação de grupos de pressão e de *lobbies*, com o objetivo de pulverizar a força da organização coletiva e enquadrá-la como expressão da defesa de interesses corporativos, invariavelmente desqualificados e despolitizados. Nestas condições, instala-se o confronto entre formas de cooptação política e formas autônomas de representação na relação entre governo e sociedade civil. Daí decorre que as tendências integradoras e co-optadoras, muitas vezes, minam a possibilidade de construção do espaço público.[15]

5. O enquadramento do CNAS no contexto de *desresponsabilização* do Estado pelas políticas sociais pode levar a luta por seu reconhecimento a se sobrepor às ações que façam avançar a dimensão afirmativa dos direitos da política pública de assistência social. Neste aspecto do problema, os esforços de participação da sociedade civil no Conselho podem representar elementos importantes para que se democratize a gestão pública, mas não necessariamente para ampliar os espaços de inclusão de direitos dos segmentos sociais a serem alcançados pela política.

---

15. Esse ângulo de abordagem das relações entre governo e sociedade civil no âmbito do CNAS foi-me sugerido pela dra. Potyara Pereira durante meu exame de qualificação, a quem sou grata. Recorrendo aos trabalhos de Schwartzman (1988) e Boschi e Diniz (1978), pude incorporar rico veio de análise às reflexões aqui desenvolvidas.

CAPÍTULO I

Os caminhos da publicização

Gênese e transformação da esfera pública burguesa — as noções de público e privado

Para a compreensão das contradições entre *público* e *privado* na sociedade capitalista contemporânea, entendemos ser necessária a reconstrução do processo através do qual se constitui historicamente a diferenciação entre essas duas esferas e sua posterior interpenetração, como expressão mediata das relações sociais na ordem burguesa. As configurações assumidas pela esfera pública no contexto das transformações capitalistas são impensáveis se desvinculadas da formação da sociedade burguesa, da consolidação de um *ethos* burguês que se explicita pela emergência do *mercado autorregulado* (Polanyi, 1980) e posterior introdução das políticas de regulação keynesiana que sustentam o *Welfare State*.

O texto clássico de Habermas (1981) — *Historia y crítica de la opinión pública: la transformación estructural de la vida pública*[1] —, sobre

---

1. Esta obra é utilizada como referência direta para a reconstrução das linhas de transformação nas relações entre público e privado na constituição e desenvolvimento da sociedade burguesa.

as transformações estruturais da esfera pública, torna-se referência obrigatória para a aproximação ao tema. Publicada em 1961, quando o autor ainda não colocava em xeque a centralidade do trabalho e o *esgotamento das energias utópicas* (Habermas, 1987), esta obra, que contribui para a compreensão da constituição histórica da sociedade burguesa, estabelece o modelo ideológico da *res publica* e a separação das esferas pública e privada no sentido especificamente moderno de constituição das economias e estados nacionais.

Para Habermas, a esfera pública burguesa é o estado e a qualidade das coisas públicas. Trata-se de uma categoria típica da era do capital, vinculada à evolução histórica da sociedade burguesa saída da alta Idade Média europeia. Esta esfera pública formou-se ao final do século XVIII, configurando-se em um âmbito específico da sociedade burguesa a partir do desenvolvimento histórico da cultura material burguesa. A partir da progressiva emancipação do intercâmbio econômico entre os homens em relação ao controle estatal, vai se abrindo um espaço *social* aglutinador dos interesses comuns ou *públicos* dos sujeitos privados, que regula suas relações com o mercado e com o poder político. Este âmbito social, responsável pela mediação entre sociedade civil e Estado, no sentido de fazer valer as necessidades da sociedade civil diante do Estado (e também no interior do Estado), é o que Habermas denomina de esfera pública burguesa.

No entanto, segundo o autor, pode-se falar de *público e privado* muito tempo antes, já que são categorias de origem grega, em que a esfera da *polis*, comum ao cidadão livre, está rigorosamente separada da esfera do *oikos*, de apropriação individual. A vida pública não está delimitada num espaço, e a ordem pública funda-se na economia escravista patrimonial. Os cidadãos, portanto, estão dispensados do trabalho produtivo, mas a participação na vida pública depende de sua autonomia privada como senhores da casa (*pater familias*).

A posição na *polis* baseia-se, assim, na posição do *oikodéspota*. Sob seu domínio realiza-se a reprodução da vida, o trabalho dos escravos, o serviço das mulheres, acontece a vida e a morte; o reino da necessidade e do fugaz permanece ancorado nas sombras da esfera privada (Habermas, 1981, p. 43).

A esfera da *polis* era a esfera da liberdade e da continuidade, onde tudo se manifesta tal como é, tudo se faz visível. No entanto, a liberdade na *polis* dependia da vitória sobre as necessidades da vida em família. O homem que não fosse dono de sua casa não poderia participar dos negócios do mundo, pois neste não havia lugar algum que lhe pertencesse. Assim, as necessidades vitais e a manutenção do essencial para a vida estão ocultos na *oikos*. Por outro lado, é na *polis* que os cidadãos se tornam visíveis, trocam como iguais, buscam proeminência.

Para Arendt (1991), a *polis* diferenciava-se da família pelo fato de congregar os *iguais*, enquanto a família era o centro da mais severa desigualdade, onde inexistia a liberdade. O chefe da família só era considerado livre na medida em que podia deixar o lar e ingressar na esfera política da *polis* em que todos eram iguais.[2]

Esse conceito de igualdade na esfera política é muito diferente do conceito moderno de justiça: ser igual significava viver entre pares e pressupunha e existência de desiguais, a maioria da população na cidade-estado. Para os antigos, portanto, igualdade e liberdade eram conceitos essencialmente políticos, pois só na *polis* o

---

2. Para Arendt (1991, p. 40), "o que distinguia a esfera familiar (privada) era que nela os homens viviam juntos por serem a isso compelidos por suas necessidades e carências [...] e a vida, para sua manutenção individual e sobrevivência como vida da espécie, requer a companhia dos outros. O fato de que a manutenção individual fosse a tarefa do homem e a sobrevivência da espécie fosse a tarefa da mulher era tido como óbvio; e ambas estas funções naturais, o labor do homem no suprimento dos alimentos e o labor da mulher no parto, eram sujeitas à mesma premência da vida. Portanto, a comunidade natural do lar decorria da necessidade: era a necessidade que reinava sobre todas as atividades exercidas no lar".

homem poderia ser livre, e a liberdade era a essência da cidadania. Tal modelo de esfera pública e privada desenvolveu-se desde esse período, atravessou o Renascimento, a Idade Média, as definições do Direito Romano e é transmitido até os nossos dias, mantendo-se como modelo ideológico.

No entanto, com o advento da modernidade, entendida como herança do projeto iluminista fundado na razão, a ascensão da sociedade e a elevação das atividades econômicas no nível público, todas as questões que antes pertenciam à esfera privada (familiar) transformaram-se em interesse *coletivo*. As categorias *público e privado* passam a adquirir aplicação técnico-jurídica com o nascimento do Estado moderno e o surgimento de uma esfera separada, a sociedade burguesa.

A separação das esferas pública e privada no sentido especificamente moderno vai se consolidando com a ideia de privado como o espaço daqueles que não possuem cargo público ou não ocupam cargo oficial. Público, em contraposição, alude ao poder público, aos servidores do Estado, às pessoas públicas que participam da esfera do poder estatal, que têm cargos públicos, cujos negócios são públicos.

As grandes linhas de evolução desse processo são demarcadas pela desagregação dos poderes feudais (a realeza, a nobreza, a Igreja), ao longo da polarização que vai se estabelecendo, cindindo-se, de um lado, os elementos privados e, de outro, os públicos. A sociedade burguesa, como âmbito da autonomia privada, contrapõe-se ao Estado. Trata-se do contexto de formação das economias nacionais e do Estado-nação: o Estado moderno é impositivo, a administração financeira é peça fundamental e a administração e o exército permanentes constituem o poder público.

Público, neste contexto, tem um sentido restrito — é sinônimo de estatal: refere-se ao funcionamento de um aparato que detém o monopólio legítimo da violência, no sentido weberiano. A esfera pública-estatal burguesa desenvolve-se no contexto do mercantilismo: começam a prevalecer os interesses do capital manufatureiro ante o capital comercial. O velho modo de produção capitalista transforma-se com a introdução do intercâmbio de matérias-primas e produtos acabados ou semiacabados.

A esfera privada começa a destacar-se como esfera distinta, e a privatização do processo de reprodução social desenvolve-se no interior da constituição do mercado, submetido a diretrizes estatais. É esta esfera privada da sociedade, que adquiriu relevância pública, o que caracteriza, segundo Arendt (1991), a moderna relação da esfera pública com a esfera privada, engendrando o *nascimento do social*. A sociedade agora é a instância de dependência entre os homens. Transmuta-se o conceito de econômico e o funcionamento da casa passa a desenvolver-se a partir de critérios de rentabilidade, racionalidade, poupança, mercado. A sociedade vai se constituindo contraposta ao Estado e delimita um âmbito privado claramente distinto do poder público-estatal (Habermas, 1981, p. 62).

Do ponto de vista do ordenamento político, a esfera pública assume posição central: trata-se do princípio organizativo dos Estados burgueses de Direito na forma de governo parlamentar. O pressuposto social desta esfera pública burguesa é um mercado liberalizado, que faz da troca na esfera da reprodução social um assunto de pessoas privadas. Completa-se, assim, a *privatização da sociedade burguesa*.

Isso pressupõe, ao mesmo tempo, um sistema de direito privado que reduz as relações entre pessoas privadas a contratos privados. A estruturação do direito privado expressa a evolução do *status* ao contrato, dando lugar à livre-iniciativa, ao *laissez-faire*, às relações de troca estruturadas de acordo com as leis da livre-concorrência (Habermas, 1981, p. 113-114).

No entanto, a consolidação do Estado de Direito liberal-bur-
guês exige o estabelecimento de um conjunto de mediações políticas que tenha legitimidade na sociedade civil. A mediação fundamental será buscada na esfera parlamentar, momento em que a
sociedade civil passa a assumir funções legislativas. É a partir daí
que a esfera pública burguesa passa a ser um elemento central da
teoria política moderna.

Na primeira fase de constituição da esfera pública burguesa,
sua base social é constituída, na origem, de pequenos proprietários
privados, que transformam este espaço privado numa esfera de
seus interesses comuns. Estas camadas burguesas vão extrair das
experiências na esfera íntima (familiar) a sua (auto)compreensão
como proprietários autônomos de mercadorias, mesmo que esta
(auto)compreensão já não tenha correspondência com as funções
que a família burguesa passa a desempenhar no processo de valorização do capital. A autoconsciência da família burguesa, enquanto constituída por indivíduos livres de qualquer constrangimento,
é transferida para o mundo competitivo dos negócios como autonomia das pessoas privadas, livres dos controles estatais e submetidas apenas às leis do mercado (esfera privada), regido por uma
racionalidade econômica que lhe é inerente (Habermas, 1981, p.
83). A partir da sua inserção como proprietários privados na esfera
produtiva, passam a assumir a condição de cidadãos ativos no
plano da esfera estatal. É isto que possibilita *a ficção socioeconômica
da sociedade civil burguesa naturalizada*. Ou seja, é esta sociedade
capitalista de mercado, concebida como *ordem natural*, que possibilita a todos os indivíduos, de modo igualitário e universal, as
condições de acesso à esfera pública burguesa: a propriedade privada e a instrução.

No entanto, o Estado de Direito, como Estado burguês, estabelece a esfera pública ao atuar publicamente como órgão do Estado para assegurar institucionalmente o vínculo entre lei e opinião

pública. Assim, desde as origens, aparece uma contradição que é inerente ao Estado burguês: na luta contra um governo forte, foi preciso contar cada vez mais com a participação da representação popular como critério determinante da lei (Habermas, 1981, p. 116). O poder é posto em debate por uma *publicidade politicamente ativa*, que se desenvolve a partir da apresentação pública de argumentos privados na perspectiva de um consenso sobre o interesse universal. Este processo consubstancia-se na Constituição, lei fundamental que estabelece as funções da esfera pública por meio de um conjunto de direitos fundamentais: liberdade de opinião e expressão, de imprensa, associação, liberdade de voto, liberdades individuais, proteção à propriedade, igualdade de todos perante a lei.

A autojustificativa desse tipo de representação da sociedade é dada pelos pressupostos da economia clássica: livre concorrência, equilíbrio do sistema, autorregulação do mercado. Assim, todos estão em condições "iguais" para conseguir, com talento e "sorte", o *status* de proprietário e cidadão, qualificações necessárias para que um homem privado seja admitido à esfera pública. Dessa forma, consolidam-se a esfera pública burguesa, dentro do princípio organizativo do Estado de Direito burguês, e a identificação da classe burguesa com o interesse geral. Não há ruptura entre o homem (*burgeois*) e o cidadão (*citoyen*), desde que o homem seja ao mesmo tempo proprietário. Assim, o interesse de classe é a base da opinião pública e adquire uma aparência de universal (Habermas, 1981, p. 156).

Para Habermas, a segunda fase de desenvolvimento da esfera pública burguesa é caracterizada pelo ingresso das massas despossuídas e não instruídas, o que marca um momento de inflexão na sua conformação. Significa que toda a ordem político-social burguesa é ameaçada em suas bases por esta nova realidade.

Habermas retoma Hegel para desmontar a ideia de esfera pública burguesa como intercâmbio de pessoas privadas autônomas. Aponta o antagonismo que prevalece na sociedade capitalista e a tendência natural a sua desorganização, o que leva à necessidade de uma integração por meio do poder político (Estado).

Ao sintetizar as ideias do (jovem) Marx, Habermas expõe sua análise a respeito da sociedade de classes, desmascarando o ideal de independência de uma opinião pública composta por proprietários privados que se acreditam homens autônomos. Marx denuncia a opinião pública como falsa consciência, na medida em que oculta de si mesma seu caráter de máscara do interesse de classe burguesa. A crítica marxiana da economia política atinge os pressupostos sobre os quais se baseia a (auto)compreensão da esfera pública politicamente ativa: igualdade de oportunidades, equiparação entre homens e proprietários, direitos humanos referidos ao homem abstrato, reprodução da sociedade capitalista como ordem natural sem crises (Habermas, 1981, p. 155). Recolocam-se, assim, as bases sobre as quais se assenta a sociedade de classes: o processo de valorização do capital a partir da apropriação privada da mais-valia extraída do sobretrabalho daqueles que possuem como única mercadoria sua própria força de trabalho. Desta forma, em vez de uma sociedade constituída de pequenos proprietários, forma-se uma sociedade de classes, na qual a ascensão do trabalhador assalariado à condição de proprietário é cada vez mais inviabilizada. Os mercados conformam-se de modo oligopolista e, nas chamadas formas de liberdade contratual burguesa, reproduzem-se novas relações de poder, especialmente entre proprietários e trabalhadores assalariados.

Esta crítica destrói todas as ficções sobre a ideia de esfera pública burguesa: a dissolução das relações feudais de dominação no interior da burguesia não representa a pretendida dissolução de toda a dominação política em geral, mas sua perpetuação em outra forma. Desvela-se, assim, o caráter ideológico do Estado de Direito e a esfera pública como princípio de sua organização.

Habermas, recorrendo a Marx, analisa o ingresso dos segmentos não burgueses na esfera política. Afirma que, a partir de sua incorporação à imprensa, aos partidos políticos, ao parlamento, a arma da esfera pública utilizada pela burguesia se voltará contra esta (Habermas, 1981, p. 157-158). No entanto, a esfera pública *ampliada*, que incorpora e alarga os direitos de liberdade e igualdade política, reafirma as bases da sociedade de classes sobre as quais esses direitos se fundaram.

Na desagregação da esfera pública burguesa, Habermas identifica a terceira fase, a partir do surgimento de um público consumidor de cultura, da penetração das leis de mercado na esfera íntima (familiar) das pessoas privadas, destruindo o lugar tradicional do *raciocínio burguês*. A cultura divulgada pelos meios de comunicação de massa é uma cultura de integração, que assimila também a propaganda comercial. A antiga separação dos âmbitos *público e privado* vai desaparecendo e dá lugar à intensa interpenetração dessas duas esferas.

Surge, assim, uma *esfera social repolitizada*, que não pode mais ser classificada sob a denominação de público ou privado. Neste espaço, "misturam-se os âmbitos estatizados da sociedade e os setores socializados do Estado" (Habermas, 1981, p. 203). A estrutura social atravessada por antagonismos, típica do capitalismo, leva a que os sujeitos sociais tenham de se organizar na defesa dos seus interesses. O público composto de pessoas privadas *politicamente raciocinantes* (burguesia) vai sendo substituído por um conjunto de instituições (partidos, organizações sindicais, associações corporativas, entidades patronais), que passam a assumir a tarefa de mediação entre a sociedade civil e o Estado.

Nesse contexto, o Estado é crescentemente pressionado a equilibrar os interesses em luta e, diante da necessidade de ter de legitimar-se ante a sociedade civil, passa a intervir cada vez mais diretamente sobre os mecanismos reguladores da vida econômica e social. Isso traz uma enorme transformação na base da esfera pública burguesa: agora, só é assegurada às pessoas privadas a igualdade de oportunidade de acesso à esfera pública por meio da estrutura do Estado. É neste quadro que, em vez de um público composto de pessoas privadas individuais, emerge um público de pessoas privadas organizadas.

A dialética que se impõe — *socialização do Estado* ao mesmo tempo em que ocorre progressiva *estatização da sociedade* — vai gradativamente destruindo a base da esfera pública burguesa, assentada na separação entre Estado e sociedade. Habermas estuda a passagem do Estado de Direito liberal para o Estado Social (versão germânica do Estado de Bem-Estar Social) não como ruptura com as tradições liberais, mas como continuidade, uma vez que, para ele, se mantém a tradição jurídica do ordenamento liberal. O Estado vai se convertendo gradativamente em suporte da ordem social. No entanto, em vez da mera garantia formal de direitos, o Estado Social tem de inscrever em sua programática os interesses em conflito em torno de maior justiça distributiva. Segundo o autor, esse Estado Social assume função cada vez mais interventiva, que deve garantir a participação nos benefícios sociais e nas instituições políticas: "Essa participação agora é expressamente assegurada pelo Estado" (Habermas, 1981, p. 251). Os direitos liberais básicos, pensados na sua origem como direitos de exclusão do poder do Estado, precisam ser repensados como direitos de participação e intervenção, uma vez que se trata agora do Estado de Direito democrático e social. Estado e sociedade interpenetram-se e surge uma "esfera de relações semipúblicas" (Habermas, 1981, p. 256), em que atuam as organizações sociais privadas (econômicas e de massa) que se relacionam com o Estado, mediadas pelos partidos políticos ou pela administração estatal, para garantir a representação coletiva dos seus interesses na esfera pública.

Essa competição entre interesses privados organizados leva, para o autor, à *refeudalização* da sociedade, com o entrelaçamento dos âmbitos *público e privado*: as instâncias políticas assumem determinadas funções na esfera do mercado, ao mesmo tempo em que as forças sociais desempenham funções políticas. "O mandato da esfera pública é agora estendido, para além dos órgãos estatais, a todas as organizações sociais que entram em relação com o Estado" (Habermas, 1981, p. 257).

O autor, quase que num prognóstico da crise iniciada na década de 1970, aponta duas possibilidades que se confrontam, como tendências para o desenvolvimento da esfera pública do Estado Social: uma regressiva, expressa pela publicidade manipuladora imposta pelas organizações, e outra, típica da publicidade politicamente ativa, por meio da qual seja possível o desenvolvimento de um processo crítico de comunicação pública. A predominância da última, segundo Habermas, é um indicativo do grau de democratização da sociedade constituída pelo Estado Social, ou seja, "do grau de racionalização do exercício do poder político e social" (Habermas, 1981, p. 257).

Para Habermas, a possibilidade de instituir-se uma esfera pública politicamente ativa depende de dois pressupostos. De um lado, da capacidade da esfera pública para reduzir ao mínimo o conflito estrutural entre a pluralidade de interesses que sua ampliação propiciou, o qual dificulta a emergência de um consenso fundamentado em critérios gerais. De outro, a possibilidade efetiva de reduzir o poder da burocracia no interior das organizações sociais, cujas decisões não são submetidas ao controle social, o que debilita, dessa forma, o caráter público dessas organizações.

Os textos posteriores de Habermas vão aprofundar a crítica à crescente burocratização do Estado de Bem-Estar Social e à sua impotência para garantir níveis crescentes de autonomia e justiça social, criando-se impasses e limites para a conformação da esfera pública democrática.

Crise do Estado de Bem-Estar Social e os impasses da esfera pública

Desde a década de 1930, assiste-se aos processos de universalização de um padrão de regulação capitalista que se expande com rapidez, notadamente a partir da Segunda Guerra Mundial, com reflexos na periferia do sistema. A crise de 1930 e seus efeitos dramáticos atingiram o sistema capitalista em escala global. O processo de globalização da crise tem relação com as formas de internacionalização do sistema capitalista, daí sua intensa propagação.

Os resultados políticos e sociais dessa crise não foram homogêneos em cada país, e não é o caso aqui de particularizar a análise. No entanto, é importante observar que a chamada teorização keynesiana começa a ser incorporada como novo modo de regulação social quando as experiências e práticas dos governos social-democratas da Europa e dos Estados Unidos estavam em curso e as políticas de previdência social e de seguro-desemprego eram praticadas como instrumentos para o enfrentamento da crise da década de 1930. A reflexão de Oliveira (1988, 1993a) ajuda-nos a perceber as relações entre a teoria keynesiana e a criação de *um mercado institucionalmente regulado*, que vai abrir espaço para a elaboração das políticas sociais públicas características do Estado do Bem-Estar Social.

O *Welfare State* caracterizou-se, assim, como o padrão de financiamento público da economia capitalista, mediante a estruturação de uma esfera pública onde, a partir de regras universais e pactuadas, o fundo público, em suas diversas formas, passou a ser o pressuposto do financiamento da acumulação de capital, de um lado, e, de outro, do financiamento da reprodução da força de trabalho, atingindo globalmente toda a população por meio dos gastos sociais (Oliveira, 1988, p. 8).

A implementação dessa forma de regulação estatal viabilizou--se por meio da *dessubalternização do Estado* em relação ao mercado. Rompeu-se com a ideia de o Estado só gastar o que arrecada, garantindo-lhe autonomia de ação. Esta possibilidade de autonomização do Estado é dada pela política monetária, que se desliga do padrão-ouro e possibilita ao Estado a intervenção na economia a partir de uma política monetária não doméstica. Assim, o Estado mune-se de instrumentos para atuar por meio de políticas anticíclicas, intervindo na conjuntura contra as tendências do ciclo econômico, respondendo a demandas sociais e auxiliando os agentes econômicos a perseguirem seus fins. Pode realizar despesas antes de arrecadar, a partir da adoção de políticas de investimento que viabilizam a implementação de políticas sociais públicas e programas de bem-estar social, que passam a ser "liberados" da relação restrita com o mundo das mercadorias, produzindo assim a *desmercadorização* dos bens e serviços sociais públicos.[3]

Desta forma, o sistema econômico começa a girar em torno da antecipação da demanda e a dívida pública passa a ser estrutural, uma vez que o déficit público corresponde a uma parcela da produção que o governo antecipa. Esse mecanismo vai sendo incorporado às formas de regulação do capitalismo, em relação aos direitos sociais dos trabalhadores e em relação aos ciclos da própria acumulação capitalista.

---

3. Anotações de aula do curso "A economia política da social-democracia", ministrado por Francisco de Oliveira no segundo semestre de 1994.

Para Francisco de Oliveira (1993a), a mediação fundamental para a realização deste processo decorre do papel desempenhado pelo fundo público na relação com os capitais particulares e com a reprodução da força de trabalho, a partir do momento em que o capitalismo perdeu sua capacidade de autorregulação. Este padrão de intervenção do Estado é consequência dos limites da esfera privada para processar novas relações sociais. A dialética desse processo é tal que, embora a ação do Estado seja desenvolvida para garantir interesses privados, só é possível assegurar eficácia a esta ação se esses interesses privados se transformarem em interesses públicos. Portanto, o Estado aparece aí como uma *instância necessária da publicização* (Oliveira, 1993a, p. 138).

No entanto, diferentemente de Habermas, Francisco de Oliveira vai extrair da noção de fundo público a própria contradição existente nas novas relações entre Estado, mercado e sociedade civil. É que a ideia de fundo público não pode ser entendida apenas como expressão de recursos estatais dirigidos para o financiamento da acumulação. Assim, o fundo público é concebido como

> um *mix* que se forma dialeticamente e representa na mesma unidade, contém na mesma unidade, no mesmo movimento, a razão do Estado, que é sociopolítica, ou pública [...] e a razão dos capitais, que é privada (Oliveira, 1993a, p. 139).

O processo que conduz esse movimento do fundo público é a dinâmica da luta de classes, que produz também a *publicização das classes sociais*, ou seja, opera o deslocamento da luta de classes do âmbito das relações privadas para uma esfera pública. Este processo de publicização, de deslocamento da esfera privada para a esfera pública das relações sociais, não é algo aleatório ou conjuntural, pois assenta-se nas instituições que integram o chamado Estado do Bem-Estar e deram origem às políticas sociais públicas.

O que se verifica a partir dessas transformações é que a esfera pública não é mais apenas uma esfera exclusivamente burguesa, o que não implica que o Estado do Bem Estar-Social tenha deixado de ser um Estado classista. No entanto, não pode funcionar exclusivamente como o *comitê executivo da burguesia*, na medida em que esse processo de deslocamento da luta de classes para a esfera pública cria condições para a publicização do Estado a partir da dinâmica contraditória da sociedade, permitindo a constituição de sujeitos coletivos no seu interior.

Nos termos de Francisco de Oliveira (1988, p. 22),

> a estruturação da esfera pública, mesmo nos limites do Estado classista, nega à burguesia a propriedade do Estado e sua dominação exclusiva. [...] A esfera pública e a democracia contemporâneas afirmam, de forma mais peremptória que em qualquer outra época da história, a existência de sujeitos políticos e a prevalência de seus interesses sobre a pura lógica do mercado e do capital.

Essas transformações do Estado capitalista, a partir da regulação keynesiana e da autonomização fiscal, permitem a intervenção do Estado na economia e o endividamento estatal para atuar no processo de desigualdade social criada pelo mercado, por meio da promoção do bem-estar social e de suas instituições. Foi esse processo que deu origem ao conjunto de instituições do *Welfare State* e, consequentemente, às políticas sociais públicas.

Assim, o fenômeno novo trazido pela social-democracia clássica é que esta surge como uma espécie de culminação do processo social que assiste ao ingresso da classe operária na política e obriga as classes dominantes a redefinirem suas formas de representação, o que produz uma nova estruturação do sistema de classes sociais e inaugura novas relações entre Estado e economia. Resulta, portanto, de uma *triangulação peculiar* que envolve as classes sociais, os partidos de classe e a organização sindical, numa síntese desses três elementos.[4] É por isso que, para Francisco de Oliveira, a social--democracia não é redutível ao partido, pois institucionaliza a relação entre estas três dimensões de forma permanente e histórica, introduzindo redefinições nas relações entre as classes e destas com o Estado e possibilitando a quebra de simetria entre poder político e poder econômico, ou seja, a visão de que a política não é mero reflexo da estrutura material de produção.

É neste sentido que se pode falar de um *Estado ampliado* nos termos de Gramsci, pois este processo abre a possibilidade virtual de que a estrutura do poder político não seja especular na relação com o poder econômico. Essa relação assimétrica entre economia e política permite que o Estado, em certas conjunturas e dependendo da correlação das forças políticas, atue contra os interesses imediatos de classe, proporcionando certa autonomização da política.

No entanto, é exatamente este processo e suas estruturas de sustentação que entraram em crise a partir da década de 1970, o que ensejou a emergência das teses neoliberais de desmontagem das formas de regulação da economia assumidas pelo Estado capitalista. Dentro do contexto de afirmação da ideologia neoliberal, as críticas conservadoras ao *Welfare State* têm sido, ideologicamente, muito mais associadas à produção dos bens e serviços sociais públicos do que ao papel do fundo público na reprodução do capital. As políticas neoliberais vêm propondo o Estado mínimo e a desregulamentação da economia predominantemente em relação aos gastos sociais públicos, mas não para a presença do fundo público como financiador do capital.

A crise do Estado do Bem-Estar Social e do seu arcabouço jurídico-institucional vai desencadear profundas transformações

---

4. Ver nota anterior.

nas relações econômicas, políticas e sociais, que repercutem diretamente nas formas de estruturação/desestruturação da esfera pública.

As análises de Offe (1989a), Habermas (1987) e Rosanvallon (1984), autores que exibem vasta produção na análise do Estado capitalista contemporâneo, apesar das diferenças, voltam-se para a reflexão sobre a crise do Estado do Bem-Estar Social, não numa visão instrumental do Estado nem reduzindo a crise apenas à questão fiscal.[5] Apesar destas elaborações terem como referência os países capitalistas desenvolvidos, a partir da crise dos anos 1970, é possível extrair elementos para repensar as relações entre Estado e sociedade civil na formação social brasileira. Todavia, embora em muitos aspectos os elementos que identificam como sintomas da crise atual possam estar corretos, as consequências com as quais trabalham são problemáticas na óptica que pretendemos privilegiar.

Rosanvallon (1984) realiza uma síntese da crise do *Welfare State*, chamando a atenção não apenas para o impasse financeiro, mas também para os limites deste tipo de Estado como fundamento de uma nova sociabilidade. Habermas (1987) parte da constatação de que hoje, no limiar do século XXI, é possível observar-se um *esgotamento das utopias* relacionadas ao trabalho, refletindo sobre o que denomina de *crise da sociedade do trabalho*, análise também realizada por Offe. Para Offe (1989a), há uma crise de certos consensos estabelecidos socialmente com base no contrato social, entre os quais destaca a quebra da noção de *bem público*.

Rosanvallon trabalha a perspectiva de que há uma crise da própria ideia de igualdade como fundamento do Estado moderno. Para Habermas, o que chegou ao estágio de esgotamento foi deter-

---

5. Estas reflexões foram elaboradas a partir do curso "Igualdade, civilidade e cidadania" ministrado por Vera da Silva Telles, na Universidade de São Paulo, no primeiro semestre de 1994.

minada utopia que se cristalizou em torno do potencial de uma sociedade do trabalho, projeto emancipador que se desenvolve desde o século XVIII, fundado nas ideias de trabalho e progresso para se atingir a liberdade, em que todas as necessidades poderiam ser satisfeitas (a transição do reino da necessidade para o da liberdade). "Acima de tudo, a utopia perdeu seu ponto de referência na realidade: a força estruturadora e socializadora do trabalho abstrato" (Habermas, 1987, p. 106). Neste sentido, analisa o declínio do Estado Social na Europa a partir da década de 1970, sem que se tenha apresentado uma alternativa real a esta forma de organização. Dentre as várias questões levantadas, Habermas trabalha com a ideia de que o Estado do Bem-Estar Social, como *projeto socioestatal*, criou uma contradição entre fins e meios: se tinha como objetivo estabelecer formas de vida estruturadas de modo igualitário, garantindo liberdade e autonomia para a autorrealização individual, isto não foi alcançado.

Habermas (1987, p. 109) refere-se aos programas e serviços do Estado Social como

> densa malha de normas jurídicas, de burocracias estatais e paraestatais que recobrem o dia a dia dos clientes efetivos e potenciais, *o que produziu* efeitos contraproducentes da política social estatizada em particular e sobre a profissionalização e cientifização do serviço social.

As implicações desta extrema burocratização, ao contrário do que se propunha, levaram a uma singularização dos fatos, à normatização e à vigilância da relações sociais, sem conseguir impulsionar novas formas de vida na sociedade. Assim é que, mesmo considerando os avanços políticos e sociais inegáveis, os países desenvolvidos encontram-se num dilema: "o capitalismo desenvolvido não pode viver sem o Estado Social nem coexistir com sua expansão contínua" (Habermas, 1987, p. 109).

As reações desencontradas a este dilema e a ausência de alternativas visíveis levam às teses do esgotamento do potencial de utopia de uma sociedade do trabalho que teria perdido a capacidade de oferecer possibilidades futuras de uma vida melhor para o conjunto dos seus cidadãos.

As análises de Offe (1989a), por outro lado, voltam-se para a noção de *bem público*. Segundo suas reflexões, esta noção se encontra em erosão e relaciona-se à crise de legitimidade que fundamenta o próprio Estado do Bem-Estar. De um lado, é a própria democracia que coloca a noção de bem público como problemática, quando aponta para a pluralidade de valores e de situações de vida. De outro, sinaliza também para a crise da sociedade do trabalho e a erosão do espaço social-democrático: o problema fiscal, a questão demográfica, as transformações do mercado de trabalho, sua fragmentação e seu estado de crescente precariedade, o crescimento sem emprego levam a que o trabalho não seja mais um polo de criação de identificação e sociabilidade.

Segundo Claus Offe, perdeu-se o parâmetro de semelhança e, portanto, a identidade de trabalhador estaria sob erosão. A reedição do individualismo é um produto desse processo, de perda do sentido de *pertencimento*, desencadeando a tendência de os grupos fundarem suas identidades com base em qualidades *naturais*, como raça, etnia, gênero etc. No entanto, observa, é impossível definir com precisão a noção de bem público sem uma referência à ideia de identidade coletiva. Sem as noções de semelhança e identidade coletivas, os bens públicos não teriam condições de ser produzidos e implementados, por não haver um referente em relação ao qual o bem seria considerado público.

Como consequência, produz-se o "estreitamento dos padrões de semelhança ou a fragmentação de identidades e solidariedades coletivas" (Offe, 1989a, p. 303), decorrentes das mudanças estruturais que ocorreram nas sociedades modernas. E os fatores que explicam essas mudanças estruturais não podem ser buscados apenas na crise fiscal e econômica nem nas posições que afirmam a ascensão de elites e ideologias neoconservadoras; tampouco é possível revertê-las à custa de apelos morais à justiça e legitimidade das ações do Estado de Bem-Estar.

Para Offe, o processo de desintegração estrutural decorre da fragmentação das classes e de outras coletividades antes unidas em torno de interesses econômicos, vontade política e valores culturais. Essa pluralidade de grupos e categorias não teria mais um eixo comum de conflito reconhecido por todos. Esse processo estaria conduzindo à descrença generalizada nas políticas sociais como *bens públicos* e, em função do processo de erosão da noção de bem coletivo, os indivíduos podem não apoiar o caráter público do Estado. Portanto, estaria em xeque a própria legitimidade construída em torno do Estado do Bem-Estar.

Pierre Rosanvallon (1984), por seu lado, ao analisar a crise do Estado-Providência, embora reconheça seu impasse financeiro, afirma que o verdadeiro objeto de dúvidas sobre seu futuro é a própria sociedade. São as relações da sociedade com o Estado que estão em crise. Nesses termos, o impasse do debate contemporâneo sobre o Estado introduz o dilema entre estatização e privatização, dois cenários inaceitáveis para pensar nas saídas para a crise. O caminho possível é o da *redefinição das fronteiras e das relações entre o Estado e a sociedade*. E, para isso, se torna necessário romper com a linearidade da equação serviço coletivo = Estado = não mercantil = igualdade; e, em outro extremo, a fórmula serviço privado = mercado = lucro = desigualdade.

É possível observar nas reflexões desses diferentes autores a busca de superação da antinomia estatal-mercado pela via fecunda da revalorização da sociedade civil, procurando-se reverter a tendência de secundarização da sociedade civil. É uma perspectiva que abre possibilidades de identificar e analisar a emergência de novos sujeitos políticos e processos de interação social e cultural que podem contribuir para redimensionar as relações estatal/ privado, na busca de construção da esfera pública.

Além disso, os aspectos propriamente ligados aos processos culturais de criação de novas sociabilidades decorrentes das experiências de realização do Estado do Bem-Estar Social são importantes para repensar as relações Estado/sociedade civil, diante da crise que abala as relações societárias produzidas no seu interior. Trata-se de elementos que podem nos auxiliar a redimensionar as novas e complexas articulações que provocam impactos sobre as relações estatal/privado e, para o que nos interessa de perto, a elucidar alguns dos desafios presentes na conformação de esferas públicas efetivamente democráticas. São reflexões que também contribuem para a análise interna do arcabouço burocrático-legal--institucional consolidado pelo *Welfare State*, fornecendo pistas interessantes para uma avaliação das políticas sociais e seus impactos na esfera da reprodução social.

No entanto, como já indicamos, a elucidação da crise do Estado do Bem-Estar precisa ser remetida aos processos de transformação da sociedade capitalista contemporânea, o que nos coloca diante de duas crises — que, embora diversas no tempo e no significado que envolvem, sinalizam o contexto mais geral a partir do qual se torna possível desvendá-las.

De um lado, a *crise do socialismo real*, que põe em xeque

um padrão societário que identificou sumariamente socialização com estatização, que colonizou a sociedade civil mediante a hipertrofia de Estado e partido fusionados, que intentou articular direitos sociais sobre a quase inexistência de direitos civis e políticos (Netto, 1995, p. 184-185; consultar também Netto, 1993).

Por outro lado, a *crise do Estado do Bem-Estar Social* que, segundo as análises de José Paulo Netto, com as quais concordamos, indicam algo mais profundo do que o esgotamento de padrões ideais de sociabilidade, base das reflexões — guardadas as ópticas específicas de cada um destes autores — de Habermas, Offe e Rosanvallon.

De fato, o que podemos observar é que esta crise expõe *o capitalismo democrático na encruzilhada* (Przeworski, 1991), ou seja, revela os limites do compromisso keynesiano de pleno emprego e igualdade, que atribuía ao Estado um papel dinâmico em múltiplas esferas sociais, que só podia realizar-se pela mediação de instituições políticas democráticas assentadas num pacto de classes. A crise do capitalismo democrático, contudo, é antes "a crise estrutural das condições que viabilizaram o desenvolvimento do capitalismo num marco de democracia política" (Netto, 1995, p. 187). Em outros termos, o que está em questão na crise do Estado do Bem-Estar é a possibilidade de compatibilizar capitalismo e equidade, ou seja, acumulação e garantia de direitos políticos e sociais básicos à maioria da população.

No que se refere mais diretamente às questões que envolvem o objeto de nossas reflexões, apontamos também os limites das análises sobre a crise do Estado do Bem-Estar que têm como pressuposto a dissolução da centralidade do conflito social para a apreensão da dinâmica social.

As novas manifestações que emergem no movimento social, a pluralidade dos sujeitos presentes no espaço político, apontam certamente os limites dos paradigmas clássicos para sua apreensão, nas suas versões deterministas e economicistas. O grande desafio, hoje, parece consistir na dificuldade de qualificar as ações coletivas e os novos sujeitos que, ao longo de suas lutas sociais, explicitam de distintas formas os conflitos presentes na sociedade. No entanto, se a polarização burguesia-proletariado não consegue abarcar a multiplicidade dos sujeitos, se a concepção fordista de classe operária já não é mais capaz de dar conta da heterogeneidade da *classe-que-vive-do-trabalho*, para usar a feliz expressão de Ricardo Antunes (1995), isto não é suficiente para deslocar a centralidade das duas classes no ordenamento societário capitalista, uma vez que é a partir de seu conflito que se define toda a estrutura social — que, é evidente, não se reduz a burgueses e proletários.

Na mesma direção, poderíamos focalizar a crise da sociedade do trabalho, ou descentralidade da categoria trabalho, como categoria explicativa das novas relações sociais emergentes nas sociedades capitalistas contemporâneas. Inegavelmente, há profunda transformação nos processos produtivos e nas relações de trabalho, que se desdobra em uma multiplicidade de questões, que vão do fordismo à *flexibilização*, do desemprego estrutural às formas de terceirização ou *precarização* do trabalho, e que remetem também às mudanças na subjetividade operária e às novas formas de o capital suprimir as fronteiras entre vida pública e vida privada. É nosso entendimento, porém, que esses elementos apontam mais para processos de transformação da *forma* que assume o trabalho, do que para sua erosão como elemento organizador da vida social nas sociedades capitalistas contemporâneas.

Considerando as transformações do capitalismo contemporâneo, verifica-se enorme fragmentação e divisão no interior da classe trabalhadora, profunda segmentação do mercado de trabalho, que colocam poderosos desafios para a política da ação coletiva que pretenda a sua unificação. Quanto à diluição das classes sociais, como sujeitos sociais, concordamos com Oliveira (1988, p. 22): isto é, "na verdade, uma pobre confusão nascida na multiplicidade de sujeitos que a própria estruturação da esfera pública permite e requer".

De outro lado, os novos movimentos sociais de caráter democratizante da Europa ocidental, do Leste Europeu e da América
Latina, apesar de suas particularidades e dispersão, apontam para
formas específicas de expressão dos conflitos sociais e indicam tanto a falência dos regimes autoritários e totalitários, quanto os limites
das formas de burocratização e de controle da sociabilidade decorrentes das estruturas do Estado do Bem-Estar Social. São exatamente esses processos que mais desafiam os analistas, tendo em vista a
necessidade de enriquecer, repensar e mesmo (re)criar categorias de
análise que possam contemplar a riqueza e a complexidade da vida
social nestas últimas décadas. E, o que é fundamental, iluminar a
busca de alternativas políticas para o enfrentamento da crise social.

O Estado e a (inexistente) esfera pública no Brasil

Na tentativa de captar as peculiaridades do Estado no Brasil,
observamos que sua privatização não é fenômeno recente, mas é
intrínseca ao desenvolvimento capitalista da formação social brasileira. A ausência da dimensão *pública* nas ações do Estado, nos
seus diferentes níveis e esferas, tem marcado o exercício de sua
intervenção na vida social. Historicamente, o Estado brasileiro
usurpou a representação das classes sociais no seu interior, para
inscrever no centro dos aparatos estatais os interesses da grande
burguesia nacional e internacional (Oliveira, 1988).

No contexto do regime ditatorial, o Brasil teve acelerado crescimento econômico, criando-se uma *economia de regulação truncada*,
reveladora da forte presença do poder das burguesias no Brasil
(Oliveira, 1990), que se traduziu na regulação *ad hoc*, em que cada
caso é um caso, dada a ausência de regras estáveis e abrangentes
que dificultam o estabelecimento de políticas públicas globais.

Consagra-se, pois, um estilo de capitalismo que manipula os fundos *sem esfera pública*, isto é, não há nenhuma definição abrangente, nenhum fórum, nenhuma regra, salvo a regra que permite tudo (Oliveira, 1990, p. 52).

Aliás, esta é uma característica do capitalismo na América Latina, que não foi capaz de promover as tarefas democrático--burguesas, pois seu móvel sempre foi o estabelecimento da ordem capitalista e não da democracia. Atilio Borón (1995, p. 63-64), recorrendo a Agustín Cueva para analisar as relações entre capitalismo e democracia, observa que

> em seus quase dois séculos de vida independente [a América Latina] não conheceu uma única revolução burguesa que tivesse culminado na instauração de um regime democrático estável [...] nenhuma delas concluiu suas "tarefas pendentes", estabelecendo um regime democrático: sua preocupação, ao contrário, foi consolidar o funcionamento do modo de produção capitalista, não introduzir a democracia burguesa. Sua meta era o capitalismo, não a democracia.

O padrão de intervenção do Estado brasileiro concentrou-se no financiamento da acumulação e da expansão do capital, em detrimento da consolidação de instituições democráticas e da institucionalização do acesso público a bens, serviços e direitos básicos de extensas camadas da população trabalhadora. Os grandes beneficiários da regulação *ad hoc* são as diversas frações do capital que, embora não tenham interesses homogêneos, dispõem de grande poder de articulação política, apoiadas em inúmeras associações e estruturas paralelas aos partidos políticos, que lhes permitem negociar interesses com o governo dentro do paradigma da regulação truncada.

> Na verdade, o pacto conservador que sustentou o Estado desenvolvimentista no Brasil não computou a participação democrática em

nenhuma de suas formas, e jamais patrocinou, por consequência, a institucionalização de estruturas que pudessem dar conta das pressões pela ampliação da cidadania política e social (Fiori, 1995, p. 145).

Ao contrário do que aconteceu historicamente com o capitalismo nos países centrais, o Estado nos países periféricos, e o brasileiro em particular, não criou condições para a reprodução social da totalidade da força de trabalho, nem estendeu direitos de cidadania ao conjunto da classe trabalhadora, excluindo imensas parcelas da população do acesso mínimo às condições de sobrevivência.

> Neste sentido, em vez do Estado de bem-estar social, o que temos é uma combinação permanente e alterada de paternalismo e repressão. O que, se bem não impede que toda a população tenda a estar imersa no *mercado capitalista*, o faça como consumidora marginal dos seus produtos materiais e culturais, incluída aí a aspiração ao bem-estar e ao conforto, próprios de um capitalismo desenvolvido. Mas nunca na condição de população trabalhadora, com todas as suas implicações socioeconômicas, nem na condição de cidadã, com todas as suas implicações político-ideológicas (Fiori, 1995, p. 46; grifos do autor).

Analisar as relações entre Estado e sociedade no Brasil supõe, portanto, repensar as modalidades de combinação entre o estatal e o privado na formação e no desenvolvimento do capitalismo em nosso país, a simbiose entre *público e privado* na conformação assumida pelo Estado e nas suas relações com as classes sociais.

José de Souza Martins (1994), na sua *sociologia da história lenta*, ao examinar o poder do atraso na estruturação da sociedade brasileira, refere-se à permanente interpenetração do *público* e do *privado* na trama do tecido social e revela como são tecidas essas relações de delegação de poderes que vão assentando as bases do poder patrimonial no Brasil. O público era quase que inteiramente personificado pelo privado; as *re-públicas*, ou seja, as vilas, os municípios, eram constituídos pela casta dos homens bons, sem mácula de ofício mecânico, isto é, homens que não trabalhavam com as próprias mãos. A dominação patrimonial não se constituiu em forma antagônica de poder político em relação à dominação racional-legal. Ao contrário, nutriu-se desta e a contaminou. As oligarquias políticas no Brasil colocaram a seu serviço as instituições da moderna dominação política, submetendo a seu controle todo o aparelho de Estado. "A política do favor, base e fundamento do Estado brasileiro, não permite nem comporta a distinção entre o público e o privado" (José de S. Martins, 1994, p. 20). No Brasil, a distinção entre o público e o privado nunca chegou a se impregnar na consciência popular, como distinção de direitos relativos à pessoa, ao cidadão. Ao contrário, esta distinção, para este autor, ficou restrita ao patrimônio *público e privado*, ao direito de propriedade, e não aos direitos da pessoa.

República era, pois, sinônimo de coisa pública administrada pela assembleia dos particulares, isto é, dos súditos. Contraditoriamente, era público o que não era do rei, isto é, do Estado. E que estava, portanto, sob administração dos agentes privados. Sendo o clientelismo político, sobretudo, uma relação de troca de favores políticos por benefícios econômicos, "é essencialmente uma *relação entre os poderosos e os ricos*, e não principalmente uma relação entre os ricos e os pobres" (José de S. Martins, 1994, p. 29; grifos do autor). Dessa forma, estão em jogo não apenas relações de poder, mas mecanismos de acumulação da riqueza. Diferentemente das sociedades capitalistas centrais, a modernização na sociedade brasileira associou continuamente patrimônio e poder, consolidando a *cultura da apropriação do público pelo privado* (José de S. Martins, 1994, p. 38).

Assim, analisar o Estado implica necessariamente remetê-lo a suas relações com a sociedade, mas não como faz a perspectiva neoliberal, reduzindo-o a uma questão métrica, de Estado mínimo ou máximo. Aliás, se formos partir dessa baliza, o que temos historicamente no Brasil é uma forma híbrida de Estado *mini-max* (Sader, 1996, p. 13) — ou seja, mínimo no que se refere aos interesses do trabalho e máximo em relação aos interesses do capital.

O que importa destacar, portanto, é que o Estado "não tem uma medida em si mesmo, ele tem que estar sempre em relação com a sociedade civil, o que lhe dá a medida, a profundidade, o alcance, os seus limites" (Oliveira, 1995a, p. 7).

O papel do Estado brasileiro na consolidação da modernização capitalista foi central, criou profundos laços de dependência na sociedade. Vários autores referem-se à *modernização conservadora*,[6] para explicitar o processo autoritário vivido pelos países capitalistas de industrialização tardia.

No caso brasileiro, a própria conformação das classes sociais e todos os seus conflitos básicos foram permanentemente mediadas pelo Estado capturado pelos interesses da burguesia, que a esta se associa para a reprodução das condições de acumulação e apropriação privada do capital. Do ponto de vista ideológico-cultural, o Estado foi a figura de proa na organização da hegemonia das classes burguesas, o que contribuiu para manutenção do consentimento das classes dominadas a respeito de sua própria dominação.

Na particularidade da formação social brasileira, os setores dominados da sociedade civil jamais tiveram força de veto sobre

---

6. Conceito desenvolvido por Barrington Moore Jr. (1973), para estudar o modelo autoritário de desenvolvimento tardio do capitalismo no século XIX. Vários autores incorporaram esse termo nas análises do modelo de desenvolvimento econômico-social adotado no Brasil pelos governos militares (Mattoso, 1995). As balizas desse "modelo", conduzidas segundo os interesses do grande capital monopolista, reforçaram o desenvolvimento dependente e associado e a integração subordinada do Brasil na ordem capitalista internacional, promovendo intensa centralização e concentração no seu interior. Para desenvolvimento da análise, consultar Netto (1991), principalmente o capítulo 1.

as decisões do poder estatal. São praticamente inexistentes os momentos em que seria possível afirmar que as massas populares, ou algum dos seus setores, tenham conseguido participar do processo político com efetiva autonomia.

> A imposição, por parte do Estado e dos setores dirigentes das classes dominantes, de limites muito precisos à participação popular — o controle das organizações operárias, o enquadramento dos trabalhadores à rígida disciplina da fábrica, a vigência de mecanismos de cooptação das "lideranças" sindicais, o aviltamento dos salários etc. — acaba por circunscrever o tipo de inserção subordinada das massas populares nos processos de decisão das políticas econômicas e sociais do País (Raichelis, 1988, p. 49).

O pequeno enraizamento da cidadania nas práticas sociais evidencia a modernidade inconclusa da estrutura social brasileira. Os direitos não fazem parte das regras que organizam a vida social, consolidando-se práticas de *incivilidade* (Telles, 1992). A disseminação de direitos e a ideia do *direito a ter direitos* (Arendt, 1991) são pouco enraizadas na institucionalidade brasileira, na qual nem sequer se generalizou o estatuto do trabalhador assalariado.

Como analisa José de Souza Martins (1994, p. 43), parece ser insuportável para amplas parcelas da população brasileira estabelecer relações sociais "com base unicamente nos pressupostos racionais do contrato social e com base unicamente no pressuposto da igualdade e da reciprocidade como princípios que regulam e sustentam as relações sociais". Consequentemente, precisa ser revisto o pressuposto da antinomia estatal-mercado, que identifica automaticamente o público com o estatal e o privado com o mercado. Analisar a profundidade da crise social brasileira e seu rebatimento em todas as esferas da vida social supõe, necessariamente, considerar o processo histórico por meio do qual o estatal e o privado mesclaram-se para impedir a consolidação de uma esfera pública democrática.

Assim, na crise atual, na qual se imbricam novos e antigos problemas não equacionados, é possível perceber a erosão da frágil noção de público, que nem chegou efetivamente a se constituir.

Desde a década de 1980, por outro lado, o Brasil foi palco de um processo de revitalização da sociedade civil, que, na luta pela democratização, colocou em xeque não apenas o Estado ditatorial, mas a rede de instituições autoritárias que atravessava a sociedade e caracterizava as relações entre os grupos e as classes sociais. Aquela década foi a arena de amplo movimento de conquistas democráticas que ganharam a cena pública: os movimentos sociais organizaram-se em diferentes setores, os sindicatos fortaleceram-se, as demandas populares ganharam visibilidade, as aspirações por uma sociedade justa e igualitária expressaram-se na luta por direitos, que acabaram se consubstanciando na Constituição de 1988, com o reconhecimento de novos sujeitos como interlocutores políticos. No entanto, os inegáveis avanços políticos experimentados no Brasil e em toda a América Latina nos anos 1980, voltados para os esforços de *refundação* da ordem democrática (Telles, 1994a) tiveram uma contraface dramática, pois foram acompanhados pelo agravamento sem precedentes da questão social, expresso pela deterioração crescente das condições de vida e de trabalho de amplas maiorias da população.

A aspiração democrática que se irradia nos países capitalistas periféricos na década de 1980 traz no seu bojo a recessão econômica, a escalada inflacionária, a crise fiscal do Estado, o agravamento da miséria — elementos constitutivos da assim chamada *década perdida*. A redescoberta da sociedade civil expõe, simultaneamente, o paradoxo das experiências democratizadoras da década de 1980 — a contraface mais perversa é revelada pela exclusão social,[7] que

---

7. O conceito de exclusão social vem se generalizando amplamente na literatura e no discurso de diferentes atores sociais, mas é um termo que se presta a variadas interpretações.

o desenvolvimento capitalista globalizado e desigualmente combinado só faz aprofundar.

Em tal contexto, vêm à tona as chamadas medidas de ajuste estrutural preconizadas pelo Consenso de Washington.[8] O ideário neoliberal difundido pelos organismos internacionais e multilaterais como remédio à crise das economias periféricas pode ser sintetizado nos três eixos centrais articuladores da proposta: *estabilização* (medidas para baixar a inflação no curto prazo, reduzir o déficit da balança de pagamentos e equilibrar o orçamento público), *ajuste estrutural* (medidas voltadas para aumentar a competitividade da economia mediante abertura comercial, desregulamentação de preços, reforma tributária) e *privatização* (reforma do Estado e transferência de empresas e serviços públicos para grupos privados). Apesar da adoção deste conjunto de medidas pela maior parte dos países da América Latina, ressalvadas as particularidades que assumem em cada um, é hoje consenso inegável que na maioria

---

Por vezes, é utilizado como um eufemismo de exploração, sem que sejam indicados os nexos entre a situação de exclusão e os processos estruturais responsáveis que instauram essa condição. É comum, também, sua adoção para evidenciar a situação daqueles que "estão fora" da sociedade, que supostamente não possuem nenhuma "utilidade social". Castel (1995), em suas análises sobre a questão social na França, adverte para a armadilha contida no uso do conceito, que pode dificultar a análise "sobre as dinâmicas sociais globais" geradoras da exclusão social, ocultando a configuração atual da questão social. Observa que o termo exclusão vem se tornando uma espécie de "*mot-valise* para definir todas as modalidades de miséria do mundo". Não é nosso objetivo desenvolver polêmica em torno deste conceito, mas apenas indicar que o uso do termo no contexto de nossa análise parte do suposto que, embora a exclusão social expresse um conjunto de carecimentos materiais, culturais e morais, seus elementos constitutivos só são desvelados se remetidos à análise "no coração mesmo dos processos de produção e da repartição das riquezas sociais", como bem assinala Castel.

8. Consenso de Washington é a denominação dada a um plano único de medidas de ajustamento das economias periféricas, chancelado pelo Fundo Monetário Internacional (FMI), pelo Banco Mundial (BIRD), pelo Banco Interamericano de Desenvolvimento (BID) e pelo governo norte-americano em reunião ocorrida em Washington em 1989, quando se inaugura a introdução do projeto neoliberal em mais de 60 países em todo o mundo. Para aprofundamento do tema, consultar Fiori (1995, p. 231-245).

dos casos este processo de ajuste trouxe efeitos altamente regressivos, dando lugar a verdadeiro *apartheid* econômico e social, agravando as desigualdades, aumentando a pobreza e provocando profunda dualização da sociedade, com rebatimentos nas formas de violência social sem precedentes, ao mesmo tempo em que reforçou a vulnerabilidade dos já frágeis estados nacionais. Como alternativas para o enfrentamento da crise econômica e social, as propostas de *flexibilização* do trabalho e de *desregulamentação* do Estado têm levado ao aprofundamento das diferentes formas de *precarização* do trabalho, crescimento do desemprego e enorme ampliação do mercado informal, que passa a ser visto hoje não como sinal da crise, mas como perspectiva de solução.[9]

A promoção das virtualidades do setor informal para o enfrentamento da crise leva a um afastamento do Estado no equacionamento da esfera social, gerando o que Jaime Marques Pereira (*apud* Gohn, 1995) denomina de *exclusão integradora*, legitimadora da exclusão e redefinidora dos papéis dos sujeitos sociopolíticos: os sindicatos se enfraquecem, os movimentos populares perdem sua força mobilizadora, a luta mais importante passa a ser a da manutenção do emprego a qualquer preço.

Borón (1995, p. 77), ao analisar as relações entre os ajustes neoliberais, a pobreza e a cidadania democrática, declara que a década de 1980 desencadeou um duplo movimento:

> por um lado, uma supersticiosa exaltação do mercado, fechando os olhos para os resultados catastróficos que seu funcionamento

---

9. "O setor informal não é mais visto como uma manifestação da pobreza urbana ou do atraso econômico... O setor informal é hoje considerado como uma fonte de riqueza, como um potencial inexplorado de empregos e rendas, mesmo que o aumento considerável de famílias condenadas a reduzir suas expectativas a meras estratégias de sobrevivência seja, provavelmente, uma das principais causas do crescimento da economia informal" (Jaime Marques Pereira *apud* Gohn, 1995, p. 33).

autônomo havia produzido no passado [...] e absolvendo-o piedo-samente de suas culpas. Por outro, uma recíproca satanização do Estado como causador de todas as desgraças e infortúnios que, de diferentes maneiras, afetaram as sociedades capitalistas.

Assim, não é por mera casualidade que o Estado na América Latina passa a ser objeto de críticas cada vez maiores, justamente quando se desencadeia nova etapa democratizadora nas suas re-lações com a sociedade civil. Nesse aspecto, o aprofundamento do exame da crise brasileira revela sua complexidade e a impossibili-dade de adotar rápidas generalizações e conclusões.

Concordamos por isso com Milton Lahuerta (1989, p. 46-47), quando afirma que a crise social na qual o Brasil está imerso é expressão de duas dinâmicas societárias que se combinam e dão a medida da sua complexidade: um processo propriamente *político*, em decorrência da crise do autoritarismo e da negociação pactua-da que caracterizou a transição democrática no país; outro, de *caráter econômico-social*, relacionado a um rearranjo global do ca-pitalismo em escala mundial, que representa a articulação de um novo padrão de acumulação sob a égide da *modernização conserva-dora*. Este é o ambiente sociopolítico em que se cria o caldo cultu-ral favorável à disseminação das teses neoliberais. Em função disso, as críticas ao Estado, a sua ineficiência e gigantismo en-contram-se limitados pela retórica neoliberal, perdendo-se, com isto, "a raiz do problema do Estado no Brasil: sua privatização e a ausência de mecanismos democráticos sobre a esfera pública" (Lahuerta, 1989, p. 48).

Esta verdadeira cruzada contra o Estado na América Latina, e no Brasil em particular, coloca-o cada vez mais à mercê dos inte-resses privados das classes dominantes e dos organismos interna-cionais e enfraquecendo ainda mais sua capacidade de formular e executar políticas públicas.

As propostas de enxugamento do Estado, de contenção nos gastos públicos, de diminuição da máquina estatal, de cortes no funcionalismo, de privatização das estatais, de prioridade ao controle da inflação e à estabilização da moeda trouxeram consequências perversas para o enfrentamento das expressões da questão social em todos os níveis, uma vez que é nos investimentos sociais que os cortes são mais expressivos. Assim, vê-se hoje que

> a retórica básica do universo político brasileiro, que é a retórica antiestatal, tem um sentido essencialmente antidemocrático, pois, em realidade, quando se fala em cortar e enxugar o Estado, diminuir o seu tamanho [...] não se está exatamente querendo diminuir o déficit através da redução de subsídios e privatização das empresas e áreas do Estado que atendem aos interesses particularistas, mas sim ampliar a parcela já controlada por eles no aparelho estatal (Lahuerta, 1989, p. 48).

E o alvo são principalmente as políticas sociais, porque a crítica que se faz não é a qualquer Estado, mas é exatamente àquele que incorpora, ainda que precária e parcialmente, os interesses dos não proprietários no âmbito das políticas públicas.

Assim, ainda que não se possa falar de uma contraposição entre neoliberalismo e Estado do Bem-Estar Social no Brasil, o que se pretende atingir é o esboço de esfera pública deflagrado pelo processo de democratização e delineado na Constituição de 1988. Exemplo disto é a tão propalada necessidade de realizar as reformas constitucionais, cujo elenco atinge exatamente o conjunto de direitos sociais e políticos, conquistados historicamente pela classe trabalhadora, e que, na retórica liberal, têm sido responsáveis pelas dificuldades do Estado e das classes burguesas para equacionar a crise social.[10]

---

10. O discurso liberal-conservador da "nova direita" apropriou-se da bandeira das *reformas* e esvaziou-a de seu caráter progressista, de tal forma que, no Brasil atual,

Isso não quer dizer que não sejam necessárias reformas do Estado, que, no entanto, não se reduzem a aspectos técnicos e administrativos. Ao contrário, exigem-se transformações radicais no padrão de relacionamento entre o Estado e a sociedade civil, o que implica a construção de esferas públicas efetivamente democráticas, em que os conflitos possam ser publicizados e as soluções negociadas no enfrentamento dos interesses contraditórios dos sujeitos coletivos reconhecidos como interlocutores.

O cenário político da década de 1990

O cenário político da década de 1990 traz inflexões importantes na luta pela democratização do Estado, relacionadas com a participação de segmentos organizados da sociedade civil nas decisões e prioridades das políticas públicas. Desde a década de 1980, em que ganharam vida esses processos democratizadores, é possível observar mudanças decorrentes do *protagonismo* de novos sujeitos sociais saídos das lutas pela reprodução social e transformados em interlocutores no campo de definições das políticas públicas. Nessa conjuntura ocorre reiterado consenso nos discursos dos distintos segmentos organizados quando se referem sistematicamente à importância e à necessidade do fortalecimento da sociedade civil. Estes *novos personagens que entraram na cena política* (Sader, 1988), organizados em uma multiplicidade de espaços, redefiniram o cenário das lutas sociais no Brasil, apresentando desdobramentos importantes no encaminhamento das ações coletivas na década de 1990.

---

se inverteram os termos: aqueles que são contra "as reformas" são tachados de conservadores.

Esta dinâmica social introduz novas contradições, à proporção que organizações populares e instituições da sociedade civil ganham visibilidade e legitimidade a partir da definição de instrumentos democráticos de participação política que, ao se efetivarem, apontam simultaneamente os limites da democracia representativa e a necessidade de aprofundar os processos de participação social e política.

No processo mobilizador que culmina com a aprovação da Constituição de 1988, o tema da participação da sociedade na *coisa pública* ganha novos contornos e dimensões. Trata-se de uma tendência que vem se contrapor à forma centralizada e autoritária que prevalecera por mais de duas décadas na estrutura política brasileira. A partir desse marco, temas como descentralização e reordenamento institucional seriam recorrentes, no sentido da revalorização da participação popular e do poder local.

No entanto, o fortalecimento das ações e propostas descentralizadoras e participativas não são específicos do processo político brasileiro, mas inserem-se dentro de uma tendência mundial relacionada à crise da década de 1970, que caracteriza a maioria dos Estados de Bem-Estar Social e as mudanças na esfera produtiva dos países capitalistas centrais. Este processo difunde novos discursos e práticas sociais relacionados com a partilha de poder, seja no âmbito de sua transferência da esfera federal para estados e municípios, seja no deslocamento de parcelas de poder de decisão do Estado para a sociedade.[11]

A década de 1990 foi palco de múltiplas tendências, que se expressaram com grande visibilidade, ganhando a opinião pública: o crescimento das ONGs e as propostas de políticas de parceria implementadas pelo Estado em suas diferentes esferas, principalmente nos planos municipal e local (Gohn, 1995).

---

11. Para aprofundamento desta discussão, consultar Potyara Pereira (1996).

Neste contexto de expansão das chamadas iniciativas civis, alguns analistas referem-se à emergência de um "terceiro setor", *privado porém público* (Fernandes, 1994), expressão de amplo movimento associativo em escala planetária, que abarca um conjunto heterogêneo de entidades sociais, organizações empresariais, ONGs dos mais variados tipos que vêm atuando no desenvolvimento de projetos socioeducativos, na prestação de serviços sociais ou na assessoria a organizações populares de defesa de direitos. Tal movimento relaciona-se com a desregulamentação do papel do Estado na economia e na sociedade, a partir do que o Estado passa a transferir parcelas de responsabilidades para as *comunidades* organizadas, em ações de parceria com as denominadas organizações não governamentais, incluindo-se aí as fundações e a chamada filantropia privada.[12] Ressurge com grande intensidade o discurso da participação comunitária e o estímulo a iniciativas privadas (mercantis e não mercantis) nas ações sociais.

O apelo à *participação da comunidade* na solução dos seus problemas não é novo, se considerarmos as propostas de desenvolvimento de comunidade largamente disseminadas na América Latina na década de 1950, nos marcos da ideologia desenvolvimentista. O estímulo às práticas de autoajuda e à mobilização da comunidade em torno de projetos locais reforçavam as propostas de colaboração povo-governo dentro do esforço nacional de superação do atraso e do subdesenvolvimento das sociedades latino-americanas. Implí-

---

12. O crescimento das iniciativas empresariais em projetos sociais pode ser atestado pela criação do Grupo de Institutos, Fundações e Empresas (Gife), em 1991, congregando cerca de 50 instituições, a maioria das quais representada pelas fundações e voltadas majoritariamente para ações entre jovens e crianças, seguidas de atividades ligadas à comunidade, adultos, idosos e outros (Wilheim e Ferrarezi, 1995). A criação da Associação Brasileira de Organizações Não Governamentais (Abong), ainda em 1991, também expressa o crescimento das organizações não governamentais em escala nacional e a necessidade de criar canais de articulação que garantam uma agenda comum para as suas intervenções.

citas nestas propostas encontram-se as noções de solidariedade e a ideia de que, por meio das *relações comunitárias*, os conflitos sociais podem ser superados pelo esforço organizado dos membros da comunidade no encaminhamento de soluções que potencializem as ações coletivas.

Esta versão comunitarista de conceber a sociedade civil reaparece no bojo de um conjunto de propostas que estimulam iniciativas voluntárias de parceria da *comunidade* na realização de projetos de enfrentamento da pobreza, que, na perspectiva que as orienta, não consegue ser equacionada dada a falência do Estado e sua incapacidade de fazer frente ao volume das demandas sociais. Mas este discurso hoje comparece atualizado, pois não se trata aqui apenas da filantropia tradicional, mas da filantropia do grande capital, que moderniza seu discurso e suas práticas, incorpora pautas que buscam homogeneizar o discurso dos diferentes segmentos da sociedade civil, redefinindo o papel socializador do capital e ampliando suas ações para fora da empresa como *parceiros* na implementação de políticas sociais.[13]

---

13. Mota (1995, p. 115), referindo-se às novas estratégias adotadas pelo empresariado nos anos 1980/90 no âmbito da seguridade social, aponta para a novidade da prática social dos empresários brasileiros, "até então voltada quase exclusivamente para a questão da reprodução da força de trabalho alocada nas suas empresas", e afirma que essa "mudança, em certo sentido, rebate nos históricos modos de tratamento dispensados pelos empresários à questão social no Brasil". Esta perspectiva do empresariado nacional aparece explicitada na apresentação dos resultados da pesquisa sobre o perfil social da indústria paulista realizada em 1994 pelo Grupo de Ação Social (GAS), através da fala do presidente da Fiesp e do Ciesp: "De acordo com a pesquisa realizada [...] praticamente todas as empresas de médio e grande porte mantêm programas que favorecem diretamente o trabalhador, e muitas delas estendem vários desses benefícios às famílias dos funcionários. Cerca de um terço das empresas investem recursos financeiros e humanos para atenuar os problemas das comunidades onde estão instaladas. Constata-se [...] que a postura participativa é uma tendência crescente, que decorre de vários fatores, desde a ética pessoal do industrial até o conceito da responsabilidade social das organizações produtivas. No cenário que se desenha para o século XXI surge, assim, a figura da *empresa*

Esta perspectiva é estimulada, também, por programas de financiamento internacional, que exigem cada vez mais a presença das *comunidades* na implementação de programas governamentais financiados pelas agências de cooperação.

As repercussões são profundas no campo das políticas públicas, especialmente das políticas sociais. Com a redução dos investimentos públicos nas áreas sociais, presencia-se o deslocamento das responsabilidades do Estado no âmbito das políticas sociais e o reforço de políticas compensatórias voltadas para os segmentos mais empobrecidos e vulneráveis da sociedade, no sentido de amenizar o impacto negativo das políticas de ajuste econômico nessas camadas.[14]

Nessa conjuntura, as ONGs e um conjunto diversificado de organizações sociais têm sido convocadas pelo Estado e pelo empresariado para o estabelecimento de diferentes parcerias, como operadores de programas de combate à pobreza. Este encaminhamento tem provocado aguda polêmica entre as ONGs, sobretudo no caso daquelas que nasceram da resistência à ditadura e se consolidaram no apoio aos movimentos populares e na luta pela extensão dos direitos sociais e políticos na fase da democratização. Uma das críticas refere-se ao repasse de recursos públicos a organizações da sociedade civil para a execução de programas focalizados e compensatórios, descolados de uma política global voltada ao enfrentamento dos determinantes estruturais geradores das

---

cidadã, que desfruta de seus direitos e aceita a ampliação de seus deveres para além das paredes da fábrica" (cf. Fiesp/Ciesp/Sesi/Senai/IRS, *Área social: atuação dos empresários paulistas*, 1996; grifos no original).

14. É aqui que Mota (1995, p. 165) vê novas tendências a partir dos anos 1980 da seguridade social brasileira, que vai definir uma diferenciação no padrão de consumo dos serviços sociais entre trabalhadores da grande empresa — consumidores de serviços sociais privados — e trabalhadores excluídos e *precarizados* — assistidos das políticas públicas.

situações de pobreza e sem a necessária transparência quanto aos critérios de concessão daqueles recursos.[15]

No entanto, a questão de fundo parece envolver a própria identidade das ONGs que, a partir de seu crescimento e maior visibilidade pública, colocam em cena a heterogeneidade de concepções ideológico-políticas e de práticas sociais que as orientam. O debate ficou mais acirrado quando o atual presidente da República qualificou-as de organizações "neogovernamentais" ou, nos termos colocados pelo ministro Bresser Pereira, "paraestatais" e "neoestatais".[16] Isso demanda o aprofundamento dos debates acerca do próprio significado das parcerias *público-privado*.[17]

O espectro que caracteriza este amplo movimento associativo aponta, portanto, para profundas redefinições nas relações Estado--sociedade e para diferentes articulações estatal/público/privado. Inúmeras experiências descentralizadoras e participativas desenvolveram-se a partir de diferentes e antagônicas orientações nas décadas de 1980 e 1990, tanto as realizadas por prefeituras democrático-populares, em projetos de co e autogestão, quanto as fundamentadas no ideário da solidariedade da sociedade civil.[18]

---

15. Para aprofundar este ponto, veja-se "Parceria e fundos públicos", *Jornal da ABONG*, ago. 1995.

16. Segundo as palavras de Bresser Pereira, "estas organizações são por definição paraestatais, ou neoestatais [...] Estão entre o Estado e o mercado. São financiadas pela sociedade, que as cria, dirige e lhe faz doações, pelo mercado, que compra seus bens e serviços, e sempre também pelo Estado, que contrata seus serviços ou as subvenciona" (*Folha de S.Paulo*, 1º set. 1996, p. 5, caderno Mais!).

17. Este debate se aprofunda no interior das esquerdas. Para uma aproximação às polêmicas que suscita, consultar Hypólito et al. (1995).

18. São variadas as experiências que exemplificam tal tendência. Para citar as paradigmáticas: no primeiro caso, a adoção do *orçamento participativo* por diferentes prefeituras administradas pelo Partido dos Trabalhadores e os projetos de autogestão na área de habitação popular (Bonduki, 1992); no segundo, a conhecida campanha da Ação pela Cidadania contra a Miséria e pela Vida.

A crise do Estado autoritário e a luta pela democratização social e política estimulou o surgimento de novos espaços de representação política e de publicização dos conflitos sociais. Este processo revelou, contudo, a crise de grandes proporções experimentada pelo sistema de representação da democracia formal, mesmo reconhecendo-se a importância das instituições democráticas nas quais se apoia. Por outro lado, não basta aperfeiçoar o sistema de representação nem advogar sua mera supressão. A história tem demonstrado, como pondera José Eduardo Utzig (1996), que a ausência de mecanismos de participação da sociedade acaba produzindo o abastardamento da representação e o estreitamento das formas de exercício da cidadania. A reflexão de Benevides (1990) contribui nesta problematização, quando observa que democracia representativa e democracia (semi)direta não se excluem, o que não quer dizer que sua articulação não seja quase sempre tensa e conflituosa.

Diante desse cenário, de busca de alternativas para o aperfeiçoamento dos processos democráticos, vários analistas referem-se a uma nova esfera pública, não estatal e democrática, que estaria se configurando no terreno de revitalização da sociedade civil, imprimindo novas modalidades de relação entre Estado e sociedade e erodindo a dicotomia estatal-privado.

Contudo,

> o desmascaramento do "privado" que se apresenta como "público", pela manipulação dos oligopólios e monopólios, é o pressuposto para que essa esfera torne-se democrática e "ocupada" pelos novos cidadãos (Genro, 1995a, p. 117).

Ou seja, cada vez mais o público não se reduz ao estatal, nem este é capaz, pelo processo de privatização que ocorre nesta esfera, de representar o interesse público. Da sua parte, o privado também não se identifica automática e exclusivamente com a esfera puramente mercantil. A concepção liberal de sociedade civil como campo dos interesses particulares e espaço das desigualdades naturais, lugar da livre manifestação dos conflitos econômicos e da opinião de indivíduos particulares, engendrou a contrapartida do Estado-árbitro, restaurador da unidade entre os indivíduos e grupos, acima dos interesses particulares.

A distinção entre sociedade civil — como espaço do privado — e Estado — como espaço do público — estabelece a separação entre sociedade e poder. A dialética deste processo, no entanto, impõe ao Estado a busca de legitimação da sociedade e a adoção de formas de regulação social e econômica que envolvem o confronto e a representação de interesses contraditórios. Desta forma,

> conforma-se uma esfera pública como espaço de luta social para onde convergem distintos e antagônicos interesses, revelando a insuficiência da esfera privada para tramitar e processar novas relações sociais que, por essa razão, vê-se metamorfoseada em esfera pública (Oliveira, 1993a, p. 138).

Isso pressiona o Estado a partir da dinâmica contraditória da sociedade configurada pela luta de classes e permite a constituição de sujeitos coletivos no interior da esfera pública.

Segundo Tarso Genro (1996b, p. 8),

> as decisões desse novo centro de composição de interesses e organização dos conflitos não são compreensíveis pela ótica pura do privado, embora transitem interesses de sujeitos privados. Nem são decisões "puras" do Estado já que este, induzido ou pressionado, assume a redução do seu arbítrio agindo segundo o interesse público construído fora do âmbito estatal.

Nesses termos, essa nova esfera pública não estatal reduz a onipotência do Estado e aumenta o espaço decisório da sociedade civil.

Esta concepção de esfera pública não implica, por outro lado, a ideia de dissolução dos interesses privados na perspectiva da "ideologia do interesse geral", nos moldes da análise de François Rangeon.[19]

A nova esfera pública configura-se como espaço de disputa, só que agora na cena pública, lugar de encontro das diferenças e dos sujeitos coletivos, em que os múltiplos interesses divergentes irão se confrontar,

> espaço onde os interesses do Estado irão despir-se de sua suposta condição de interesse geral *a priori* [...]. É essa publicização dos interesses, esse tensionamento entre o privado e o estatal em direção ao público que possibilitará o cotejamento permanente das decisões e a relegitimação das instituições democráticas (Utzig, 1996, p. 214; grifo do autor).

Temos assim configurada a ideia de controle público sobre as ações do Estado mediante o fortalecimento das organizações da sociedade civil, capaz de limitar sua subordinação automática a interesses puramente privados e mercantis.

Entretanto, os termos *publicização* e *esfera pública não estatal* não são unívocos e estimulam debates e contraposições. São conceitos que comportam variadas e divergentes leituras, com consequências

---

19. A análise de Rangeon sobre a *ideologia do interesse geral* leva-o a concluir que esta não é apenas uma ideologia estatal, mas, mais amplamente, uma ideologia institucional. O autor sugere que o interesse geral não é apenas uma noção, um lugar conceitual investido de múltiplas ideologias, "mas constitui também a condensação de um conjunto de representações coerentes e estruturadas. A coerência da noção de interesse geral emana, assim, da sua função ideológica" (Rangeon, 1986).

teóricas e políticas ponderáveis que incidem no debate e nos projetos de reforma do Estado.

As concepções que estruturam o *Plano Diretor da Reforma do Aparelho do Estado* (Brasília, 1995), elaborado pelo Ministério da Administração Federal e Reforma do Estado, sob responsabilidade do então Ministro Luiz Carlos Bresser Pereira, transformam consideravelmente seu conteúdo e alcance frente à perspectiva que adotamos.

O processo de *publicização*, no contexto do Plano Diretor, é identificado como sinônimo de privatização, na medida em que propõe que o chamado *setor público não estatal* substitua as funções do Estado na prestação de *serviços não exclusivos*, para implantar nos aparelhos do Estado brasileiro a denominada *administração pública gerencial*, inspirada nos paradigmas gerenciais das empresas privadas.

Bresser Pereira (1996a), em artigo publicado na *Folha de S.Paulo*, define as entidades sem fins lucrativos como "uma terceira forma de propriedade estratégica no capitalismo contemporâneo: a pública não estatal", ao lado da propriedade privada e da estatal. Explicitando essa posição, acrescenta que

> as organizações públicas não estatais não podem ser confundidas com as associações representativas da sociedade, que são importantes, mas particularistas, defendendo interesses do grupo que representam e não necessariamente o interesse público.

Ora, além do aspecto altamente polêmico de conceber a forma pública não estatal como um tipo de propriedade no capitalismo contemporâneo, esta concepção caminha na direção oposta àquela que expusemos, que identifica a esfera pública como espaço de publicização de interesses heterogêneos, de confronto entre práticas sociais contraditórias e de luta pela hegemonia político-cultural em torno de projetos societários. Assim concebida, a esfera pública envolve, necessariamente, a organização de segmentos da sociedade civil ante projetos políticos e, portanto, a representação de interesses coletivos de grupos e classes sociais contrapostos. E são as classes dominadas da sociedade civil e suas formas de organização e de representação que se encontram diante do desafio de construir e dar unidade às suas propostas políticas, uma vez que as classes dominantes brasileiras nunca tiveram dificuldades em organizar seus interesses e fazê-los prevalecer na sociedade e no Estado, como já analisamos.

Um dos elementos centrais constitutivos de espaços efetivamente públicos e democráticos é sua ocupação por sujeitos sociais capazes de tornar legítimas suas representações. E isso só é possível quando se constituem como sujeitos coletivos dotados de autonomia e se a legitimidade de sua representação for permanentemente ativada pela democratização radical dos mecanismos decisórios e pelo controle social exercido pelas bases que fundam essa representação. A questão do controle público, portanto, é central em todo o processo de conformação da esfera pública democrática, e supõe a criação de nova cultura política democrática que institua a *alteridade*, ou seja, o outro dotado de representação e *protagonismo* (Sposati e Lobo, 1992). O *alter*, neste caso, são as classes dominadas, permanentemente excluídas dos processos decisórios e impedidas, por variados mecanismos, de exercer a representação direta de seus interesses no (inexistente) espaço público brasileiro.

A ausência de esfera pública tem significado a inexistência de controle público sobre as decisões políticas, é a regulação truncada, em que impera o segredo, é a regulação sem esfera pública, ou seja,

a utilização do fundo público casuisticamente, sem regras gerais, sem a constituição de alteridades que imporiam clivagens e vertedouros por onde passariam as decisões sob controle dos grupos e classes sociais não apenas diretamente interessados: sobretudo os não diretamente interessados (Oliveira, 1990, p. 64).

Nesse sentido, o controle social é peça-chave na constituição do espaço público. Aldaíza Sposati e Elza Lobo (1992), ao analisarem a questão do controle social nas políticas sociais, pontuam algumas das precondições que consideramos fundamentais para a sua efetivação. Dentre tais pré-requisitos, destacamos: presença de um padrão de representatividade na elaboração e gestão das políticas sociais; supressão das lacunas da democracia representativa pela introdução de novos sujeitos sociais; ruptura com a regulação *truncada* e construção de parâmetros de regulação pública; necessidade de institucionalização do controle social para dar-lhe visibilidade (Sposati e Lobo, 1992, p. 376-377).

Dessa forma,

> essa nova esfera pública deverá ter como motivação de fundo as pressões setoriais, operando para submeter o Estado e trazê-lo, da sua posição de estrutura "acima da sociedade", para uma inversão que não seja estatizadora da sociedade, mas civilizadora do Estado, submetendo o seu movimento ao crivo permanente da sociedade civil (Genro, 1995a, p. 120).

Resta saber até que ponto essas pressões setoriais têm sido capturadas pelos particularismos e corporativismos voltados para a satisfação de interesses imediatos, reforçando a fragmentação existente na sociedade civil.

Proteção social e as estratégias de gestão da pobreza no Brasil

Como já analisamos, a privatização do Estado brasileiro tem sido intrínseca ao modo como se constituiu o capitalismo em nosso país. Também sinalizamos que o Estado brasileiro, como de resto na América Latina, exerceu papel centralizador, tanto no processo que leva à implementação das políticas de desenvolvimento econômico e social que consolidaram o capitalismo urbano-industrial, quanto nas tarefas posteriores decorrentes da expansão monopolista.

Partindo dessas premissas, uma primeira consideração de ordem geral é a de que a política social brasileira é expressão do modo como o capitalismo realizou-se na periferia do sistema. Como observa Oliveira (1994b), quando os processos sociopolíticos de regulação social implementados nos países capitalistas centrais deslocam-se para a periferia do sistema capitalista, reproduzem-se como simulacro dos países hegemônicos.

Laurell (1995, p. 175), ao discutir as mudanças do Estado na América Latina a partir dos influxos do paradigma neoliberal, afirma que

> um Estado liberal subdesenvolvido [*caso dos países latino-americanos*] não pertence a nenhum dos três *mundos do bem-estar social* assinalados por Esping-Andersen.[20] Pertence ao mundo do capitalismo selvagem,

---

20. Esping-Andersen (1991, p. 102-103), ao analisar as diferentes formas assumidas pelo *Welfare State* no capitalismo desenvolvido, organiza-as em três grupos. O primeiro, denominado de *Welfare liberal*, adotado nos Estados Unidos, no Canadá e na Austrália, é caracterizado por predominância da assistência social aos pobres, reduzidos benefícios universais e modestos planos de previdência social. O acesso às transferências depende da necessária comprovação da necessidade por meio de "atestados de pobreza" e critérios de elegibilidade que demonstrem o fracasso dos indivíduos no mercado. Portanto, é um processo estigmatizante, que provoca dualização da classe trabalhadora entre os dependentes do acesso ao mínimo por meio do Estado e aqueles que podem ser encaminhados ao mercado. É o menos *desmercadorizante*, o mais restritivo quanto ao reconhecimento de direitos e o mais associado à lógica do mercado. O segundo tipo, identificado como *conservador-corporativo*, adotado na França, na Alemanha e na Itália, efetiva o acesso a direitos sociais amplos, mas associa-os às diferenças de classe e de *status*. O Estado estrutura-se como provedor de benefícios sociais alternativos ao mercado, mas o impacto redistributivo é pequeno, porquanto o acesso aos serviços baseia-se na manutenção das diferenças de *status.* Incorpora o princípio da *subsidiaridade* inspirado no ideário da Igreja Católica e valoriza a preservação

pelas próprias características de pobreza maciça na sociedade, exacerbada por suas políticas.

No entanto, isso não significa afirmar a ausência de sistemas de proteção social nos diferentes países da América Latina. O Brasil, um dos pioneiros na sua implantação (juntamente com o Chile, a Argentina, o Uruguai e Cuba), vem construindo desde a década de 1920 um conjunto de instituições estatais de proteção social como respostas às necessidades internas do desenvolvimento capitalista, num contexto de industrialização dependente do sistema internacional e sob fortes pressões dos novos atores sociais urbanos a serem incorporados econômica e politicamente, em particular a emergente classe operária. Desde sua gênese, o sistema de proteção social no Brasil apresenta elevado nível de fragmentação, carrega fortes traços de enquadramento seletivo das demandas sociais e uma atuação voltada para a intervenção mais focalizada no atendimento aos mais pobres, cabendo ao Estado o papel de regulação e prevenção dos conflitos entre capital e trabalho (Fleury, 1994, p. 180-181).

Assim, as políticas sociais são parte integrante das políticas públicas e participam das estratégias de mediação entre Estado e

---

da família tradicional como base de apoio aos indivíduos. O terceiro tipo, que abrange o menor número de países, notadamente os escandinavos, é intitulado de *social-democrata*, por sua característica de maior *desmercadorização* e universalização dos serviços sociais. Trata-se de um modelo que exclui a via do mercado, construindo um sistema de solidariedade universal em que todos têm acesso a serviços sociais de qualidade e desfrutam dos mesmos direitos, embora estes correspondam a expectativas diferenciadas e mantenham relação com o nível de renda. O autor afirma que uma das características básicas do tipo *social-democrata* é a fusão que promove entre serviço social e trabalho, pois se compromete com a garantia do pleno emprego como direito do cidadão que, ao mesmo tempo, goza do direito de proteção à renda. Para Esping-Andersen, a tentativa de agrupar os diferentes regimes de bem-estar social nesses três modelos não significa que se realizem de forma pura; ao contrário, é possível observar-se, na experiência de cada país, os diferentes modos de interpenetração de elementos de cada um desses regimes.

sociedade, situando-se dentro do repertório de respostas a serem mobilizadas para fazer face às expressões da questão social. Como sistemas de mediação, as políticas de proteção social expressam, ao mesmo tempo, a capacidade das forças sociais de transformar suas demandas em questões políticas a serem inscritas na pauta das respostas governamentais às necessidades sociais que canalizam. As estruturas de proteção social criadas pelo Estado respondem a dada correlação de forças políticas que instituem atores sociais dentro do Estado e na sociedade, na criação de bases de sustentação necessárias à transformação das necessidades sociais em demanda política a ser equacionada no interior do aparato institucional (Fleury, 1994, p. 131).

Falar de sistemas de proteção social no Brasil implica considerá-los como sistemas estratificados, fragmentados e discriminatórios, que acabaram consolidando a *cidadania regulada*,[21] estatuto que passou a vigorar a partir de 1930 e que permite entender a política econômico-social adotada, "assim como fazer a passagem da esfera da acumulação para a esfera da equidade" (Santos, 1987, p. 68).

Para Sônia Fleury (1994, p. 167), o sistema de seguridade social dos países pioneiros em sua implantação na América Latina,

---

21. O conceito de *cidadania regulada*, formulado por Wanderley Guilherme dos Santos (1987, p. 68) e amplamente incorporado na literatura, refere-se a um sistema de estratificação ocupacional a partir do qual "são cidadãos todos aqueles membros da comunidade que se encontram localizados em qualquer uma das ocupações *reconhecidas e definidas* em lei". Dessa forma, "a cidadania está embutida na profissão e os direitos do cidadão restringem-se aos direitos do lugar que ocupa no processo produtivo, tal como reconhecido por lei". Assim, são pré ou não cidadãos os trabalhadores que desempenham atividades no mercado informal, incluídos aí subempregados, desempregados, empregados intermitentes e precários e mesmo aqueles que, embora trabalhadores regulares, assumem ocupações não regulamentadas. Segundo o autor, os três parâmetros definidores da *cidadania regulada* são: a regulamentação das profissões, a carteira profissional e o sindicato público, sendo a carteira profissional "mais do que uma evidência trabalhista, uma certidão de nascimento cívico" (Santos, 1987, p. 69).

dentre os quais o Brasil, torna-se peculiar pela combinação da "cidadania regulada com a cidadania invertida em um padrão de
proteção social em que a estratificação é a lógica organizadora do
sistema escalonado de privilégios e concessões".[22]

A implantação de sistemas de proteção social altamente estratificados foi responsável pela consolidação de estruturas duais de
atendimento e acesso a benefícios que — apesar das transformações
operadas no sistema de seguridade social a partir da Carta de 1988,
que acentuam o caráter de universalização do acesso — continuam
mantendo uma profunda diferenciação interna entre beneficiários
e contribuintes. Ao mesmo tempo, é a configuração que assume a
estrutura das classes sociais no capitalismo periférico e as formas
de realização da hegemonia burguesa que explicam o papel proe-
minente do Estado no processo de regulação econômica e social.

Diferentemente dos países centrais, onde a regulação keynesiana foi adotada a partir de certo estágio de desenvolvimento do
capitalismo liberal-competitivo, nos países periféricos como o
Brasil o processo de industrialização começa com a crise do liberalismo (apesar das ambiguidades no caso brasileiro) e a consolidação de um Estado que assume um padrão de intervenção social
e política "pelo alto", num contexto em que a burguesia nacional
em formação não conseguia consolidar-se como classe dirigente
(Vasconcelos, 1989).

A partir da Segunda Guerra Mundial, e fundamentalmente na
década de 1950, as teses desenvolvimentistas difundidas pela Cepal

---

22. Fleury (1989, p. 44) cunhou o termo *cidadania invertida* para designar a condição
daqueles indivíduos não incluídos no estatuto da *cidadania regulada*, uma vez que passam
a ser beneficiários do sistema de proteção social a partir do reconhecimento de sua
incapacidade para exercer, com plenitude, a condição de cidadãos. Assim, na situação de
cidadania invertida, "o indivíduo entra em relação com o Estado no momento em que se
reconhece como não cidadão", pela ausência de relação de trabalho formalizada garantidora
de direitos.

para a superação do atraso dos países subdesenvolvidos na América Latina reforçam a centralidade do Estado como impulsionador de um projeto de industrialização indutor da modernidade capitalista.[23] Tais teses alcançaram um nível de consenso tal que Fiori (1995, p. 123) chega a afirmar que: "a supremacia do *Estado desenvolvimentista* na América Latina foi a contraface da hegemonia *keynesiana* na Europa" (grifos do autor). No Brasil, a adoção do projeto nacional-desenvolvimentista levou o Estado a assumir o papel de protagonista das funções de regulação da economia, abarcando também o papel de produtor de mercadorias e serviços.[24] As instituições consolidadas pelo Estado corporativo desde a década de 1930 vão ser o suporte das políticas de desenvolvimento que se desenvolverão de 1950 a 1980.

Os governos militares — A partir de 1964, assistimos ao fantástico fortalecimento do Estado voltado estrategicamente para a consolidação no país da *modernização conservadora*.

O novo regime que se instala, apoiado no tripé econômico formado pelo grande capital monopolista, pelo capital nacional e pelo Estado, vai consagrar um tipo histórico de Estado capitalista, identificado por O'Donnell como *burocrático-autoritário*,[25] que

---

23. Para a Cepal, segundo Ruy Mauro Marini (1992, p. 79), a tese da industrialização como caminho necessário à superação do subdesenvolvimento transferiu-se para suas virtualidades como mecanismo de transformação social: "No pensamento da Cepal — que por isso mereceu o qualificativo de 'desenvolvimentista' que lhe foi dado —, a industrialização assumia o papel de *deus ex machina*, suficiente por si mesma para garantir a correção dos desequilíbrios e desigualdades sociais".

24. "Durante esse tempo, o liberalismo econômico esteve na defensiva, enquanto o liberalismo político foi explicitamente rejeitado pela *Ideologia de Estado*, e quase sempre considerado um elemento derivado ou secundário pela ideologia desenvolvimentista obcecada com o desafio do atraso e a premência do crescimento econômico" (Fiori, 1995, p. 128; grifos do autor).

25. Segundo O'Donnell (1986), o Estado *burocrático-autoritário* distingue-se de outros Estados autoritários por sintetizar algumas características básicas: incorpora a burguesia altamente oligopolizada e internacionalizada como principal base social e promove intensa

expressa *fenomenal condensação da dominação*, não apenas econômica, mas também política e ideológica, objetivada nas instituições estatais, que concentram o controle de recursos coercitivos, no direito racional-formal e na burocracia da administração rotineira. O Estado *burocrático-autoritário*, em última instância, suprime as mediações necessárias com a sociedade civil e, ao fazê-lo, "demonstra que é antes capitalista que nacional, popular ou dos seus cidadãos" (O'Donnell, 1981, p. 93). Essencialmente, trata-se de um Estado antinacional e antidemocrático (Netto, 1991).

Mas a transição do Estado das sociedades dependentes para o capitalismo monopolista não acontece segundo o padrão clássico das revoluções burguesas. No capitalismo periférico e dependente, "esta passagem não coloca as classes dominantes diante do problema da democracia burguesa, mas da ordem burguesa" (Iamamoto, 1992, p. 79). Assim, o capitalismo brasileiro desenvolveu-se sem realizar as reformas estruturais clássicas, entre as quais a reforma agrária, tarefa típica da revolução burguesa.

Em sua ampla e clássica análise de tal processo, Florestan Fernandes (1976a) enfatiza a importância do elemento político na consolidação da hegemonia burguesa na periferia e a conversão que realiza de um (potencial) Estado nacional e democrático em instrumento puro e simples de uma ditadura de classe preventiva.

A *autocracia burguesa* (Fernandes, 1976a; Netto, 1991), que se consolida a partir de 1964 mediante a intervenção militar, institu-

---

internacionalização produtiva; estrutura suas organizações para realizar as tarefas básicas de "normalização" da ordem; emerge como reação à forte mobilização política do setor popular urbano e instala um sistema de exclusão da cena política de suas organizações de classe e movimentos políticos; funciona, também, como sistema de exclusão econômica do setor popular, promovendo um padrão de acumulação em benefício das grandes unidades oligopólicas de capital privado e de algumas instituições estatais e gerando o agravamento das desigualdades já existentes; despolitiza a questão social, submetendo-a a critérios supostamente derivados da racionalidade técnica.

cionaliza a *modernização conservadora*, promovendo forte crescimento da economia, principalmente na etapa do *milagre econômico*, desarticulando o movimento sindical e eliminando um conjunto de direitos sociais duramente conquistados pelos trabalhadores.[26] "Emprego e salário tornaram-se, assim, desde então variáveis *flexíveis* de ajuste às oscilações da economia e aos sucessivos planos de estabilização" (Mattoso, 1995, p. 129; grifo do autor).

Este modelo de modernização, altamente excludente e concentrador, acentuou as desigualdades sociais e agravou a pobreza relativa e absoluta de extensas camadas das classes trabalhadoras. O aumento das taxas de exploração da força de trabalho foi acompanhado pela elevação dos níveis de produtividade do trabalho por meio de um conjunto de mecanismos, dentre os quais o aumento da jornada, a intensificação das horas extras, do ritmo de trabalho, da vigilância e disciplina industriais.

Dessa forma, a *modernização conservadora* assentou-se sobre a lógica permanente de privatização dos ganhos e socialização das perdas, favorecendo a simbiose entre interesses estatais e privados em detrimento dos interesses públicos. Agora, a questão social passa a ser tratada por meio da articulação assistência/repressão.

Segundo Iamamoto (1992), os programas assistenciais, definidos de forma autoritária e centralizadora pelo Estado pós-64, são intensificados para atender a duplo objetivo: como campo de investimento do capital privado, de um lado, e como mecanismos reguladores do conflito social, alimentando o processo de "normalização" da ordem social, sob a égide da ideologia de segurança nacional.[27]

---

26. Entre outros, a estabilidade no emprego (substituída pelo FGTS), o direito de greve e o poder de negociação coletiva dos sindicatos (extinto e substituído por reajustes salariais controlados por índices oficiais).

27. Na análise de Haroldo Abreu (1993, p. 12), "as políticas econômicas e sociais da ditadura foram integralmente centralizadas e submetidas a um planejamento estratégico

As dificuldades de manutenção de sistemas de proteção social altamente estratificados conduziram, no entanto, a um processo de reformas gradativas e complexas, que tenderam à unificação e à uniformização durante os governos militares. Ao mesmo tempo, ampliou-se a cobertura da seguridade social para novos grupos sociais e foram incorporados programas e instituições assistenciais voltados para os grupos mais vulneráveis (Fleury, 1994, p. 168).

Os períodos de maior avanço na institucionalização da política social brasileira ocorrem no contexto de regimes autoritários, quando as relações entre política social, acumulação e legitimação são fortemente acentuados. O que não quer dizer que a pressão dos grupos e classes sociais não seja elemento central na configuração das políticas sociais, principalmente nos períodos de maior abertura política.

Durante os governos autoritários, todavia, é possível observar que a política de proteção social foi um dos principais mecanismos de legitimação acionados pelo Estado, tanto no período populista quanto nos governos militares, na tentativa de desarticular a estrutura anterior.

O primeiro período refere-se, basicamente, à centralização e à regulamentação das relações capital-trabalho realizadas pelo Estado corporativo a partir de 1930, que se concretizam no Estado Novo com a legislação trabalhista e previdenciária materializada na CLT em 1943, além de mudanças significativas nas áreas da saúde e da educação.[28] No período de relativa democratização, que vai de 1945

---

do desenvolvimento capitalista. Novas fontes de financiamento — especialmente através de impostos indiretos, contribuições compulsórias para fundos públicos e, posteriormente, do crescente endividamento externo e interno — foram direcionadas para a acumulação do capital [...] Todos os fundos vinculados às políticas de regulação social — educação, saúde, previdência unificada, habitação, saneamento, subvenções sociais etc. — foram utilizados para 'estimular a iniciativa privada'."

28. Análise apoiada em Aureliano e Draibe (1989).

a 1964, a expansão do sistema de proteção social baseia-se nos marcos já estabelecidos, dentro do padrão que será recorrente no âmbito das políticas sociais públicas: *seletivo* (no plano dos beneficiários), *heterogêneo* (no plano dos benefícios) e *fragmentado* (no plano institucional e financeiro). Este segundo período revela transformações radicais no que diz respeito ao formato institucional legal e financeiro das políticas sociais, e é quando se consolidam os sistemas nacionais regulados pelo Estado no campo da produção de bens e serviços de saúde, educação, previdência, assistência social e habitação.

O pós-1964 vai cristalizar o núcleo duro do sistema de proteção social brasileiro, nos moldes do autoritarismo e da *tecnificação* da questão social, fincando o padrão de consolidação institucional pelo qual a expansão desse sistema se desenvolverá até finais da década de 1970, quando revelará sinais de esgotamento e crise. No período que então se abre, incorporam-se as propostas de reformulação que têm início ainda durante o regime militar e as que emergem na Nova República.

A Nova República — O contexto de transição negociada pelo alto que marcou a Nova República herdou um quadro social dramático do regime autoritário: grave crise econômica, enorme dívida interna e externa, descontrole governamental, legislação e instituições sociais e políticas autoritárias, profundas desigualdades de renda, crescimento sem precedentes da miséria absoluta e relativa (Castro e Faria, 1989). Essa pesada herança fundamentou o compromisso (retórico) da Nova República com o que denominou de *resgate da dívida social*, agravada por uma recessão prolongada que aprofundou o desemprego e o subemprego, aguçando-se os problemas nas áreas da saúde, habitação, alimentação, transporte e educação, uma vez que mais de 40% da população economicamente ativa estava excluída dos direitos mais elementares de cidadania (Jacobi, 1986).

No que se refere especificamente ao sistema de proteção social, o governo da Nova República definiu sua estratégia de intervenção social em dois níveis: os chamados Planos de Emergência e as tarefas de reformulação global do sistema de proteção social. No nível das reformas estruturais do padrão de proteção social vigente, a maioria das questões foi remetida para a Assembleia Constituinte, ao mesmo tempo em que se multiplicaram grupos de trabalho setoriais e comissões técnicas.[29]

No entanto, a meta de enfrentamento da pobreza mediante os programas de emergência contidos no Plano de Prioridades Sociais (PPS), de combate à fome, à miséria, ao desemprego e à desnutrição, definidos como prioritários, tiveram desempenho desanimador. Agravaram-se antigos problemas e distorções das ações governamentais nas áreas sociais: pulverização de recursos, paralelismo dos programas, superposição de clientelas, ampliação de cobertura com declínio do gasto real *per capita* e, sobretudo, intenso uso clientelístico dos programas (Castro e Faria, 1989). Gradativamente, os programas do PPS foram sendo reduzidos e desapareceram da estrutura institucional a partir dos dois últimos anos do governo Sarney, no contexto do Plano Verão, numa clara postura regressiva da ação federal nessa área.[30]

---

29. A avaliação realizada por Aureliano e Draibe (1989) do encaminhamento das chamadas "grandes reformas" no padrão de financiamento e no padrão de organização do sistema de proteção social por meio das "comissões técnicas" revela minguado resultado para ambos os níveis de intervenção. As autoras ressaltam os vários problemas persistentes no campo do financiamento e afirmam que nem se conseguiu definir uma fonte de financiamento própria para o seguro-desemprego, criado em fevereiro de 1986. Quanto ao padrão organizacional, a única mudança digna de nota ocorreu na área da saúde e da previdência social.

30. O Programa das Nações Unidas para o Desenvolvimento (PNUD), de 1996, observa que nem os programas federais da Nova República de combate à pobreza, à fome e ao desemprego (1985-86) "constituíram uma clara política de combate à pobreza, nem obteve sucesso o modesto ensaio de integração desses programas; de fato, fracassaram nos seus objetivos e se perderam na rotina da máquina administrativa" (PNUD, 1996, p. 52).

A opinião consensual dos analistas destaca o caráter compensatório, pontual, emergencial e clientelístico da política social
da Nova República. As enfáticas políticas emergenciais, no entanto, não são aleatórias e desinteressadas, mas ganham importância na ação governamental exatamente em função de serem
mais permeáveis à barganha clientelista, potencializando resultados político-eleitorais mais imediatos.[31]

Essas reflexões permitem advertir a existência de um padrão
básico das políticas sociais fundamentalmente assentado no tipo
meritocrático-particularista.[32] Cumpre destacar que a meritocracia,
como padrão básico, refere-se ao conjunto das políticas sociais
brasileiras, não apenas à assistência social, mais comumente associada a este padrão.

O governo Collor — A partir do governo Collor, assistimos ao
redirecionamento do papel do Estado, já no contexto do avanço
das teses neoliberais.[33] No *Plano Brasil: um projeto de reconstrução*

---

31. Para expressiva demonstração do caráter autoritário, clientelista, assistencialista e
despolitizador da política assistencial da Nova República, consultar Estevão et al. (1993).
A análise de Guareschi (1988) vai na mesma direção, ao apontar o autoritarismo, a
moralização, o discurso ideológico da "participação comunitária", a falácia da "educação
para o trabalho" na análise de um dos programas sociais do período. Interessante, também,
a consulta ao documento *As políticas sociais da Nova República: transformação da assistência
social no País*, resultado do I Seminário Nacional da Associação dos Servidores da
Superintendência Estadual da Fundação Legião Brasileira de Assistência Social de São
Paulo (Asselba), de 1986.

32. Este padrão *meritocrático-particularista* transforma direitos em ajuda por meio da
aplicação de critérios seletivos, numa situação de concessão de quem tem o poder de atribuir
mérito ou autorizar a concessão do *benefício*. Para aprofundamento da análise no âmbito da
assistência social, consultar Aldaíza Sposati (1989).

33. Potyara Pereira (1996, p. 117), ao analisar o estágio de enraizamento do ideário
neoliberal na América Latina, chama a atenção para o fato de que este não se expressaria
mais com o vigor da década passada, o que levou o ex-presidente Collor a introduzir a
expressão *social-liberalismo* ou *liberalismo social*, originárias do México, como mecanismo de
flexibilizar seu uso em função da situação de agravamento da miséria enfrentados pelos
países latino-americanos.

nacional, de março de 1991, são definidas as diretrizes do seu programa de governo:

> mudança significativa na natureza do Estado e nas suas formas de atuação [...] um Estado menor, mais ágil e bem informado [...] a tarefa de modernização da economia terá na iniciativa privada seu principal motor [...]. Ao Estado cabe, porém, um importante papel de articulador dos agentes privados [...].

As propostas do governo relativas à reforma do Estado estão expressas nos projetos de Reforma Administrativa e nos Programas de Desregulamentação e Desestatização.[34] O desenvolvimento social é concebido como decorrência do crescimento econômico, cabendo ao Estado definir e executar políticas complementares ao mercado. A política de assistência social do governo Collor explicita a perspectiva adotada para esta área, concebendo-a de forma marginal, residual e emergencial. O Plano de Promoção e Assistência Social enfatiza as ações prioritárias voltadas à criança, não envolvendo outros segmentos definidos pela Constituição como alvo dos programas assistenciais, como os idosos, os deficientes, as gestantes e as nutrizes.

O *Plano Brasil* contorna um item da Constituição, constante do artigo 203, exatamente aquele referente aos benefícios de prestação continuada que garantem um salário mínimo mensal a deficientes e idosos. Aliás, foi por não aceitar o direito a esse benefício que se justificou o veto integral do presidente Collor ao Projeto da Lei Orgânica de Assistência Social aprovado pelo Congresso Nacional em setembro de 1991.[35]

---

34. Para uma análise dos fundamentos neoliberais destes programas, consultar Ferreira (1993).

35. Vale ressaltar que o texto final aprovado pelo Congresso já era uma modificação substancial do projeto originalmente elaborado pelo Núcleo de Estudos e Pesquisas em

A concepção residual da assistência social revela-se na natureza das ações propostas, estritamente limitadas às camadas mais carentes da população, atribuindo-se aos mecanismos do mercado o papel de suprir as necessidades de reprodução social. À assistência social cabe, portanto, a atenção aos "incapacitados" para o trabalho, que, por "deficiências individuais", não conseguem vencer a competição dentro das regras estabelecidas pelo mercado. É dessa forma que a perspectiva neoliberal se apropria da política assistencial.

Ao Estado não cabe responsabilidade pública na garantia de direitos sociais aos cidadãos. Ao contrário, as ações do governo Collor dão prioridade à transferência das verbas públicas para o setor privado, notadamente as entidades assistenciais e filantrópicas, confirmando a tendência atual de *refilantropização* da questão social (Yazbek, 1995b).

Ivanete Ferreira (1993) faz uma avaliação, referente ao período 1989-1991, das ações da Legião Brasileira de Assistência (LBA), principal órgão federal na área de assistência e o maior orçamento para a execução dos programas assistenciais em nível nacional. Os dados levantados são expressivos e permitem a constatação de enorme redução do atendimento, que vai da diminuição da cobertura dos projetos sociais ao corte de programas, passando pelo caráter seletivo e residual das ações efetivadas.[36] No que se refere

---

Políticas Sociais da Universidade de Brasília (Neppos/UnB), em parceria com o Instituto de Planejamento Econômico e Social (Ipea). O veto, portanto, foi ao substitutivo do deputado Nelson Seixas, que, por sua vez, foi objeto de intensas negociações no processo de sua tramitação. A Mensagem n. 672, no *Diário Oficial da União* de 18/9/1990, expõe as justificativas do veto: "Entre as razões ponderáveis que justificam o veto, sobressai a da existência, na proposição, de dispositivos contrários aos princípios de uma assistência social responsável, que se limite ao auxílio às camadas mais carentes da população, sem, contudo, comprometer-se com a complementação pecuniária de renda, papel este de uma ação voltada à maior disponibilidade de empregos e salários dignos".

36. Demonstra-se, no trabalho, uma redução da cobertura em 1991 em relação a 1989 da ordem de 30% do número total de beneficiados com os programas da LBA. A redução recai

aos dados sobre investimentos e gastos sociais constata-se, além da enorme redução, aumento significativo do montante dos recursos públicos repassados para as entidades assistenciais, filantrópicas e comunitárias, com ampliação considerável do número de convênios firmados.[37]

Esse quadro é revelador do desastre da política social implantada sob a égide do ideário neoliberal no curto período que cobre o governo Collor.

As análises dos governos Sarney e Collor por Francisco de Oliveira levam-nos a concluir com ele que

> o já precário Estado do Bem-Estar nacional foi atingido em cheio: as reformas do "caçador de marajás" terminaram por dar-lhe o golpe de misericórdia. [...] Essa tendência [à *privatização*] que já vinha desde o autoritarismo, [...] perversamente, o Estado democrático a agravou. Depois de Sarney, que praticou o "é dando que se recebe" como uma modalidade de desregulamentação, Collor levou a tendência ao paroxismo: já que o Estado não funciona, o melhor é suprimi-lo (Oliveira, 1995c, p. 62).

---

até junto ao segmento infantil, definido como prioritário pelo governo. O atendimento nas creches públicas da LBA, em 1991, sofreu redução de 70,5% em relação ao atendimento em 1989. O corte de programas atingiu, também, os projetos destinados à criança (Apoio Nutricional). O projeto Apoio à Pessoa Portadora de Deficiência sofreu redução de 64,25% em relação a 1989. Para uma visualização mais ampla desses dados, consultar o texto de Ferreira (1993). Os estudos de Medici e Marques (1995) também indicam forte declínio dos investimentos nas áreas sociais. Segundo suas ponderações, "a queda dos recursos alocados em política social pode ser observada a partir do próprio comportamento do gasto social federal. Entre 1990 e 1992 o gasto social global dessa esfera de governo caiu 17%, passando de US$ 4,2 para US$ 36,7 bilhões. As maiores quedas foram registradas em programas como alimentação e nutrição (84,7%), educação (39,9%), saúde (30,5%) e trabalho (39,0%)" (Medici e Marques, 1995, p. 103).

37. Segundo Ferreira (1993), o maior corte de recursos na área de assistência social ocorreu em 1991 e foi da ordem de 46,8% em relação a 1989. Já os convênios com entidades privadas para o atendimento de crianças de 0 a 6 anos nas creches representam 66,7% do total de 11.481 convênios da LBA voltados para o atendimento infantil nessa faixa etária. O valor global dos recursos federais transferidos para entidades privadas no atendimento infantil nas creches representou 56% do total dos valores aplicados nos convênios.

O governo Itamar — A partir do *impeachment* do presidente Collor, Itamar Franco assume a presidência em meio a grave crise econômica, política e social. A montagem de seu ministério não obedeceu a um programa definido de prioridades e sua composição representou a reunião de forças políticas heterogêneas nascidas da crise político-institucional, sem unidade em torno de um plano de governo.

O vazio político do governo de Itamar Franco, político sem base partidária conduzido à vice-presidência pelo presidente deposto, foi preenchido pelo PSDB, partido que se propôs a dar sustentação política à nova administração federal. Ao mesmo tempo, a aliança PSDB/PFL começava a se estabelecer.

Quando o presidente Itamar assumiu o governo, encontrou a área social totalmente desarticulada, sem recursos definidos para os programas sociais. Foi organizada a Assessoria para Assuntos Sociais, ligada à presidência da República, que passou a desempenhar o papel de articulação dos setores sociais do governo, envolvendo o Instituto de Pesquisa Econômica Aplicada (Ipea), a Secretaria de Planejamento, Orçamento e Coordenação da Presidência da República (Seplan), os Ministérios do Bem-Estar Social, da Agricultura, da Saúde e da Educação.

Segundo Denise Paiva (1994),[38] tendo como base um conjunto de propostas solicitado à Frente Nacional de Prefeitos, foram estabelecidas as seguintes prioridades sociais: descentralização da merenda escolar e garantia de recursos para 200 dias/ano (o orçamento definido cobria apenas 28 dias/ano de alimentação para os alunos do primeiro grau da rede pública); o Programa de Alimentação do Trabalhador (PAT); o Programa de Assistência ao Desnu-

---

38. Os dados apresentados baseiam-se na exposição de Denise Paiva, assessora para assuntos sociais no período 1992-94, no Seminário do Núcleo de Seguridade e Assistência Social da PUC-SP, em dezembro de 1994. Consultar Paiva (1994).

trido (leite e saúde); o Assentamento de Trabalhadores Rurais; e o Programa de Distribuição Emergencial de Alimentos (Prodea).

A partir das declarações do presidente Itamar quanto à prioridade no seu governo ao combate à fome, o presidente do PT, Luís Inácio Lula da Silva apresentou, em nome do Movimento pela Ética na Política, o Programa de Segurança Alimentar. Segundo Lula, este programa era uma proposta da sociedade civil e, portanto, sua implementação deveria ser coordenada pela Comissão do Movimento pela Ética na Política, o que evitaria sua burocratização em um novo ministério, aproveitando-se os mecanismos de organização já existentes na própria sociedade civil (Comin e Novaes, 1993).

A criação do Conselho de Segurança Alimentar (Consea), em 13 de maio de 1993, foi o resultado desse processo. Tratava-se de um conselho consultivo formado por 21 membros da sociedade civil e nove membros governamentais, presidido por d. Mauro Morelli, bispo de Caxias. O Consea, seguindo prioridades já definidas, centrou suas ações no programa de merenda escolar, no atendimento ao desnutrido, na alimentação do trabalhador, na reforma agrária e na distribuição emergencial de alimentos.

Segundo Paiva (1994, p. 28), o movimento gerado a partir dessas iniciativas estabeleceu três vertentes de ação:

> uma seria a vertente governamental, na qual o governo daria a sua contrapartida, pelo menos garantindo programas básicos com forte impacto na redução das desigualdades sociais. Seriam ações de natureza assistencial e ações com poder de alterar as estruturas causadoras da miséria e da fome. A outra vertente seria a ação da sociedade organizada em prol da solidariedade, a Ação da Cidadania Contra a Fome, a Miséria e pela Vida. Disto nasceu a Campanha Contra a Fome liderada pelo Betinho. Finalmente, a terceira vertente, a descentralização. Seriam pensadas ações e iniciativas que

pudessem ser implementadas junto aos municípios, envolvendo os três níveis de governo e os segmentos sociais organizados em parceria governo/sociedade.

Apesar da importância de algumas dessas iniciativas, principalmente a criação do Consea, que surgiu a partir de ampla mobilização da sociedade civil, parece ser consensual que durante o governo Itamar pouco se avançou na direção apontada pelas prioridades de combate à fome e à pobreza no país e muito menos ainda no que diz respeito à diminuição dos níveis de desigualdade social.[39]

A ausência de um plano social de governo articulado e orgânico levou à permanência da histórica fragmentação e pulverização de iniciativas dispersas no campo das políticas sociais.

As resistências para a implantação do Prodea são reveladoras das dificuldades encontradas no desenvolvimento de ações sociais para enfrentar o clientelismo e a centralização política, além dos interesses de setores empresariais ligados ao beneficiamento e armazenamento de alimentos (Paiva, 1994, p. 29-30).

O programa de combate à fome e à miséria

enfrentou obstáculos provenientes tanto das restrições orçamentárias quanto da precariedade de funcionamento das instituições públicas, entre elas a dificuldade de articulação entre os órgãos governamentais e a recorrente incapacidade de evitar o desperdício, a corrupção e o clientelismo (PNUD, 1996, p. 52).

---

39. Para Medici e Marques (1995, p. 104), o ano de 1993 trouxe uma tênue recuperação dos programas sociais federais, em especial nos gastos relativos a previdência social, alimentação e nutrição, com a retomada das ações de suplementação alimentar e distribuição de leite integrantes do Programa de Combate à Fome. O mesmo não ocorreu em outros setores, como a política de saúde, que sofreu corte de recursos a partir da decisão do Ministério da Previdência em não repassar os 15,5% da contribuição sobre a folha de salários para as despesas de assistência médica.

Os avanços pontuais em uma ou outra frente não foram suficientes para garantir a articulação entre políticas econômicas e sociais na formulação de uma estratégia de desenvolvimento social para o país.

O governo Fernando Henrique — A condução de Fernando Henrique Cardoso ao Ministério da Fazenda, em meados de 1993, vai significar uma mudança de rota. O Plano Real, embora tenha sido concebido e iniciado durante o governo Itamar Franco, teve em Fernando Henrique seu grande mentor e condutor político, deflagrando-se a partir daí o processo que o conduziria à presidência.

No que se refere à sua concepção econômica, o Plano Real lastreia-se no conjunto de medidas preconizadas pelo Consenso de Washington para a periferia do sistema capitalista. Ou seja: estabilização da moeda, privatização das empresas estatais, redução do papel regulador do Estado, saneamento da dívida pública, desregulamentação do mercado de trabalho, minimização das políticas sociais mediante cortes nos gastos sociais.[40]

A prioridade ao combate à inflação pela via da estabilização da moeda produziu a atmosfera política necessária à formação de um consenso em torno da candidatura Fernando Henrique Cardoso. Afinal, em junho de 1994, a inflação atingia patamares de 50% ao mês e sua drástica redução em poucos meses desencadeou na sociedade a confiança política quanto ao êxito do programa, depois

---

40. Nas análises de Fiori (1995, p. 234), o plano de ajustamento das economias periféricas, como estratégia de homogeneização das políticas econômicas nacionais, deveria desenvolver-se em três fases: a primeira, de estabilização macroeconômica, teria como prioridade *superávit* fiscal primário por meio de revisão das relações fiscais intergovernamentais e reorganização dos sistemas de previdência pública; a segunda seria voltada para as chamadas "reformas estruturais", envolvendo liberalização financeira e comercial, desregulamentação dos mercados e privatização das empresas estatais; e a terceira deveria conduzir à retomada dos investimentos e do crescimento econômico.

de ver-se submetida ao décimo segundo plano de estabilização no período de 1979 a 1994.[41] A propósito, um dos fatores cruciais para o sucesso dos planos de estabilização na visão dos intelectuais formuladores do Consenso, após os repetidos fracassos das políticas monetaristas adotadas até então, relaciona-se com a introdução do *fator político* como elemento responsável pela disseminação da credibilidade necessária ao debate econômico e às propostas de combate à inflação (Fiori, 1995).

Como nota Francisco de Oliveira em entrevista à *Folha de S.Paulo* ("FHC é o comandante que a elite esperava", 10/2/1997, p. 1-4), o projeto hegemônico da estabilidade monetária impõe-se em função da "dura pedagogia da inflação: a subjetividade popular foi castigada por 30 anos de inflação", e este é um elemento fundamental para a consolidação da hegemonia do projeto político ancorado no Plano Real.

Na implantação do Plano, a formação de coalizões políticas de sustentação parlamentar ao governo foi fundamental para que se estabelecesse a base de confiabilidade nos atores que realmente interessam: "os analistas de risco das grandes empresas de consultoria financeira, responsáveis, em última instância, pela direção em que se movem os capitais globalizados" (Fiori, 1995, p. 235).

A conjuntura hiperinflacionária, portanto, foi o caldo cultural que preparou a adoção das políticas neoliberais no Brasil, como, em geral, nos vários países da América Latina.

As primeiras iniciativas do governo Fernando Henrique atestam a direção das mudanças que pretendia imprimir. Em vez de apresentar um projeto político voltado para superar a tradicional dicotomia entre crescimento econômico e desenvolvimento social,

---

41. Bresser Pereira (1996b, p. 248-252) realizou o levantamento dos onze planos de estabilização até o Plano Real, implementados no período de 1979 a 1994.

o governo partiu da premissa de que a estabilização da moeda era o pré-requisito necessário para atingir-se o crescimento econômico e que este, por sua vez, geraria o desenvolvimento econômico que traria, como consequência, o desenvolvimento social.

Estaríamos diante de uma versão atualizada da "teoria do bolo", em que o social é variável dependente do econômico? Neste caso, enquanto "o bolo não cresce", não é possível pensar em políticas redistributivas, sob pena de ameaçar o sucesso das medidas implantadas. Tudo leva a crer que estamos distantes de uma perspectiva de crescimento econômico; não obstante, o que vem prevalecendo é a lógica de valorização de baixos índices de crescimento econômico.[42]

Dain (1996, p. 40-41), ao avaliar os dois anos de implantação do Plano Real, afirma que não há nenhum sinal de que a política de estabilização adotada conduza ao crescimento econômico: "Ao contrário, [...] há uma competição com a base produtiva e o baixo crescimento é visto como uma virtude não só no Brasil como no resto do mundo". Na mesma linha, as altas taxas de desemprego são vistas como consequência "natural" do processo de ajuste e da modernização tecnológica na economia. O desmantelamento de alguns setores da economia, como o de autopeças, a indústria têxtil e a de calçados, atingidos fortemente pela taxa de câmbio, pela política de importações e pela diminuição da competitividade, evidencia que o aumento do desemprego não decorre apenas da incorporação tecnológica nos setores de ponta. O governo tenta retirar a questão do desemprego da agenda política, reduzindo-o a uma mera questão conjuntural e transitória, conforme, inclusive,

---

42. Segundo dados divulgados pelo IBGE (*Folha de S.Paulo*, 7 mar. 1997, p. 5), o índice de crescimento do PIB no Brasil em 1996 foi de 2,91%, ficando 1,37% abaixo do crescimento de 1995, que foi de 4,28%, o que não levou à criação de empregos formais — de fato, houve forte decréscimo dos trabalhadores com carteira assinada nesse período. Ver nota 45.

atestam as séries estatísticas de baixo desemprego publicadas pela Fundação IBGE.[43]

Em entrevista à *Folha de S.Paulo*, Fernando Henrique Cardoso referiu-se às mudanças que se processam no Brasil ante a nova ordem mundial e afirmou que

> indiscutivelmente, o regime está rearticulando o sistema produtivo do Brasil. [...] Ele incorpora massas ao consumo [...] ele é socialmente progressista. [...] Não é das classes médias burocráticas [...] não é dos corporativistas. [...] *Mas também não vou dizer que seja dos excluídos, porque não tem condição de ser.* Aspiraria a poder incorporar mais, mas não posso dizer que seja (*Folha de S.Paulo*, 13/10/1996, p. 6; grifos nossos).

Os efeitos sociais das medidas de ajuste econômico baseadas em planos de estabilização financeira têm sido sistematicamente relacionados a seu impacto no empobrecimento generalizado da população trabalhadora. Como observa Marilena Chauí,[44] a forma contemporânea do capitalismo, ao contrário de sua forma clássica, não opera por inclusão de toda a sociedade no mercado de trabalho e de consumo, mas por exclusão. No caso do Brasil, em que essa

---

43. Para o IBGE, *desocupados* são os desempregados que estavam procurando trabalho na semana de referência da pesquisa. Ou seja, todos os desempregados que desistiram de procurar outra ocupação não são computados. Assim, o debate sobre o desemprego é deslocado para a polêmica em torno da metodologia de aferição do desemprego como mecanismo de mascarar a tendência do seu crescimento (Lourenço, 1996, p. 23-37). No entanto, como as análises de Pochmann (1997) demonstram, o desemprego no Brasil integra uma dimensão estrutural no funcionamento da economia, decorrente das políticas de industrialização que historicamente foram conduzidas sem a realização das reformas clássicas do capitalismo — na estrutura agrária, na construção do Estado de bem-estar, entre outras —, além das mudanças mais recentes derivadas da crise dos anos 1980, que aprofundaram as várias modalidades de *precarização* do mercado de trabalho no país.

44. "De alianças, atrasos e intelectuais", *Folha de S.Paulo*, 24 abr. 1994, caderno Mais!, p. 6-8.

inclusão não se efetivou para o conjunto de trabalhadores, onde a *flexibilização* do mercado de trabalho é uma tônica que expulsa mais de 50% da força de trabalho para fora das atividades produtivas regulamentadas — "os sem carteira assinada" — e que, por isso, não têm acesso a quaisquer direitos trabalhistas e sociais, falar na não inclusão dos excluídos é amplificar a polarização entre privilégios e carências, que marcou historicamente a realização do capitalismo no país.

Na situação brasileira, antes mesmo de ingressarmos na onda liberalizante dos ajustamentos estruturais, as diferentes formas de *precarização* do trabalho, os altos índices de subemprego e a ausência e fragilidade do sistema de proteção social para o conjunto dos trabalhadores já se apresentavam como traços marcantes do modelo econômico-social adotado. As medidas de ajuste estrutural adotadas a partir da década de 1990 agravaram a situação já precária do emprego no país, cujo declínio, notadamente no setor industrial, é marcante.[45] As declarações à imprensa do secretário de Política de Emprego do Ministério do Trabalho indicam que essa situação é

---

45. Segundo dados do PNUD-1996, entre 1990 e 1995 a redução do nível de emprego no setor industrial foi da ordem de 30%. Observa-se, ainda, queda acentuada na qualidade do emprego a partir do vínculo empregatício, com forte declínio da proporção da força de trabalho com carteira assinada: de quase 60% em 1990 para menos de 50% em 1995. A contrapartida é o aumento dos trabalhadores por conta própria e, principalmente, de trabalhadores sem carteira assinada. Estes últimos, além do acesso ao mercado reduzido a postos de trabalho precários e de baixa qualidade, ficam totalmente à margem dos direitos e benefícios decorrentes da legislação trabalhista (PNUD, 1996, p. 113-114). Matéria da *Folha de S.Paulo*, intitulada "Real já eliminou 755 mil empregos", informa que, desde a implantação do Plano Real, em 1º de julho de 1994, perderam-se no Brasil 755.379 empregos formais, segundo dados do Ministério do Trabalho. Nos anos 1990, o número de vagas suprimidas foi de 2.438.163. Em 1996, o número total de postos de trabalho eliminados foi de 304.950. Os dados apresentados reforçam a tendência de 1990-95, apontada pelo PNUD, de maior queda do emprego formal, principalmente na indústria de transformação. Em 1996, quase a metade dos postos de trabalho eliminados (150.251) eram na indústria. Como consequência, enquanto em 1990 os trabalhadores do mercado informal representavam 49,9%, em 1995 esse índice sobe para 56,9% (*Folha de S.Paulo*, 28 fev. 1997, p. 1 e 16). Ao mesmo tempo,

vista como natural, decorrente dos necessários ajustes na economia no contexto de globalização e, aparentemente, indicativa de uma tendência irreversível, contra a qual pouco pode ser feito.[46]

Como afirma o presidente Fernando Henrique, na entrevista antes citada, ao referir-se às 40 milhões de pessoas que não serão incorporadas por políticas de inclusão: "Acho que esse vai ser um problema. Certos setores não estão nessa parte dinâmica da economia. E daí? Eles existem. O Estado tem que ser responsável por eles também". Ou seja, o discurso presidencial parece lidar com a ideia da irreversibilidade da nova ordem mundial, ao criar levas de excluídos sociais em relação aos quais só é possível propor medidas que visem minorar os efeitos da crise econômico-social.[47]

E qual é a proposta do atual governo para as políticas de proteção social? Quais foram as medidas adotadas para fazer frente ao agravamento da pobreza e da exclusão social a partir do privilégio à estabilidade da moeda? Nos termos de Faleiros (1995): qual é o social de Fernando Henrique?

Há no discurso governamental o reconhecimento dos níveis de pobreza e miséria no país. Contudo, é preciso discutir as estratégias que vêm sendo adotadas para seu enfrentamento. A forma

---

sondagem da FGV junto às indústrias indica que persiste a tendência de queda no emprego industrial em 1997, com novo ciclo de demissões (*Folha de S.Paulo*, 7 mar. 1997, p. 2-5).

46. Segundo palavras de Daniel de Oliveira, "em todo mercado de trabalho muito regulado, num mundo globalizado, de competição desenfreada, o ajuste infelizmente é sempre via desemprego" (*Folha de S.Paulo*, 28 fev. 1997, p. 2-16).

47. Emir Sader, ao discutir as formas de inserção dos países na nova divisão internacional do trabalho a partir dos anos 1970, ressalta que há formas diferenciadas de os países a ela se incorporarem. "Assim, a *globalização*, entendida em seus termos reais, abrangentes e contraditórios, não é um processo inelutável, no sentido que dita regras rígidas para todos os países. Quem encampa essa visão — como FHC — ou tem uma compreensão limitada, pobre, da complexidade desse processo ou o faz de má-fé, para encobrir alianças e interesses, como os do capital financeiro, que consolida sua hegemonia escudado nessa visão" (Sader, 1997, p. 243).

como o governo procedeu ao desmanche dos órgãos governamentais de assistência social, como a LBA, o CBIA, o Consea, revelam as concepções orientadoras da sua intervenção social. Passando ao largo das definições da Lei Orgânica de Assistência Social (Loas), que prevê a formulação de programas de enfrentamento à pobreza e geração de renda a partir da estruturação da política de assistência social com participação social e controle da sociedade civil por meio dos conselhos, o governo Fernando Henrique cria o Programa Comunidade Solidária,[48] na mesma medida provisória que extingue os órgãos governamentais responsáveis pelas ações assistenciais, procedendo a um difuso remanejamento interministerial.[49]

---

48. O Programa Comunidade Solidária (PCS) foi anunciado na MP n. 813, de 1º/1/1995, do governo FHC e formalizado pelo Decreto-lei n. 1.366, de 12/1/1995, e pelo Decreto-Ato s/n. de 17/2/1995, do *Diário Oficial da União*. Este programa, apesar da denominação, é explicitado pelo governo federal como estratégia de articulação e gerenciamento dos programas sociais dos vários ministérios e órgãos governamentais. Presidido pela primeira-dama, é órgão vinculado à Presidência da República por meio da Casa Civil e tem como suporte uma Secretaria Executiva coordenada por Anna Peliano (técnica do Ipea). Integra a sua estrutura o Conselho da Comunidade Solidária, de caráter consultivo, composto por 21 personalidades da sociedade civil de diferentes segmentos sociais, designados pelo presidente da República, com mandato de dois anos sem remuneração, dez ministros de Estado e a secretária executiva. Seu objeto é a coordenação das ações governamentais dirigidas ao atendimento dos segmentos sociais sem meios de garantir sua subsistência, especialmente programas de combate à fome e à pobreza. Seus objetivos: melhoria do gerenciamento de programas sociais universais e a promoção da participação da sociedade no controle da execução; apoio a experiências e projetos do governo e da sociedade em áreas de concentração da pobreza, potencializando iniciativas descentralizadas e em parceria com a sociedade que possam ser multiplicadas; identificação de novas prioridades e elaboração de propostas de ação em relação a temas emergentes e grupos sociais vulneráveis, cujas necessidades e direitos não estejam sendo contempladas pelos programas em desenvolvimento. As áreas de atuação definidas pelo PCS são: alimentação e nutrição, serviços urbanos (moradia e saneamento), desenvolvimento rural, geração de emprego e renda, defesa de direitos e promoção social, com ênfase no atendimento de crianças e adolescentes. Para outros comentários, consultar Sposati (1995b, p. 124-147). Ver também texto da exposição de Anna Peliano sobre o Programa Comunidade Solidária em: I Conferência Nacional de Assistência Social, 20 a 23 de novembro de 1995, Brasília, *Anais...*, Brasília, UnB/Cespe, 1995, p. 147-159.

49. A MP n. 813, além de criar o Programa Comunidade Solidária ligado à Casa Civil da Presidência da República, extingue o Ministério de Integração Regional e o Ministério

Como analisa Yazbek (1995a, p. 152), ao

constituir um conjunto difuso de gestores para as ações assistenciais do Estado, a Medida Provisória reitera a tradição nesta área, que é a fragmentação e a superposição de ações. Esta desqualificação mantém a Assistência Social sem visibilidade enquanto Política Pública, e é funcional ao caráter focalista que o neoliberalismo está impondo às Políticas Sociais na contemporaneidade. Ao repartir e obscurecer em vários Ministérios as atribuições constitucionais previstas para a Assistência (artigos 203 e 204), a Medida contribui para fragilizá-la como direito de cidadania e dever do Estado.

Além disso, essa reforma administrativa criou um vazio institucional que desorganizou as ações assistenciais em curso, pois a extinção dos órgãos governamentais não foi acompanhada de uma proposta capaz de garantir a unidade da política para a área.[50]

Na mesma MP n. 813, o governo também extinguiu o Consea, reproduzindo a postura autoritária avessa ao diálogo com a socie-

---

do Bem-Estar Social e, em decorrência, a LBA e o CBIA. Realiza, também, um reordenamento na estrutura de órgãos nos ministérios, criando a Secretaria de Assistência Social (SAS), vinculada ao Ministério da Previdência e Assistência Social (MPAS), e remanejando para este ministério o CNAS. Ao mesmo tempo, inclui a área da infância e adolescência no Ministério da Justiça (MJ), passando o Conanda a ser órgão deste ministério, assim como a Corde (Coordenadoria Nacional para a Integração da Pessoa Portadora de Deficiência) passou a vincular-se à Secretaria dos Direitos de Cidadania do MJ.

50. Em documento intitulado *A exigência de uma estratégia de desenvolvimento social para o Brasil: o papel e o lugar da Comunidade Solidária* (Brasília, 8/10/1996, p. 11, Mimeo.), assinado por Augusto de Franco em nome de mais de 80% dos membros do Conselho Nacional da Comunidade Solidária e endereçado ao presidente da República, são apontados vários equívocos do governo na criação do programa, observando-se "a perda do *timing* político na substituição desses mecanismos voltados para o bem-estar social [o que] acabou produzindo profundo mal-estar naqueles agentes da sociedade que mantinham relações com o governo na área da assistência social, que dependiam da assinatura de convênios e que não queriam ficar na insegurança diante da prolongada acefalia do setor. O resultado é que os ativistas e profissionais da área, em sua imensa maioria, passaram a responsabilizar a Comunidade Solidária pelo tal 'desmonte da área social'."

dade civil e desconsiderando o respaldo deste conselho em ampla mobilização social.[51]

O projeto de reorganização dos órgãos federais de assistência social está contido na Constituição Federal e na Loas, quando definem o reordenamento institucional da área, a partir das diretrizes de descentralização e municipalização e da existência de um comando único nas três esferas de poder. Essas propostas foram amplamente discutidas pelas forças sociais envolvidas na formulação da Loas, gerando-se um consenso quanto à importância de proceder-se a uma *re-significação* da assistência social que orientasse a superação dos equívocos conceituais e práticos historicamente associados a essa área. No entanto, em nome do combate ao assistencialismo, ao clientelismo e à corrupção, procedeu-se à extinção da política de assistência social, de forma autoritária, sem o necessário diálogo com as diferentes forças sociais mobilizadas em torno da implantação da Loas. O governo Fernando Henrique desconheceu o processo político e os sujeitos coletivos constituídos e reconhecidos por um amplo movimento social que se desenvolvia desde o final da década de 1980, a partir da aprovação da Constituição de 1988. Talvez por considerar que a assistência social não se constitui como campo de definições políticas, tomando-a mais pelos seus estereótipos, o governo Fernando Henrique, pela via das medidas centralizadas e unilaterais, acabou desrespeitando até preceitos constitucionais que definem a assistência social como âmbito de responsabilidade governamental na condução da política pública de seguridade social.

---

51. O mesmo documento citado na nota anterior assinala o equívoco da extinção do Consea, destacando que "preocupado talvez em se diferenciar da administração anterior, o governo extinguiu o Consea por decreto, sem ter o cuidado de comunicar previamente suas intenções àqueles que foram indicados para compô-lo pelo importante Movimento pela Ética na Política, o qual agregou, em determinado período, ativos e expressivos setores da sociedade civil brasileira" (*A exigência de uma estratégia...*, cit., p. 10).

A criação do Programa Comunidade Solidária entra em rota de colisão com o que determina a Constituição, quando trata da Seguridade Social como área que articula a Saúde, a Previdência e a Assistência Social por meio de ações universais, integradas e continuadas de proteção social e garantia de direitos. Do ponto de vista político, o governo Fernando Henrique, ao obstruir o diálogo com os diversos interlocutores comprometidos com ações sociais de enfrentamento da pobreza em múltiplas frentes, acabou contribuindo para liberar críticas e oposições que se expressaram desde o início da publicação das suas propostas.[52]

As diferentes avaliações apontam as implicações do Programa Comunidade Solidária, concebido como estrutura paralela diretamente vinculada à Presidência da República e para a pulverização de órgãos e instâncias colegiadas distribuídos por diferentes ministérios, o que reforça a diluição de competências e a *inorganicidade*

---

52. Vários documentos e protestos públicos foram veiculados em diferentes fóruns e instâncias coletivas que se organizavam nos estados e municípios, mobilizados que estavam na implantação da Loas e na organização dos conselhos de assistência social. A esse respeito, consultar o documento do Fórum de Assistência Social da Cidade de São Paulo (1995) e a Carta de Vitória do Fórum Nacional de Ação da Cidadania (1995). As manifestações de Sposati, Potyara Pereira, Yazbek e Faleiros, pesquisadores com vasta produção científica na área da assistência social, são reveladoras das críticas quase que unânimes que as primeiras medidas do governo FHC desencadearam. Consultar artigos desses autores publicados em Serviço Social & Sociedade, n. 47. A I Conferência Nacional de Assistência Social, realizada em novembro de 1995, em Brasília, reunindo 1.069 participantes, deliberou pela extinção do Programa Comunidade Solidária e demais programas e organismos governamentais como os Fundos de Solidariedade, no sentido de eliminar o paralelismo de ações de assistência social nas três esferas de governo e reforçar a implantação do comando único definido pela Loas (Relatório Final da I Conferência Nacional de Assistência Social, Brasília, 1995). A II Conferência Nacional de Assistência Social, realizada em dezembro de 1997, em Brasília, reiterou a mesma proposta de extinção do Programa Comunidade Solidária, propondo o repasse dos seus recursos para o Fundo Nacional de Assistência Social (FNAS). Deliberou, também, pela extinção do Conselho da Comunidade Solidária, como mecanismo paralelo ao CNAS, que perpetua ações clientelistas do governo federal e desrespeita os princípios e diretrizes da Loas.

das ações de assistência social, retrocedendo-se em relação aos avanços contidos na Carta Constitucional e na Loas.

Vanda da Costa Ribeiro, em trabalho apresentado ao XX Encontro da Associação Nacional de Pós-Graduação e Pesquisa em Ciências Sociais (Anpocs), comenta que o Comunidade Solidária

> estaria operando um esvaziamento da estrutura político-administrativa e com isso minando os próprios mecanismos institucionais da democracia [*produzindo como resultado*] uma fragmentação nunca vista na política assistencial, ao mesmo tempo subordinando uma política social às sobras e migalhas dos ministérios (*Folha de S.Paulo*, 24/10/1996, p. 3).

Faleiros (1995, p. 155), na aguda observação de analista da área, nota ainda a cisão que a criação do Programa Comunidade Solidária realiza entre benefícios e direitos: a Assistência Social, ao vincular-se ao MPAS, ficaria reduzida a benefícios, enquanto o combate à pobreza, subordinado à Presidência da República, seria dissociado do projeto de cidadania e controle social da Loas.

Parece óbvio afirmar que os problemas relacionados à fome e à pobreza não podem ser enfrentados com medidas focalizadas de natureza emergencial, a partir do apelo à solidariedade da sociedade civil. Por mais que as privações materiais, que desafiam o limite humano de sobrevivência, não possam prescindir de ações imediatas e localizadas de políticas compensatórias, os efeitos mais danosos da exclusão social só podem ser combatidos com políticas estratégicas que articulem medidas econômicas a efetivo projeto de desenvolvimento, concentrado no ataque às desigualdades sociais por meio de políticas de emprego e de renda.

Para tanto, é necessário superar o desenho das políticas sociais que opõem universalização e focalização, para integrá-las a um projeto articulado que responda a direitos dos cidadãos com políticas públicas universais permanentes e continuadas, cujas ações focalizadas são ativadas mediante as necessidades emergenciais que se apresentem em distintas conjunturas políticas. A pobreza e a exclusão social também não poderão ser eficazmente enfrentadas por medidas de impacto e visibilidade na mídia, mas destituídas do conteúdo estratégico que deveria mobilizar a ação social do Estado, para além da racionalidade econômica dos planos de estabilização financeira.

Francisco de Oliveira (1995b), ao desenvolver sua análise sobre as políticas sociais do governo Fernando Henrique, observa que a forma de constituição do Conselho do Programa da Comunidade Solidária e a maneira como foram nomeados seus integrantes *diz bem o que é o governo FHC*. O autor explicita o projeto político do governo como a combinação de uma diretriz fortemente liberal com uma prática populista que busca estabelecer uma relação direta com o "povo", passando por cima das representações construídas pela sociedade brasileira: os movimentos populares organizados, os sindicatos, as organizações civis, as entidades profissionais, ou seja, o movimento associativo que vem se adensando desde a década de 1980 na luta pela democratização política, econômica e social (Oliveira, 1995b, p. 4).

Ou seja, em vez de representações das diferentes forças sociais organizadas, o Conselho da Comunidade Solidária foi constituído por personalidades individuais e alguns artistas de grande popularidade, capazes de mobilizar a solidariedade da sociedade para com a pobreza. Trata-se de uma prática de negação da política democrática, que se forja por intermédio da constituição de sujeitos sociais que buscam no espaço público a explicitação e o debate de propostas ancoradas nas necessidades sociais que buscam representar. O governo Fernando Henrique, ao *deslegitimar* práticas políticas de representação social, ao desqualificar as organizações coletivas da sociedade civil e ao reforçar a ação isolada de indivíduos notórios, trata a *política mais como espetáculo*[53] do que como o espaço de articulação dos conflitos e consensos em torno de projetos sociais protagonizados por sujeitos coletivos.

Além disso, embora o governo reconheça o agravamento da pobreza e da miséria no país, tal reconhecimento se faz a partir das carências da sociedade e não pela afirmação de direitos. Ao deslocar as ações de enfrentamento da pobreza da estrutura institucional de decisões do Estado, o governo retira-as do leito das políticas sociais universais, de responsabilidade pública e geradoras de direitos, para o campo das iniciativas emergenciais e descontínuas, alimentadoras de práticas clientelistas, como demonstram notícias veiculadas pela imprensa sobre o uso político pelos municípios da distribuição de cestas de alimentos durante a campanha eleitoral de 1996.[54]

No âmbito da estrutura institucional responsável pela coordenação da Política Nacional de Assistência Social, a Secretaria de Assistência Social (SAS) foi definida como instância de comando único na esfera federal, em decorrência do estabelecido pela Loas. Não obstante, a implantação do Programa Comunidade Solidária, identificado como a estratégia básica do governo Fernando Henrique no combate à pobreza, acabou por debilitar a SAS no contexto

---

53. Cf. intervenções de Francisco de Oliveira no debate "O primeiro ano do governo Fernando Henrique Cardoso", reproduzido em *Novos Estudos Cebrap*, São Paulo, n. 44, março de 1996, p. 47-72.

54. Matéria da *Folha de S.Paulo* (22 set. 1996, caderno Brasil, p. 14) informa que a distribuição de cestas básicas foi suspensa em 57 cidades de Minas Gerais por causa das irregularidades constatadas, principalmente relacionadas com denúncias de manipulação eleitoral. A mesma matéria relata que o Conselho Municipal de Alimentação de um município próximo de Belo Horizonte é presidido por um vereador que é candidato a vice-prefeito na chapa da situação (PMDB). Outra matéria do mesmo jornal publicada em 5/9/1996 (p. 7) veicula, também, denúncias de irregularidades e uso eleitoral na distribuição de cestas básicas em município da Bahia. Neste caso, a presidência da Comissão Municipal de Alimentação era exercida pela candidata da situação (PDT) à prefeitura.

da administração governamental. A demora inicial e as dificuldades encontradas para sua efetivação na estrutura do MPAS são a expressão das resistências existentes em certos grupos do poder governamental em definir um *locus* específico para a assistência social.

Apesar dos insistentes pronunciamentos dos gestores do Comunidade Solidária de que este programa não viria substituir a política de assistência social,[55] desde a sua criação foram expostas áreas de atritos entre essas duas esferas de ação governamental.

Os próprios membros do Conselho da Comunidade Solidária, em carta endereçada ao presidente da República,[56] referem-se a profundo mal-estar criado com os protagonistas do campo da assistência social, tanto governamentais quanto da sociedade civil, quando o programa é criado e a SAS ainda não havia sido estruturada.

As articulações entre o PCS e a SAS não estão claras, mas é possível observar a superposição de competências e programas, bem como a pulverização de iniciativas sem o necessário caráter orgânico das ações sociais do governo.[57]

Quanto à definição da Política Nacional de Assistência Social (PNAS), verifica-se que foi extremamente longo o processo de sua formulação, se considerarmos a aprovação da Loas em dezembro de 1993. A SAS, órgão responsável por essa definição no governo Fernando Henrique, demorou mais de um ano para apresentar uma

---

55. Conforme exposição da secretária executiva do Programa Comunidade Solidária, Anna Peliano, na I Conferência Nacional de Assistência Social (I Conferência Nacional de Assistência Social, *Anais...*, cit.).

56. Ver nota 50.

57. Por exemplo: programas nacionais da SAS, como o Brasil Criança Cidadã e o Prorendas, não aparecem entre aqueles priorizados pelo PCS, apesar de seus objetivos definirem ações preferenciais voltadas para a criança e o adolescente e para a geração de renda. Em entrevista à autora deste trabalho, o representante do Ministério do Trabalho no CNAS informa que este órgão desenvolve programa de geração de emprego e renda (Proger), que não se articula às iniciativas da SAS nessa área.

versão preliminar da proposta,[58] que ainda se acha em discussão junto ao CNAS. Até o momento, não há, portanto, diretriz clara que delimite as diferentes iniciativas do órgão coordenador da política de assistência social em nível nacional.

O processo de elaboração da proposta da PNAS contou com a assessoria de órgãos internos e externos ao governo, como também com a contribuição de colaboradores convidados a opinar durante a sua formulação. O CNAS, ao receber a proposta da PNAS para deliberação, realizou debates com especialistas e representantes da SAS, para colher subsídios mais amplos que orientassem seu posicionamento.[59]

Como se trata ainda de uma proposta em formulação, não é o caso aqui de realizar análises conclusivas.[60] No entanto, o CNAS, a partir das discussões que promoveu, elaborou um documento no qual pontua observações e sugestões endereçadas à SAS. Alguns desses aspectos merecem ser destacados, por sua importância estratégica na definição da política pública de assistência social. As principais questões levantadas pelo CNAS podem ser sintetizadas nos seguintes pontos:[61]

---

58. A referência é o documento *Proposta Nacional de Política de Assistência Social* (versão preliminar), Brasília, MPAS/SAS, julho de 1996.

59. A reunião promovida pelo CNAS em São Paulo (17/9/1996), da qual participei como observadora, contou com a presença de representantes da SAS e especialistas convidados a debater a proposta formulada por aquele órgão. Para conhecimento das questões discutidas, consultar os documentos de registro das exposições dos representantes da SAS (Eliseu F. Calsing e Albamaria Abigail) e dos especialistas convidados (Maria do Carmo Brandt de Carvalho, Aldaíza Sposati, Carlos Maciel e Vicente de Paula Faleiros). Estas exposições foram publicadas pelo MPAS/CNAS em documento intitulado: "Discutindo a Proposta Preliminar de Política Nacional de Assistência Social", Brasília, setembro de 1997.

60. Ver nota 1 da Apresentação.

61. Elementos extraídos do documento de avaliação da proposta preliminar de Política Nacional de Assistência Social elaborado pelo CNAS (Brasília, MPAS/CNAS/Secretaria Executiva, 31/10/1996). As considerações do CNAS sobre a Política Nacional de Assistência Social também estão publicadas no documento citado na nota anterior.

- ausência de incorporação das deliberações da I Conferência Nacional de Assistência Social, fórum nacional privilegiado de avaliação, debate e encaminhamento de proposições na área;

- ausência de diagnóstico analítico e abrangente sobre as condições reais de exclusão social no país, que possa orientar a definição do universo dos destinatários e das demandas que a política de assistência social visa responder;

- ausência de contextualização histórica da realidade da assistência social no plano nacional e internacional, isolando a discussão dessa política do conjunto de determinações políticas e ideológicas na qual se insere;

- a afirmação do protagonismo dos governos locais e das organizações não governamentais para a implantação da PNAS, apesar de positiva, não vem acompanhada de avaliação das dificuldades envolvidas na corresponsabilidade das três esferas de governo e nas relações de parceria com as instituições não governamentais;

- questionamento da efetividade da rede de assistência social existente, ressaltando a necessidade de sua criação, bem como a definição das responsabilidades e estratégias estatais para a sua efetivação e fortalecimento;

- inexistência de critérios transparentes e democráticos na articulação entre instâncias governamentais e não governamentais, cujas parcerias deveriam levar à superação de relações pontuais e de pequeno alcance, ante os objetivos definidos pela Loas;

- a classificação da população brasileira em indigentes, pobres e não pobres, apesar de pautar-se em critérios adotados por órgãos oficiais (PNAD-FIBGE, 1990), deveria ser relacionada à estrutura de distribuição e concentração de renda do país;

- o aspecto mais questionado relaciona-se à ausência de definição dos mínimos sociais a serem garantidos pela política de assistência social, sem o que se torna impossível a delimitação dos destinatários, das estratégias, das metas, dos recursos, bem como dos parâmetros que possam orientar sua implementação por estados e municípios;

- não é possível identificar nenhum avanço na definição dos direitos sociais que a assistência social, no contexto da política de Seguridade Social, visa garantir, nem das medidas a serem tomadas para a ampliação da cobertura social nesta área;

- a relação público-privado foi pouco explicitada — não são definidos critérios públicos de seleção das entidades para estabelecimento de convênios, padrões de qualidade dos programas e serviços, procedimentos de prestação de contas, política de formação de recursos humanos, revisão dos baixos valores do *per capita*, entre outros;

- não há destaque para a participação da sociedade por meio de conselhos paritários e deliberativos, como condição de eficácia da PNAS, nem definição de estratégias de fortalecimento dessas instâncias nas três esferas de governo;

- as interfaces da política de assistência social com as demais políticas sociais, especialmente com as integrantes da Seguridade Social, não foram explicitadas;

- não há visibilidade do orçamento da Seguridade Social nem detalhamento da gestão dos recursos quanto aos atores envolvidos e contrapartidas da União, dos estados e dos municípios;

- não se estabelece um sistema de informação aos usuários da política de assistência social quanto a seus direitos e aos meios necessários para sua efetivação.

Os debates em torno da proposta de política de assistência social promovidos pelo CNAS indicam que se trata de um documento ainda não consolidado. Nesse sentido, as indicações e sugestões apontadas podem ser incorporadas pela SAS, dependendo das negociações em curso. No entanto, cabem ainda observações de caráter mais geral, algumas levantadas nas reuniões com os especialistas, e que nos parecem centrais.

A primeira observação é que a proposta de Política Nacional de Assistência Social formulada pela SAS não se insere num plano global e estratégico de intervenção social do atual governo no enfrentamento das diferentes expressões da pobreza em nosso país. Como afirmou Betinho, por ocasião de sua saída do Conselho da Comunidade Solidária (motivada pela ausência de um projeto social do governo), "se existe um plano real para o econômico, não há um plano real para o social" (*Folha de S.Paulo*, 5/5/1996, p. 1-3).

Assim, reafirma-se a secundarização da questão social, a setorização da política social, sua atomização e segmentação em diferentes órgãos e ministérios e a inexistência, portanto, de um projeto social estratégico de combate à pobreza. Esse não parece ser o propósito do governo, para além do discurso retórico que vem sendo veiculado insistentemente desde a campanha presidencial, mas que não se explicitou em efetiva prática política de transformar a erradicação da miséria e da pobreza em prioridade absoluta do Estado brasileiro. Ao contrário, como já anotamos, as ações do Estado mobilizam-se para a estabilização econômica, centrada no combate à inflação, em que não cabem políticas redistributivas capazes de modificar o quadro das desigualdades sociais existentes.

Junto com Sader (1997, p. 246; grifos do autor), é possível observar que

> se saímos da ditadura com o consenso de que o problema central do país era a *dívida social*, que a ditadura havia feito crescer a economia sem distribuição de renda, o neoliberalismo foi impondo um outro consenso, o de que o problema é o *déficit público*. Nesta visão não há lugar para a questão social, salvo marginalmente, como no caso das políticas assistencialistas do Comunidade Solidária. Não há tampouco lugar para os direitos — a palavra *direito* é mais reprimida e criminalizada atualmente — graças às relações informais, à mercantilização, que é outra forma de imposição da lei do mais forte.

Do ponto de vista dos investimentos sociais, os compromissos com a dívida pública comprimem os gastos sociais. Enquanto isso, o orçamento efetivamente realizado em 1996 revela que a primeira prioridade dos gastos públicos foi com a construção de estradas, rubrica que apresentou maior crescimento na sua execução.[62]

No que se refere aos gastos com os programas do Comunidade Solidária em 1996, apesar das discrepâncias entre os montantes veiculados, que variam segundo as diferentes fontes, a simples existência dos recursos no orçamento não é garantia de sua efetiva liberação. Segundo declaração da secretária executiva do PCS, Anna Peliano, "o ano de 96 apresentou um conjunto de dificuldades para a execução financeira dos programas".[63]

---

62. Segundo dados publicados na *Folha de S.Paulo* (13 fev. 1997, p. 9), relativos ao orçamento de 1996, as despesas com a amortização da dívida consumiram 40% dos recursos em 1995, subindo para 41,4% em 1996. A contrapartida foi a redução nos gastos sociais de 1995 para 1996. Alguns exemplos: ensino fundamental, de 9,64% para 8,17%; saúde, de 7,77% para 3,81%; assistência, de 3,01% para 1,86%. Ao mesmo tempo, houve crescimento dos gastos com transporte rodoviário, de 12,18% para 20,79%.

63. *O Estado de S. Paulo*, 12 jan. 1997, p. A-10. Na mesma reportagem, há referências a um levantamento realizado pelo Instituto Sócio-Econômico (Inesc), de Brasília, apontando

De qualquer forma, são expressivas a redução dos gastos sociais do governo e a imensa distância do orçamento realizado em 1996 em relação à magnitude das expressões da questão social. Há evidente privilégio das medidas neoliberais de ajuste da economia, e seu impacto nas condições de vida e de emprego da população trabalhadora não tem sido atenuado nem sequer por ações compensatórias das diferentes políticas sociais.

A segunda observação, decorrente do exposto até agora, é que, apesar do avanço constitucional ao definir a assistência social como política de seguridade social, não há no documento da SAS nenhuma menção às articulações e interfaces entre as três áreas que a integram e às medidas a serem adotadas para a sua efetivação. A incorporação dos benefícios assistenciais da previdência social pela assistência social tem sido alvo de críticas contundentes em vários níveis, desde os valores e critérios de elegibilidade fixados até a extrema burocratização que têm impedido, na prática, o acesso dos beneficiários.[64]

Para além dos benefícios, contudo, há que se definir os direitos a serem assegurados pela assistência social no âmbito da seguridade social, sob pena de reforçar-se a cisão entre benefícios e direitos, prática que tem sido recorrente no sentido de esvaziar a assis-

---

que, até setembro de 1996, dos 47 programas enquadrados como Segurança Alimentar, apenas dez ultrapassaram a marca de 50% dos recursos liberados. O mesmo ocorreu com os programas de abastecimento de água e saneamento básico, para os quais foram liberados até setembro, respectivamente, 1% e 3% dos recursos destinados a essas áreas.

64. Pelo nível de consenso obtido, até nos estudos da própria SAS, a alteração no sentido de maior universalização dos critérios de acesso ao benefício de prestação continuada quanto ao corte de renda e à idade exigidas deveria fazer parte dos compromissos inadiáveis da política pública de assistência social, sem prejuízo de outras reformulações da Loas e da incorporação de novos avanços que se fazem absolutamente necessários. A Resolução n. 40 do CNAS, de 26/3/1996, encaminhou ao Executivo proposta de alteração dos limites da renda mensal *per capita* de um quarto do salário mínimo para um salário mínimo. No entanto, esta sugestão não foi incorporada à Proposta de Política Nacional de Assistência Social formulada pela SAS.

tência social do compromisso com a extensão da cidadania aos mais pobres. Dessa forma, afirma-se a visão liberal da legitimidade da assistência social no atendimento das carências, desde que não se transforme em direitos dos excluídos.

A terceira observação remete às relações de parceria entre governo e organizações sem fins lucrativos — a chamada rede de solidariedade social —, voltada para a execução de programas sociais.

A prática terceirizada no âmbito da assistência social não constitui em si novidade. Tradicionalmente, a distribuição de verbas públicas para entidades assistenciais tem sido realizada por diferentes mecanismos, como subvenções, convênios, contratos que implicam recursos *per capita* repassados às organizações sociais ou isenções de tributos para a efetivação de programas sociais de natureza pública.

No entanto, no cenário social contemporâneo, a gestão da questão social assume novas dimensões no contexto da redução das ações reguladoras do Estado e encolhimento das suas funções sociais. Mais ainda, em nome do fortalecimento da sociedade civil e do estímulo às iniciativas autônomas, comparece com grande força o discurso da solidariedade que, no âmbito da crise do Estado contemporâneo, ganha contornos de *desresponsabilização* com as políticas sociais e repasse da sua execução para organizações não governamentais, além da privatização de um conjunto de serviços sociais públicos, que passam a ser intermediados pelo mercado. Portanto, uma política pública de assistência social que admite em seu texto que "a primazia da responsabilidade do Estado e a participação da sociedade civil são condições necessárias à condução da PNAS, como uma das estratégias de enfrentamento da pobreza",[65] precisa explicitar com clareza o significado dessa afirmação.

---

65. *Política Nacional de Assistência Social* (1996, p. 3).

Como observa Maria C. Yazbek (1995b, p. 23), ante as redefinições do Estado capitalista contemporâneo e a situação de falência das políticas públicas,

> adquire centralidade a questão das relações entre Estado e entidades privadas sem fins lucrativos no Brasil. Relações que, sendo de parceria, não devem desobrigar o Estado e ao mesmo tempo devem fortalecer a autonomia da Sociedade Civil e as práticas democráticas desta sociedade.

Assim, é de fundamental importância que o texto definidor da PNAS explicite a lógica que irá presidir as relações entre Estado e organizações não governamentais e não mercantis. Principalmente se considerarmos que não há, até o momento, a revisão da legislação arcaica vigente, que redefina os critérios e as formas de acesso ao fundo público e delimitem os padrões de qualidade que devem ser garantidos pelos programas e serviços sociais públicos, prestados por organizações governamentais ou privadas.

Nesse quadro, ganha primazia a redefinição do conceito de público, que supere a dicotomia entre o privado e o estatal, como expressão de relações democráticas, transparentes, publicizadas, controladas socialmente. Mas que, ao mesmo tempo, não dilua as responsabilidades estatais nem os limites, a serem fixados, que impeçam a indevida apropriação do público pelos interesses privados.

A quarta e última observação refere-se à definição da PNAS como sistema descentralizado e participativo. Diferentemente da mera *desconcentração* ou *prefeiturização*, a proposta de descentralização dentro do espírito da Loas implica partilha de poder entre Estado e sociedade, bem como transferência de decisões, competências e recursos do âmbito federal para as demais esferas de governo. Ao mesmo tempo, a forma consagrada pela Loas de participação da sociedade civil por meio dos conselhos paritários e deliberativos vem reforçar a perspectiva democratizadora da gestão pública no âmbito das políticas sociais.

A óptica descentralizadora e participativa, por sua importância estratégica na configuração da política de assistência social, deve ser claramente definida, ainda mais que esses conceitos e práticas, não sendo unívocos, envolvem conteúdos com significados diversos, dependendo da perspectiva política dos interlocutores.

Embora a municipalização seja categoria central de um projeto descentralizador e o município tenha sido consagrado pela Constituição Federal como o núcleo da organização federativa para onde convergem novas responsabilidades na formulação, na gestão, na execução e no controle dos serviços sociais públicos, a autonomia municipal não pode realizar-se independentemente de um planejamento global. Portanto, sem diretrizes definidas no âmbito federal que possam balizar as ações descentralizadoras nas esferas estaduais e municipais, torna-se difícil garantir qualquer caráter orgânico à PNAS e às prioridades sociais que esta visa atender.

Do mesmo modo, há que se estabelecer parâmetros para os processos de participação da sociedade civil por meio dos conselhos de assistência social estaduais e municipais, tendo em vista zelar pelo que foi consolidado na Constituição e na Loas, no que se refere à efetiva democratização das decisões nesses âmbitos.

Considerando-se, ainda, a alta concentração de poderes na esfera do Executivo brasileiro e a cultura política fortemente permeável a processos de cooptação, nepotismo e clientelismo, é fundamental que a PNAS contenha definições orientadoras a estados e municípios, para que as práticas descentralizadoras e participativas não sejam implantadas oportunisticamente, contrariando os pressupostos democratizadores que as inspiraram.

Como não há correspondência necessária entre descentralização e democratização, dependendo da correlação das forças políticas em jogo, corre-se mais riscos do que oportunidades nesse processo, como observa Potyara Pereira:

> Muitos esquemas de descentralização intergovernamental/territorial e de rede de parcerias, experimentados pelo mundo afora, caminham de braços dados com políticas utilitaristas de privatização, de desmantelamento de direitos sociais sacramentados, de reorientação dos gastos públicos em favor dos setores produtivos, de seletividade na cobertura da proteção social e, consequentemente, de descompromisso com as necessidades sociais (Pereira, 1996, p. 82).

Pelo exposto, é possível concluir que a política de assistência social do governo Fernando Henrique não está consolidada nos termos definidos pela Constituição Federal e pela Loas. Trata-se, ao contrário, de um processo em construção, pleno de ambiguidades e conflitos, cuja direção depende da correlação de forças políticas em jogo. No entanto, a perspectiva de redimensionar e redefinir o significado da concepção (e da prática) de proteção social no Brasil, tendo como centro a consolidação de direitos às maiorias, esbarra no processo em curso de *encolhimento do horizonte de legitimidade dos direitos sociais*, pela dimensão regressiva existente nas propostas neoliberais (Telles, 1997, p. 215).

A perspectiva contida na Loas corre sério risco de ver obstruída sua efetivação. Um dos elementos centrais para a legitimação da política de assistência social relaciona-se ao papel do CNAS nesse processo. O aprofundamento da reflexão em torno do objeto deste trabalho remete diretamente a este conselho, unidade de análise escolhida como referência para a problematização dos caminhos da construção da esfera pública no âmbito da assistência social. O exame da trajetória de constituição e consolidação dessa instância de parceria entre sociedade civil e governo constituirá o núcleo das reflexões do próximo capítulo.

CAPÍTULO II

A construção do Conselho Nacional de Assistência Social (CNAS)

A Loas e a redefinição da Assistência Social

O CNAS foi instalado oficialmente no dia 4 de fevereiro de 1994. Sua criação é resultado da implementação de proposição contida na Lei Orgânica da Assistência Social (Loas), após longo processo de lutas que envolveu diversificado conjunto de agentes e entidades sociais atuantes na área da assistência social. A elaboração da Loas foi produto da mobilização de segmentos sociais que se organizaram com o objetivo de fortalecer a concepção de assistência social como função governamental e política pública, envolvendo intrincados processos de negociação e formação de consensos pactuados entre diferentes protagonistas da sociedade civil, do governo federal e da esfera parlamentar.[1]

---

1. A Loas demorou cinco anos para ser sancionada, após ter sofrido veto integral do presidente Collor em 1991 e ser finalmente homologada, com alguns cortes, pelo presidente Itamar Franco.

A Loas regulamenta os artigos 203 e 204 da Constituição Federal,[2] que tratam dos objetivos da assistência social e da prestação dos serviços correspondentes, do perfil do beneficiário e dos benefícios assistenciais, das fontes de financiamento e das diretrizes para a organização das ações governamentais, com destaque para a descentralização político-administrativa e a participação das organizações populares na formulação da política e no controle social das ações em todos os níveis. A Carta de 1988, portanto, é a referência inaugural para a compreensão das transformações e redefinições do perfil histórico da assistência social no país.

De um lado, o marco legal consubstancia-se por meio da qualificação da Assistência Social como política de Seguridade Social, integrando o tripé deste setor, juntamente com a Saúde e a Previdência Social (art. 194 da Constituição Federal). De outro, o movimento que conduziu à formulação da Loas ativou a participação de diferenciados agentes sociais, induziu a criação de novos espaços de debate e polarização de propostas, redefinindo-se o espectro das entidades que tradicionalmente militam na área assistencial.

Sem eliminar as antigas instituições assistenciais e filantrópicas e servindo, em alguns casos, para produzir modificações nas já existentes, a Loas propiciou a incorporação de novas organizações sociais, notadamente as ONGs. Estas, sem tradição na área, foram sensibilizadas e convocadas a participar como interlocutoras no debate da assistência social, a partir de suas experiências no campo da pesquisa e da assessoria a movimentos populares. Ao mesmo tempo, esse processo vem impulsionando, ainda que embrionariamente, ações coletivas de usuários, historicamente dispersos e com baixo reconhecimento social e político, como é o caso das pessoas idosas e das pessoas portadoras de deficiência.

---

2. A assistência social, assim como muitos dispositivos constitucionais, não é direito autoaplicável e, por isso, necessita de lei complementar para sua regulamentação.

No que se refere aos trabalhadores da assistência social, observamos que os assistentes sociais organizados em suas entidades corporativas e acadêmicas tiveram atuação política destacada durante todo o processo de debate e negociação dos diferentes projetos. Assumiram, em muitos momentos, papel de direção política e cultural, politizaram os debates, estabeleceram alianças políticas nos campos governamental, parlamentar, acadêmico e partidário, o que se mostrou fundamental para o nível de consenso possível que conduziu à aprovação da proposta final da Loas.

Todo esse processo foi respaldado, também, por um inicial, mas consistente, movimento de produção intelectual na área da assistência social, incorporando-se categorias teórico-metodológicas elaboradas no âmbito do Serviço Social, que se constituíram em referências críticas fundamentais para as análises e propostas consubstanciadas na Loas.[3] A organização dos conselhos de assistência

3. Não é nosso objetivo realizar a reconstrução das produções teóricas no campo da assistência social. No entanto, é importante destacar que a produção científica nesse campo tomou corpo na década de 1980, tendo como ponto de inflexão o livro *Assistência na trajetória das políticas sociais brasileiras* (1985), elaborado por uma equipe de professores da Pós-Graduação em Serviço Social da PUC-SP. O pioneirismo da publicação marca o estabelecimento de uma linha de pesquisa que apenas se iniciava, envolvendo a reflexão coletiva de professores, profissionais, pós-graduandos que começavam a voltar-se para o tema. O grupo da PUC-SP, liderado por Aldaíza Sposati, Maria Carmelita Yazbek e Maria do Carmo Falcão, transformou-se em um núcleo de pesquisa de referência nacional sobre a política de assistência social, acumulando hoje uma produção consistente, cujos integrantes, individual ou coletivamente, são interlocutores qualificados no debate sobre o assunto. Progressivamente, organizaram-se outros núcleos de importância, destacando-se o Núcleo de Estudos e Pesquisas em Política Social da Universidade de Brasília (Neppos), onde se distinguem as elaborações de Vicente de Paula Faleiros e Potyara Pereira, e o Núcleo de Estudos em Políticas Públicas da Unicamp, coordenado por Sonia Draibe, que vem incorporando a análise da política de assistência social, além de outros pesquisadores, como Sônia Fleury. Importa demarcar, portanto, que se trata de temática que só recentemente passou a ser objeto de pesquisa sistemática, cujo estatuto acadêmico ainda está por se consolidar. A reflexão sobre a assistência social vem extrapolando o interesse da área profissional do Serviço Social, que, até então, concentrava-se muito mais na prática do que na reflexão científica. A pesquisa e o acompanhamento sistemáticos da assistência social

social é consequência desse processo mobilizador, que ampliou o debate acerca do significado da assistência social, incorporando novos parâmetros teóricos, técnicos e políticos redefinidores das concepções enraizadas neste campo.

No caso da assistência social, a formação dos conselhos adquire importância particular, tendo em vista o seu perfil histórico, tradicionalmente associado à filantropia privada, em geral de caráter confessional. Nessa configuração, atribuiu-se ao Estado papel subsidiário neste campo, o que debilitou o potencial de consolidação da assistência social como modalidade específica de política social, articulada ao conjunto das políticas públicas. Ao mesmo tempo, aquela trajetória vem restringindo as possibilidades de desvendamento da assistência social para além das ações emergenciais, focalizadas e compensatórias que historicamente a caracterizaram.

De fato, a assistência social no Brasil tem sido um *mix* de ações eventuais e pontuais de órgãos governamentais dispersos e práticas de indivíduos, grupos e entidades privadas que mantêm de longa data relações com o Estado nas diferentes esferas, tendo acesso ao fundo público para a implementação de variada gama de serviços e programas assistenciais.[4] Essas relações, no entanto,

---

continuam predominantemente sendo realizados no âmbito do Serviço Social, que, todavia, mantêm interlocução com outras áreas e núcleos interdisciplinares. Assim sendo, as análises incorporadas ao presente estudo são amplamente decorrentes desse acervo teórico acumulado de modo coletivo. Para análise das conceituações sobre assistência social a partir da produção do Serviço Social, consultar Schons (1999), principalmente o capítulo I.

4. O acesso das entidades assistenciais e filantrópicas ao fundo público data da década de 1930 e inscreve-se nas estratégias do Estado para o enfrentamento das diferentes expressões da questão social no Brasil. Este acesso foi regulamentado por várias legislações que definiram as formas de concessão de benefícios, subvenções, isenções fiscais e outras modalidades de reconhecimento pelo Estado da atuação das associações civis sem fins lucrativos no campo da prestação de serviços assistenciais. Em 1938, no contexto do Estado Novo, é criado o Conselho Nacional de Serviço Social (CNSS), que, entre suas atribuições,

sempre foram caracterizadas por ambiguidade, opacidade e inexistência de mecanismos públicos de controle social. Decorre daí que, não raras vezes, a assistência social tem servido a interesses clientelistas e personalistas, sendo alvo de denúncias públicas de corrupção, como demonstrou o processo que levou ao *impeachment* do presidente Fernando Collor.[5]

A assistência social, a rigor, não chegou a constituir-se como política pública. Na verdade, sua trajetória tem sido a da *não política* (Sposati, 1989), permanentemente identificada pelo seu simulacro — o assistencialismo — e jogada no leito comum das iniciativas espontâneas da "boa" sociedade para com os seus necessitados. Assim concebida, o enraizamento das práticas de assistência social na sociedade brasileira revela, ao mesmo tempo, as ambiguidades que a caracterizam historicamente. De um lado, o processo que identifica a assistência social como fenômeno antigo, duradouro e ubíquo, dificulta a construção de uma base analítico-conceitual como campo *inteligível* e *explicável* mediante a adoção de procedimentos científicos para seu correto desvelamento (Potyara Pereira, 1996). De outro, a tendência de tomar a assistência social por seus aspectos mais aparentes vem embaraçando o reconhecimento social dos sujeitos que interagem nesta área, atingindo, inclusive, os responsáveis pela execução dos programas, que, na maioria das vezes, não se reconhecem como *trabalhadores sociais*, o que repercute nas suas (auto)representações e nas dificuldades de publicização dos conflitos que suas ações desencadeiam.

---

opinava sobre as subvenções concedidas pelo governo federal às instituições assistenciais. Para aprofundamento dessa questão, consultar Sposati (coord.), 1994.

5. Interessante análise das relações entre clientelismo e corrupção na tradição oligárquica e patrimonialista brasileira é realizada por José de S. Martins (1994), especialmente no capítulo I.

Um dos reducionismos presentes no campo da assistência social consiste em associá-la, exclusivamente, à prática da categoria profissional dos assistentes sociais, por sua interpenetração orgânica com as ações na área. Dificulta-se, assim, a identificação dos trabalhadores que atuam neste campo em diferentes níveis, o que limita sua abrangência, encobre a diversidade de agentes e problemáticas envolvidas e impede a construção de identidades e solidariedades.

Do mesmo modo, a forma como a assistência social vem se plasmando historicamente em nossa sociedade traz dificuldades para o *reconhecimento social dos usuários dos serviços assistenciais* e reflete diretamente nas possibilidades de desenvolvimento de identidades coletivas e nas suas formas de (des)organização.

A assistência social não é um conceito em crise, no sentido de falência ou desaparecimento, nem no Brasil nem nas sociedades capitalistas centrais (Carvalho, 1994; Potyara Pereira, 1996). Ao contrário, mediante o agravamento das desigualdades sociais, a assistência social tem sido rediscutida e reconceituada, não apenas por seus protagonistas históricos, mas incorporando novos agentes e organizações sociais.

O que está em xeque, no entanto, não é a presença de ações assistenciais, mas sua efetivação seletiva e residual na proteção social das camadas pobres, distante dos processos de universalização e dos direitos sociais.

Sposati (1989), ao analisar a concepção de assistência social no interior da Seguridade Social, enfatiza o caráter restritivo que assume de auxílio aos "necessitados sociais", entendidos como aqueles indivíduos incapacitados para o trabalho. "Nessa condição, a assistência social vai tomando a forma de produção paralela de atenções de modo a 'preservar' o rebaixamento de condições dos demais serviços sociais às precárias condições de vida da população espoliada" (Sposati, 1989, p. 10). Neste *sistema paralelo* de atenções àqueles indivíduos excluídos no acesso a seguros, serviços e direitos decorrentes do *status* de trabalhador assalariado (cidadania regulada), a assistência social vai se constituindo invariavelmente como o campo do "não direito", diferenciando-se do estatuto de cidadania e dos direitos sociais universais.

Maria do Carmo Carvalho (1994, p. 90) chama a atenção para as virtualidades contidas na política de assistência social para explicar sua presença na agenda política mundial. Para ela, o fato de esta política destinar-se aos necessitados, mesmo considerando-se que são a maioria na nossa realidade, permite a constituição de um *governo paralelo da pobreza*, descompromissado com a universalidade da cobertura, com os padrões de qualidade dos serviços e programas e com o controle social das políticas de proteção social.

Potyara Pereira (1996, p. 15), ao analisar a presença sempre renovada da assistência social, afirma que

> parece ter emergido do keynesianismo em crise, onde tinha uma função de garantir os mínimos sociais associada às políticas de pleno emprego e de extensão universal de serviços sociais, para cair nas malhas do neoliberalismo, o qual, ao privilegiar o mercado, a privatização e um sistema residual-seletivo de proteção pública, confere-lhe uma função meramente compensatória e marginal aos propósitos de recuperação econômica.

No caso do Brasil, em que não podemos nos referir a um keynesianismo em crise,[6] a assistência social passa por outras

---

6. Na reflexão de Mota (1995, p. 144), no caso do Brasil não podemos afirmar que os gastos sociais com as políticas sociais da seguridade atingiram volume elevado nem que o modelo de bem-estar social esteja em crise, como acontece nos países desenvolvidos, uma vez que aqui não houve universalização do acesso aos serviços sociais e o Estado não definiu uma regulação social nos moldes daqueles países.

mutações associadas aos processos sociais e políticos que toma-
ram forma a partir da década de 1980 e impulsionaram a sua
re-significação. De um lado, os esforços em torno do processo
constituinte para garantir um lugar e um modo de ser da assistência social, articulada aos direitos sociais e aos patamares de
justiça social a serem garantidos a todos os cidadãos da sociedade. De outro, o movimento de difusão de práticas associativistas
da sociedade civil, que se desenvolve em vários países, expressa
o crescimento de organizações privadas que passam a atuar, de
modo crescente, em programas assistenciais de enfrentamento
da pobreza como resposta à crise do Estado e à redução das suas
ações na área social.

Esse processo marca as políticas sociais na década de 1990 e
envolve maneiras diferenciadas de explicar sua gênese e enraizamento nas concepções e práticas sociais: *refilantropização* da questão social (Yazbek, 1995b), *assistencialização* das políticas sociais
(Draibe, 1993), *desassistencialização, criminalização* ou *residualização*
das políticas sociais, particularmente da assistência social (Potyara
Pereira, 1996).

Mota (1995, p. 122; grifos da autora), ao analisar a seguridade
social no contexto da crise social brasileira, observa que, diante do
crescimento do ideário neoliberal,

> *a tendência é de privatizar os programas de previdência e saúde e ampliar
> os programas assistenciais,* em sincronia com as mudanças no mundo
> do trabalho e com as propostas de redirecionamento da intervenção
> social do Estado.

Num quadro de crise social, portanto, é possível verificar o
interesse crescente em torno da problematização da assistência
social no âmbito da discussão das políticas públicas, permitindo-se

maior visibilidade ao confronto entre concepções teóricas divergentes no interior da produção intelectual sobre o tema.[7]

No âmbito do Serviço Social, vem se avolumando um movimento de revisão crítica, que tem como pressuposto a visão de que a assistência social não é um fenômeno dado, mas um processo de construção histórica de atores e organizações sociais, decorrente das necessidades oriundas da dinâmica de produção e reprodução social. Esta perspectiva considera que, se historicamente a assistência tem sido um mecanismo de reprodução dos interesses dominantes, envolve, simultânea e contraditoriamente, a presença dos interesses das classes subalternas, num complexo processo de articulação de forças sociais em disputa pela realização dos interesses de grupos e classes sociais.

No âmbito das políticas de proteção social, a efetivação da assistência supõe a transferência de um bem, um serviço ou um recurso financiado pelo fundo público sem a contrapartida do trabalho e, portanto, sem a exigência de nenhuma contribuição prévia.[8]

Trata-se do acesso a um bem, de forma não contributiva, ou através de contribuição indireta, pela alocação de recursos governamentais

---

7. Considerando a produção teórica do Serviço Social, podemos constatar o adensamento das elaborações sobre política social e assistência social na década de 1990. Esse acúmulo, que indica não apenas aumento quantitativo, mas sobretudo qualitativo, é estimulado também pela ampliação da pesquisa no interior do cursos de pós-graduação. É um processo fecundo, no sentido de impulsionar a polêmica e o debate acadêmicos, que contribui para o avanço teórico no campo da assistência social, com provável repercussão nas estratégias a serem adotadas nas práticas institucionais. A polarização entre concepções identificadas como *politicistas* ou *economicistas* nestas produções é reveladora da interlocução crítica que se desenvolve atualmente. Apenas a título de exemplificação, sem pretender realizar um levantamento exaustivo, citemos os trabalhos recentes de Behring (1993), Faleiros (1992), Menezes (1993), Mota (1995), Potyara Pereira (1996), Schons (1999) e Yazbek (1993), além de vários textos de Sposati, incorporados ao longo de nossa análise.

8. Segundo a definição constitucional (art. 203), "a assistência social será prestada a quem dela necessitar, independentemente de contribuição à seguridade social".

— procedentes de taxas ou impostos que podem ser redistribuídos para atender a uma necessidade coletiva (Sposati, 1995a, p. 4).[9]

No entanto, há uma heterogeneidade de canais de acessos a esses bens ou serviços, que dependem do estágio de desenvolvimento do capitalismo e da própria dinâmica das relações do Estado com os diferentes segmentos das classes dominantes. No caso da assistência social, no contexto de desenvolvimento do capitalismo monopolista no Brasil sob a égide neoliberal, observa-se um processo de dualização das políticas sociais, que lança os trabalhadores do mercado formal para seu acesso via mercado e os trabalhadores pobres para a assistência pública via Estado. Mas a assistência social como modalidade de política social é função governamental. E, nessa qualidade, exige a delimitação de um *locus*, responsabilidades definidas nas três esferas de poder, formulação de padrões de proteção social, fixação de metas, recursos orçamentários, programas que tenham continuidade, padrões de avaliação da qualidade dos programas e serviços e dos impactos sociais, o que supõe uma explícita responsabilidade estatal.

Esta compreensão não restringe o universo da assistência social a uma intervenção exclusiva dos governos, uma vez que supõe a participação, em diferentes níveis, dos segmentos organizados da sociedade civil em sua formulação, implementação e gestão. Por implicar a redistribuição do fundo público, exige a presença de formas de controle social por meio da adoção de mecanismos viabilizadores da publicização do uso e transferência dos recursos públicos.

---

9. No caso da assistência social privada (empresarial), que aparece no discurso patronal como *função social da empresa*, é possível observar complexos processos de articulação entre o estatal e o privado, pelos mecanismos de renúncia fiscal do Estado, que abdica de parcela do excedente que deveria ser apropriada pelo fundo público. Para explicitação dessa forma de *colaboracionismo* entre empresa e Estado, consultar Mota (1989).

Nesta óptica, a garantia do acesso a bens e serviços como direitos sociais às maiorias excluídas aponta, simultaneamente, para
a ampliação da esfera estatal, com a incorporação da sociedade
civil organizada na definição das prioridades e na fiscalização da
execução das políticas públicas.

Um dos mecanismos propostos pela Loas para viabilizar esta
perspectiva *publicista* é a criação de conselhos de assistência social,
instituindo o Conselho Nacional de Assistência Social (CNAS),
"órgão superior de deliberação colegiada, vinculado à estrutura do
órgão da Administração Pública Federal responsável pela coordenação da Política Nacional de Assistência Social".[10]

De igual forma, foi proposta a criação de conselhos de Assistência Social nos níveis estadual, municipal e no Distrito Federal,
por meio da elaboração de leis específicas. O processo de formação
dos conselhos municipais e estaduais está se desenvolvendo em
todo o Brasil.[11] O desafio atual consiste no aprofundamento do

---

10. A Loas, em seu artigo 17, define a composição do CNAS: "O Conselho Nacional de
Assistência (CNAS) é composto por 18 membros e respectivos suplentes, cujos nomes são
indicados ao órgão da Administração Pública Federal responsável pela coordenação da
Política Nacional de Assistência Social, de acordo com os critérios seguintes: I — Nove
representantes governamentais incluindo um representante dos Estados e um dos
Municípios. II — Nove representantes da sociedade civil, dentre representantes dos usuários
ou de organizações de usuários, das entidades e organizações de assistência social e dos
trabalhadores do setor, escolhidos em foro próprio sob fiscalização do Ministério Público
Federal".

11. Os dados disponíveis em março de 1998 (fonte: MPAS/SAS/Departamento de
Planejamento e Normas/Coordenação Geral de Descentralização) sobre o estágio em que
se encontra a instalação dos Conselhos de Assistência Social e a criação dos Fundos de
Assistência Social nos âmbitos estadual e municipal apontam sua existência em todos os 27
estados da federação (Conselho e Fundo); no nível municipal, de um total de 5.417
municípios, foram criados até aquela data 3.146 conselhos (58,1%) e 2.675 fundos (49,4%).
Todavia, é importante ressaltar que a criação dos Conselhos e Fundos, mediante leis
específicas e respectivos decretos de regulamentação, não significa funcionamento efetivo
nem observância dos critérios definidos pela Loas. Segundo a mesma fonte, dos 3.146
Conselhos Municipais criados, apenas 1.890 (34,9%) encontravam-se em funcionamento.
Atualizando os dados para 1999, para um total de 5.507 municípios, encontramos o seguinte

debate acerca de seu significado e das potencialidades desse mecanismo para fazer avançar a gestão democrática no campo das políticas públicas.

Os conselhos, é evidente, não são o único conduto de controle social no âmbito das políticas sociais. Ao contrário, sua efetividade depende de associação a outras formas e forças políticas capazes de potencializar-lhes a ação. Não se trata, também, de afirmar a prática *conselhista* como panaceia para o enfrentamento de todas as dificuldades decorrentes do aprofundamento dos processos democráticos, o que exige, com certeza, outras mediações políticas. Mesmo assim, parece inegável a importância da criação de conselhos institucionais no campo das políticas sociais, como expressão da conquista da sociedade civil organizada de novos espaços de participação social e exercício da cidadania.

Contudo, a reconstrução da trajetória que levou à instalação do CNAS permite constatar que se trata de um processo marcado por embates e conflitos que, em vários momentos, chegou a ameaçar sua própria constituição. É o que iremos analisar a seguir.

A luta pelo reconhecimento do CNAS — as tensões que cercaram sua instalação

Apesar dos desafios, dificuldades e morosidades que presidiram a instalação do CNAS, a conquista deste espaço representa a concretização de um dos principais mecanismos democratizadores propostos na Loas — que definiu como suas atribuições a

---

quadro: 4.840 Conselhos, 4.701 Fundos e, 4.482 Planos de Assistência Social (Relatório de Gestão – SAS/99).

aprovação, o acompanhamento, a fiscalização e a avaliação da Política Nacional de Assistência Social (PNAS) e dos recursos para a sua implementação por meio do Fundo Nacional de Assistência Social (FNAS).

> O Conselho não constituiria a política, mas estaria aprovando essa política, os padrões de qualidade dos serviços prestados na área, e acompanhando e aprovando o orçamento da área, sobretudo através de um controle a ser exercido sobre o Fundo Nacional de Assistência Social (CFESS, titular).[12]

Cabem ao CNAS, portanto, as tarefas de aprovar a Política Nacional de Assistência Social, normatizar as ações de natureza pública — estatal e privada — neste campo, incluindo a definição dos critérios para a concessão de registros e certificados às entidades privadas sem fins lucrativos, apreciar e aprovar a proposta orçamentária, aprovar critérios de transferência de recursos para outras esferas de governo, acompanhar e avaliar a gestão dos recursos e a qualidade dos programas e projetos aprovados, aprovar e fiscalizar a execução dos programas do FNAS, dar publicidade de suas decisões, pareceres e das contas do fundo por intermédio do *Diário Oficial da União*, além de convocar a cada dois anos a Conferência Nacional de Assistência Social.[13]

Para a instalação do CNAS, no que se refere à representação da sociedade civil, foi realizada uma assembleia convocada e presidida pelo Ministério Público, na qual foi decidida a forma de constituição, subdividida em três segmentos: representantes dos usuários dos serviços assistenciais, representantes dos trabalhadores

---

12. Os depoimentos dos integrantes do CNAS serão sempre referidos à instituição representada e à condição (titular ou suplente) de seu representante no Conselho.

13. Cf. art. 18 da Loas. A Medida Provisória do governo federal n. 1.473-30, de 16/4/1997, alterou a periodicidade das Conferências Nacionais de Assistência Social para 4 anos.

da assistência social e representantes de entidades prestadoras de serviços assistenciais e de assessoria.[14]

Pelos relatos dos entrevistados, esta assembleia foi cercada de tensões. Configurou-se uma disputa entre entidades que reivindicavam a representação dos seus respectivos segmentos.

As dificuldades relacionaram-se, também, ao contexto político que antecedeu sua convocação, frente aos embates políticos do grupo dirigente do Ministério do Bem-Estar Social à época e as mudanças em curso em função das eleições que se avizinhavam. A desincompatibilização do ministro Juthay Magalhães de suas funções, para concorrer às eleições, precipitou a convocação da assembleia:

> Como o ministro teria que sair do cargo para se desincompatibilizar e ser candidato, ele precipitou os acontecimentos, porque imaginava que a sua sucessora seria a Leonor Franco, e ela não teria grande simpatia em implementar a Loas. Então, ele convocou de forma urgente a realização de uma eleição nacional. Tudo absolutamente legal, como previa a lei, com fiscalização do Ministério Público. Mas a convocatória foi uma coisa pouco divulgada: quem estava sabendo se interessou, e muita gente tomou conhecimento depois que a coisa aconteceu (Abong).

A aprovação da Loas ocorreu durante a gestão do ministro Juthay, que conduziu o processo de articulação e negociação com as forças políticas mobilizadas. Entre as que tiveram papel político mais destacado figuram as entidades dos trabalhadores — CFESS, Anasselba, CUT —, os pesquisadores da área — da PUC-SP, do Ipea, do Neppos/UnB — e parlamentares, como os deputados

---

14. Os representantes governamentais são indicados pelos respectivos ministérios. A presença do Ministério Público no processo eleitoral da sociedade civil advém de mudanças promovidas pela Carta de 1988 no Judiciário, que teve ampliadas suas funções de defesa da ordem democrática.

federais Eduardo Jorge e Fátima Pelaes. Após um árduo processo de negociações e concessões, a redação do texto final da Loas resultou do consenso expresso no projeto de lei aprovado, com alguns vetos do presidente Itamar Franco.

Evidenciou-se a importância da mobilização que conduziu à formulação da Loas, determinante para a composição inicial do CNAS. A legitimidade da representação da sociedade civil foi respaldada, principalmente em relação ao segmento dos trabalhadores da área, pelo movimento que se processava, já havia alguns anos, em torno da elaboração e aprovação do projeto da Loas.

> Claro que havia uma parcela [...], que a gente estava muito organizada, que vinha desde a construção da Loas, como o CFESS, a Anasselba, e outras entidades. Havia, como há hoje nos estados [...] pessoas extremamente organizadas que mantinham contatos em fóruns informalmente constituídos. Na convocação da eleição, nós ampliamos o máximo possível, os conselhos estaduais e municipais de assistência onde existiam, os fóruns, que por sua vez divulgaram para as entidades. Este movimento não era muito disciplinado [...]. Mas, nesta primeira eleição, a regra era o envolvimento com a área de assistência por diversas vias e pelas previstas na Loas. Por esse motivo, estiveram presentes, nessa assembleia que elegeu os conselheiros da sociedade civil, representantes do Ibase, da Abong, que trabalham na área muito mais como assessoria do que como prestadores de serviços, embora eles tenham sido agrupados no campo das entidades, como a CNBB (CFESS, titular).

A primeira composição do CNAS tomou posse em 4 de fevereiro de 1994, com a eleição dos conselheiros da sociedade civil na citada assembleia.[15]

---

15. A composição do CNAS ficou assim estabelecida: sete *representantes de Órgãos da Administração Pública Federal*, indicados pelos respectivos ministérios (Secretaria de

Os representantes governamentais seriam indicados pelos ministérios e a escolha dos órgãos que deveriam estar representados no CNAS foi definida pela assembleia que elegeu os conselheiros da sociedade civil.[16]

As relações entre o CNAS e o Ministério do Bem-Estar Social, espaço de alocação do Conselho durante o governo Itamar Franco, foram cercadas de tensões:

> Houve uma tensão muito grande porque, primeiro, havia uma resistência do Ministério em reconhecer o CNAS, pois a titular da pasta responsável pela execução da Política de Assistência Social posicionava-se contra a constituição de um conselho. E há várias situações que demonstravam um caminhar paralelo do Ministério, independente do Conselho. Quando levantamos pela primeira vez a tarefa de organizar a Conferência, a própria ministra organizou reuniões nas regiões para discutir uma política nacional, fazendo um processo paralelo. Aconteceram várias situações desse tipo, e, num certo sentido, ela foi obrigada a conceder posse aos conselheiros.

Assistência Social, Ministério do Bem-Estar Social, onde estava alocado o CNAS durante o governo Itamar Franco, Ministério da Educação e do Desporto, Ministério da Saúde, Ministério do Trabalho, Ministério da Fazenda, Secretaria do Planejamento e Orçamento da Presidência da República); um representante dos estados e um dos municípios, indicados pelas respectivas instâncias organizativas; nove representantes da sociedade civil (três representantes de usuários ou organizações de usuários, três de trabalhadores da assistência social e três de entidades sociais) eleitos em assembleia. Os titulares da *representação da sociedade civil* são vinculados às seguintes entidades: Associação Nacional dos Servidores da LBA (Anasselba); Conselho Federal de Serviço Social (CFESS); Central Única dos Trabalhadores (CUT); Associação Nacional de Gerontologia (ANG); Movimento Nacional de Meninos e Meninas de Rua (MNMMR); Organização Nacional de Entidades de Deficientes Físicos (Onedef); Conferência Nacional dos Bispos do Brasil (CNBB); Instituto Brasileiro de Análises Sociais (Ibase); Federação Brasileira das Instituições de Excepcionais (Febiex). Suplentes: Federação Brasileira de Patrulheirismo; Associação Brasileira de Autismo (Abra); Cáritas Brasileira; Associação Brasileira de Organizações Não Governamentais (Abong); Confederação Israelita do Brasil.

16. Os representantes governamentais não são submetidos à eleição e podem ser substituídos a qualquer momento, de acordo com os interesses do Executivo.

Apesar dos constrangimentos no dia da posse, para nós aquele momento era muito importante (CFESS, titular).

As dificuldades iniciais de funcionamento do Conselho que são mencionadas pelos entrevistados iam desde a falta de necessária infraestrutura (uma sede, por exemplo), que não foi prontamente posta à disposição dos conselheiros, até as tensões que cercaram o relacionamento cotidiano com um Executivo que "virava as costas" para o Conselho.

A primeira tarefa do CNAS foi a discussão de um regimento interno. Os próprios membros ainda não estavam entrosados no trabalho coletivo nem tinham clareza de suas funções. O que havia de definição estava apresentado na Loas de modo muito genérico, e a maior parte das atribuições dependia do funcionamento do Executivo, da elaboração da proposta de política para a área, do domínio das programações que estavam em andamento no Ministério e de uma estrutura de funcionamento que não existia. O primeiro momento, por isso, foi mais voltado para a estruturação do próprio Conselho, que se iniciou com a eleição da presidente (representante da esfera governamental, Aspásia Camargo, presidente do Ipea)[17] e da vice-presidente (representante da sociedade civil, segmento dos trabalhadores, Maria Carmelita Yazbek, do CFESS).

---

17. Primeira presidente do CNAS, Aspásia Camargo permaneceu no cargo por alguns meses. Foi substituída, em meados de 1994, por Marlowa Jovchelowitch, que cumpriu um mandato-tampão para completar a primeira gestão, sendo eleita, em junho de 1995, para o seu segundo mandato. As informações colhidas na pesquisa revelam que o pedido de licenciamento de Aspásia da presidência do CNAS teria sido motivado pelas relações conflituosas do Conselho com o Executivo, em função de interferências nas atribuições do CNAS, por meio da MP n. 453, de 23/3/1994 (reeditada depois sob n. 501) que transferia competências do Conselho para outras instâncias governamentais, em especial no que se refere à definição de critérios e normas que regulamentam as relações com as entidades filantrópicas. O CNAS nem sequer foi informado das intenções do Executivo, conseguindo reverter o processo por meio de intensas negociações com a esfera parlamentar e retomar suas competências legais.

O processo de reconhecimento das tarefas e atribuições do Conselho demonstrou, logo de início, a complexidade do trabalho e as implicações conceituais, políticas, normativas e legais que envolviam o seu âmbito de atuação.

O CNAS substituiu o antigo Conselho Nacional de Serviço Social (CNSS), extinto pela Lei federal n. 7.842/93, que fora criado em 1938 com as funções de órgão consultivo do governo e das entidades privadas e para estudar os problemas do Serviço Social. A extinção do CNSS e sua substituição pelo CNAS deram-se em uma conjuntura política de críticas à conduta ética do antigo Conselho, alvo de acusações de corrupção, apadrinhamento e clientelismo político no processo de concessão de registros e certificados de utilidade pública, isenções fiscais e subvenções às entidades prestadoras de serviços assistenciais.

As dificuldades de enfrentamento das tarefas do Conselho, que recebeu pesada herança cartorial do antigo CNSS, ficam claras pelo depoimento de uma das entrevistadas:

> Nós recorremos, nesse primeiro momento, a pessoas do antigo CNSS, como a representante da Cáritas, pois nem todos que dele participaram eram corruptos. Aí, nós percebemos que não tínhamos domínio do que colocamos na Loas, não sabíamos o que era o processo de concessão de certificados de filantropia, de definição das regras da parceria público-privado, isto era tarefa do Conselho. Só que nós entramos cheios de ideias, mas desconhecendo a legislação. Nós pensávamos: vamos terminar com esse certificado; aí, você descobre que não pode. Primeiro, porque está na própria Loas e, segundo, porque tem vinculações com outros documentos previstos na legislação, como o certificado de utilidade pública, que é concedido pelo Ministério da Justiça. Então, é um emaranhado tal, que nós percebemos que não tínhamos domínio algum sobre a legislação. Foi aí que nós recorremos ao Núcleo de Seguridade Social da PUC-SP, para fazer um estudo do que era esta lei. Também recorremos à irmã

Rosita, da Cáritas, que praticamente nos treinou, nos ajudou a fazer a transição (CFESS, titular).

Em função da imensa massa de processos e da natureza cartorial do antigo CNSS, durante todo o primeiro semestre os conselheiros trabalharam para "destrinchar" e fazer tramitar este trabalho. Os relatos das entrevistas evidenciam, também, a pressão sofrida pelo Conselho para despachar os processos pendentes. Eram cerca de três mil processos a serem avaliados. As razões que agravaram este acúmulo estão relacionadas com a extinção da LBA, uma vez que a Loas propunha a desativação do paralelismo existente na área.

Gradativamente, o Conselho foi estruturando uma sistemática de trabalho e utilizando mecanismos previstos nos dispositivos normativos que permitiam a constituição de assessorias, consultorias, redes de trabalho com universidades e técnicos. Curioso é que, paradoxalmente, este volume de trabalho burocrático — cartorial, que num primeiro momento quase paralisou o Conselho, impedindo que assumisse um papel político mais efetivo — possibilitou, ao mesmo tempo, seu fortalecimento político:

> Esta tarefa executiva do Conselho, de um lado, quase impediu, num primeiro momento, que ele assumisse as tarefas de acompanhamento da política. Mas, de outro lado, foi esta dimensão executiva que permitiu a sua permanência. Houve momentos em que ele esteve tão frágil, em termos da vontade política da ministra, que ele só permaneceu porque tinha um poder na mão de dizer "esta entidade pode firmar convênio, aquela não pode". Quando se fez a Loas, tinha-se muito presente o poder do antigo CNSS, ele era uma espada na cabeça das pessoas, e coincidiu com aquele momento dos escândalos do orçamento. [...] Na verdade, a gente percebeu que uma das raízes do poder do CNSS era exatamente essa possibilidade de qualificar ou não as entidades da área. Mas nós incorporamos essa dimensão

cartorial do CNSS, até a terminologia, o discurso, de tal forma ele era uma presença forte em Brasília. Tanto é que, durante os primeiros meses, as pessoas recorriam ao Conselho como se fosse o CNSS, hoje não há mais resquícios. Mas uma coisa eu tenho claro: as entidades que prestam serviços têm que ser controladas (CFESS, titular).

Nesses depoimentos, é possível constatar a ambiguidade que, desde a origem, caracteriza a natureza do CNAS. O movimento que deflagrou a luta pela aprovação da Loas enfatizava a importância do papel do CNAS de "varrer o entulho autoritário-cartorial" que marcava a ação do antigo CNSS. No entanto, foi exatamente a permanência dessa atribuição cartorial no novo Conselho que viabilizou sua continuidade.

"Navegar contra a corrente" — a luta do CNAS pela sua legitimação

A partir da posse de Fernando Henrique, observam-se mudanças no Conselho. Já no final do governo Itamar, há certa paralisia do Ministério de Bem-Estar Social na relação com o CNAS. Suas decisões não eram implementadas pelo Poder Executivo, o que, aliás, era uma marca do período, segundo depoimentos dos entrevistados. No segundo momento, há um vazio: o Conselho fica sem os representantes governamentais, que não haviam sido indicados.

Com o governo Fernando Henrique, renovam-se parcialmente os representantes ministeriais. Os entrevistados referem-se a uma nova qualidade dessa representação:

O que a gente percebe neste ano é que os representantes do governo entram com mais força e mais poder. Alguns falam em nome do governo, até em nome do presidente da República. Há pessoas de primeiro escalão, muito próximas do presidente, que representam o seu pensamento. Mas nós ficamos cinco meses sem uma interlocução específica com a área de assistência social do Ministério da Previdência. O presidente levou cinco meses para nomear a Lúcia Vânia como secretária nacional de Assistência Social (CFESS, titular).

Durante o período em que ainda não estava constituída a Secretaria Nacional de Assistência Social (SAS), a relação do CNAS era direta com o Ministério da Previdência, por meio da assessoria do titular da pasta. Houve momentos de tensão direta com o ministro — por exemplo, quanto à decisão de convocar a Conferência Nacional, conforme estabelece a Loas. O ministro não era favorável. Segundo relatos dos entrevistados, ele dizia que *isso era coisa do PT*. Mas a pressão dos conselheiros, tanto governamentais quanto da sociedade civil, acabou por fazê-lo aceitar e encampar a ideia de convocar a Conferência.

No entanto, as concepções sobre o caráter e as funções do Conselho eram diferenciadas. Enquanto os representantes da sociedade civil eram unânimes em defender o princípio da paridade e do caráter deliberativo do Conselho, os representantes governamentais não apresentavam posições homogêneas:

Teve um fato curioso quando o governo (FHC) enviou seus representantes ministeriais. Um deles representava o Ministério da Educação e, sabe-se, tinha bastante proximidade com o presidente da República. Numa das reuniões ampliadas do Conselho, este representante disse que era contra conselhos deliberativos. [...] Que o governo não concordava, que via uma incoerência nessa questão de ele ter sido eleito com um programa de trabalho, com um propósito, com coisas a fazer e ter que se submeter a conselhos para deliberar sobre essas coisas, dizendo, e isto é frase textual, *que o governo queria ter o ônus e o bônus de suas ações e não queria dividir isso com ninguém*. Que, a rigor, conselhos paritários, nenhum problema; com

representação da sociedade civil, nenhum problema; mas deliberativos não. Isto foi colocado, e está gravado, por Gilda Portugal, numa
reunião ampliada do Conselho no Rio de Janeiro. Claro, ela foi bastante questionada, e depois, numa reunião da qual participou o
ministro da Previdência, Reinhold Stephanes, perguntou-se a ele, na
presença da Gilda, o que ele achava de conselho paritário e deliberativo. Grande silêncio, e aí ele responde: *tudo bem, desde que não
atrapalhe*. A Gilda teve que se explicar, dizer que foi mal-interpreta-
da, que se expressou mal, mas que, na verdade, os conselhos são
legítimos (Abong).

É possível observar que a transição para o governo Fernando
Henrique significou uma rearticulação no nível da cúpula governamental, desencadeando interferências que começaram a ser
sentidas no encaminhamento das decisões do Conselho. Uma situação mencionada por um dos entrevistados ilustra esta nova
prática:

É que o Conselho deliberou sobre as eleições [de renovação dos
representantes da sociedade civil] consensualmente, com muita
discussão, e o que saiu foi de forma *consensuada*: o processo eleitoral,
os critérios, os prazos, todas as questões do regimento eleitoral. E
a Casa Civil bloqueou. [...] Um conselheiro da sociedade civil disse
que ali tinha representantes fantoches, que decidiam, mas não ser-
via de nada, porque alguém lá da Casa Civil decidia o contrário.
Isso criou um clima de mal-estar (Abong).

O encaminhamento do jogo de alianças da sociedade civil com
a representação governamental é elemento fundamental para o
estabelecimento de certos consensos, o que aponta para a questão
das estratégias políticas a serem adotadas no processo de correlação
de forças. Um aspecto refere-se à concepção que estabelece uma
divisão entre governo e sociedade civil, como se fossem blocos
antagônicos, como se cada uma dessas instâncias fosse homogênea

internamente e defendesse sistematicamente as mesmas posições. No entanto, nem a "bancada" da sociedade civil é homogênea, nem os representantes governamentais fecham "em bloco" em torno das mesmas posições:

> Ou seja, aquelas pessoas que estão ali [os representantes governamentais] têm visões que se aproximam muito da sociedade civil, tem momentos de tensão, como tem também entre a sociedade civil, ou seja: a sociedade civil tem mais concordâncias, está mais afinada, mas não significa que ela seja unitária. Tem um fato recente relacionado à prorrogação do mandato dos conselheiros. Uma parte da sociedade civil elaborou uma carta, tipo "carta de protesto", dizendo que poderia ser legal que o presidente da República prorrogasse os prazos dos mandatos da sociedade civil, mas que não era muito ético, já que quem deu o mandato a esses representantes foram delegados da sociedade civil em eleição com data marcada para acabar esse mandato, e que por erro da Casa Civil, que atrapalhou o processo eleitoral, o presidente foi obrigado, para não ficar um vazio no Conselho, a prorrogar o mandato. Tinha uma carta, que já tinha sido assinada por várias entidades — e a CNBB pediu para assinar também, desde que se fizessem umas quantas modificações, propondo um tom mais moderado. Então, tem essas coisas, e fizemos essa concessão. Então, essa unidade da sociedade civil não é uma unidade, digamos, pelo alto do que se quer, mas por um nível intermediário, e eu diria que a gente se encontra muito com os representantes governamentais (Abong).

Outra questão importante refere-se ao poder concentrado nas mãos do Executivo — que, de fato, é quem dá a última palavra. Os instrumentos à disposição do Executivo podem reverter qualquer decisão tomada pelo Conselho:

> Eu acho que tem uma fragilidade típica dos próprios conselhos. É que as pessoas que decidem de fato não vêm ao Conselho. E isso

é dramático, ou seja, o poder continua muito concentrado no Executivo. Tem a situação de que se delibera e o Executivo pode boicotar, pode voltar atrás, pode recorrer a uma medida provisória, pode protelar a decisão, ou seja, tem uma série de mecanismos *extra-conselho* que são complicados. É uma variável que eu não sei se acontece em todos os conselhos, mas eu estou sentindo também nos conselhos em nível estadual e municipal que estão se criando, também existe essa dependência. Para um bom funcionamento do Conselho, depende-se da boa vontade do Executivo, da concordância, da prioridade (Abong).

Essa é uma questão central para a análise dos limites do Conselho para implementar suas decisões. Um dos entrevistados observou que os próprios conselheiros governamentais ressentem-se da posição delicada em que são colocados, quando veem suas decisões tomadas em reuniões do Conselho serem contraditadas pelo Executivo — que, supostamente, estariam representando. Segundo este mesmo entrevistado, os representantes governamentais reconhecem que seu poder de decidir é limitado. Por outro lado, as estratégias de atuação do Executivo têm se alterado ante o que supõe ser a grande autonomia dos conselheiros governamentais diante das decisões e posturas assumidas no Conselho, o que estaria criando dificuldades para o Executivo. A fala de um dos entrevistados faz referência a isto:

> Uma das representantes governamentais, que tem um peso frente ao restante da representação do governo, diz que vai se articular com a Casa Civil e que vai convidar os representantes governamentais para discutir o Conselho — porque do jeito que está, não dá. Então, desde o começo da presença dela, se sente esta nova visão do governo em relação aos seus representados. Quando isto foi colocado no Conselho, que o governo deveria se articular mais, a reação da sociedade civil foi: *ótimo, agora a gente vai saber com quem lida*. Porque ficava muito confusa esta questão (Abong).

O problema dos limites das deliberações do Conselho, porém, deve ser remetido não apenas à visão que o Executivo tem a respeito de conselhos institucionais paritários e deliberativos, mas, principalmente, à questão da prioridade atribuída pelo governo às políticas sociais, e, dentro destas, à política de assistência social.

> O que eu acho interessante lembrar é que o governo não tem como prioridade a política social, não tem como prioridade a expansão de direitos como os da assistência social. Se isso é verdade, o que segue disso são dificuldades. Se fosse prioridade, com certeza o caminho seria de facilidades. Ou seja: o Conselho pode ter capacidade de operação, pode ter capacidade, até, de apresentar alternativas, de propor soluções. Mas, quando o governo não quer, a coisa não sai (Abong).

Outra questão-chave no campo das políticas públicas diz respeito ao financiamento. Este tópico remete ao fundo público, ao orçamento para cada uma das áreas. A menção ao orçamento para 1996, feita por um dos entrevistados, é reveladora das tensões que envolvem sua definição no âmbito federal, dentro da correlação de forças entre os diferentes ministérios:

> O Ministério da Previdência apresentou o orçamento para 1996, primeiro ao CNAS, porque cada ministério tem que fazer o seu orçamento. Para a área da assistência social, ele apresentou 1.800 bilhões, com um crescimento de mais de 100% em relação ao ano passado, isto para atender às exigências colocadas pela Loas. O Conselho aprovou com restrições, achando que o valor era razoável, mas ainda aquém do necessário. E o Ministério do Planejamento cortou 60% da proposta apresentada pelo Ministério da Previdência e Assistência Social. Então, o ministro veio explicar o que aconteceu, que iria continuar lutando para que o orçamento da assistência não só chegasse a 1.800 bilhões, mas que a meta dele para esse ano era ver se chegaria a 2.300 bilhões. Mas o governo, ou seja, quem decidia o

orçamento, não estava concordando, cada ministério tem um poder de pressão, o Ministério da Previdência tem um determinado poder de pressão. [...] Uma vez, numa reunião ampliada do Conselho, que aconteceu em São Paulo, teve uma briga aberta entre o representante do Ministério do Planejamento e o representante do Ministério da Previdência sobre o orçamento. Um defendia que o orçamento apresentado pela Previdência era inflacionário, que tinha que cortar, justificava o corte, e o outro dizia que não era. Então, não era uma briga entre sociedade civil e governo. Naquele momento, a gente reforçava o braço do governo que lutava por mais recursos para a área da assistência (Abong).

Questões dessa natureza conduzem à análise dos complexos mecanismos de mediação da ação estatal na definição das políticas sociais e seu financiamento. Na dinâmica interna do Conselho, o que está em jogo não é só o peso das representações e a legitimidade de suas decisões. O que define os caminhos a serem trilhados são questões externas ao CNAS, decorrentes do projeto político e da correlação de forças sociais que sustentam as decisões governamentais. Põe-se em relevo a capacidade do Conselho para estabelecer vínculos orgânicos com suas bases sociais, que gerem organização e mobilização de cada segmento e a possibilidade de estabelecer alianças em torno de propostas políticas.

No que se refere às estratégias que possibilitem maior mobilização e visibilidade da assistência social, os entrevistados afirmam que um marco deste processo foi a realização das Conferências Estaduais e Municipais e a Conferência Nacional de Assistência Social.

Como já foi observado, num primeiro momento, o Conselho teve de vencer resistências internas à realização das conferências que vinham do próprio ministro da Previdência. Mas, à medida que o processo foi deflagrado, houve adesão à proposta de realizar conferências preparatórias e verificou-se um poder multiplicador da organização da área de assistência social nos estados e municípios.

A Conferência ampliou fantasticamente esse público. Acho que não dá nem para pensar só na Conferência Nacional. Tem uma história das conferências. Eu participei de conferências em quatro Estados, com mais de mil pessoas, como foi a de Belém do Pará, imensas, com muita gente participando. [...] Então, eram milhares de pessoas em grandes, pequenas e médias cidades, discutindo a Loas. Então, isso no meu entender é um ganho fantástico (Abong).

Outro entrevistado reafirma a importância das conferências como instrumento de mobilização de diferentes forças sociais e o significado político de marcar posição frente à política de assistência social:

O grande saldo das conferências é que elas trazem ao debate a questão da assistência, reconstroem a visão da assistência na sociedade. Então, eu acho que esse foi o grande saldo. Havia representantes de municípios muito pequenos, de associações de moradores, e as pessoas colocando que a assistência não pode ser confundida com clientelismo, com assistencialismo. Então, há um processo de reconceituar a assistência que a Conferência permitiu, e o Conselho saiu fortalecido, até do ponto de vista do reconhecimento da área pela Presidência da República. A abertura foi uma sessão muito interessante, estavam representantes dos ministros, o presidente. Durante a Conferência, apareceram três governadores. Estavam mais de duzentos prefeitos (CFESS, titular).

O CNAS ganhou maior visibilidade depois das conferências estaduais e municipais e a Nacional, ao trazer para o debate público a questão da assistência social na perspectiva crítica que a Loas lhe imprime. Mas é preciso avaliar com cautela o significado desta mobilização em relação aos interesses em jogo:

Embora a gente saiba que sempre é um filão ao qual os políticos se "antenam" e acham que podem usufruir alguma coisa, tem esse lado também. [...] A cobertura da imprensa foi muito precária. Acho que, mais do que a Secretaria de Assistência Social, as Conferências fizeram muito mais pela área de assistência social. Foi até um ponto positivo para a administração do Stephanes, não para ele pessoalmente, mas foi uma das coisas boas da sua administração (CFESS, titular).

Quanto à infraestrutura para a realização da Conferência Nacional, o Ministério da Previdência arcou com gastos de publicações — os *Cadernos* com os textos preparatórios —, que continham artigos de autores que assumem diferentes posições dentro do espectro político, inclusive de partidos de oposição ao governo.

A composição das mesas também refletiu pluralismo de posturas políticas, tanto de representantes das universidades, quanto de ONGs e de parlamentares de diferentes partidos. Houve mesmo certa predominância de posições críticas ao projeto político do governo, destacando-se o questionamento ao Programa Comunidade Solidária.

O depoimento de um dos entrevistados situa a reflexão sobre os conselhos no quadro mais amplo das transformações sociopolíticas da década de 1990:

Os conselhos são consolidados na Constituição de 1988, onde a gente estava trabalhando com a perspectiva de aperfeiçoamento do Estado do Bem-Estar Social. [...] E dos anos 1990 para cá, a gente consegue conquistar isto em lei, mas tem uma mudança fantástica de conjuntura: a história do Muro de Berlim, acaba a bipolaridade, um processo hegemônico neoliberal no mundo inteiro e uma grande mudança no próprio Estado. E isto com determinadas pressões da sociedade, já que o Estado estava funcionando muito mal, ou seja, era preciso mudar. Mas a gente estava propondo mudar num certo sentido, numa determinada direção, e a mudança que aparece é absolutamente noutra direção [É como] *navegar contra a corrente*, a sensação de estar numa grande avenida indo na contramão (Abong).

Essas ponderações remetem a questões de fundo envolvidas no objeto de nosso estudo. O estabelecimento de redes de parceria entre Estado e sociedade civil tem sido associado a propostas de privatização, à supressão de direitos sociais, à maior seletividade nos programas sociais. A adoção de medidas de ajuste econômico orientadas por parâmetros de encolhimento do Estado e dos gastos sociais aprofunda a crise social e redefine as funções da assistência social.

Os próximos capítulos têm como objetivo adensar esta análise, buscando identificar as complexas relações envolvidas no processo de definição da política de assistência social nesse contexto, bem como ampliar as reflexões sobre os limites e possibilidades de atuação do CNAS, para que os frutos daí colhidos *não naveguem a favor da corrente neoliberal*, o que seria perverso para os propósitos democratizadores que informam os esforços de fortalecimento da sociedade civil.

━━━━━━━━━━ **CAPÍTULO III** ━━━━━━━━━━

Assistência Social —
contradições de uma política em construção

Assistência Social: carência *versus* direitos

A assistência social tem sido historicamente o *lugar* de atendimento das carências dos segmentos mais empobrecidos da população. Os serviços assistenciais, por se destinarem aos excluídos do mercado de trabalho, acabam operando um perverso processo de negação e de fragmentação da identidade social dos indivíduos e grupos aos quais se dirigem. Tendo como referência a *cidadania invertida* (Fleury, 1989), os segmentos sociais atingidos pelos programas e serviços de assistência social são reconhecidos pela carência, pela ausência. Para ter acesso, ainda que insatisfatório, a algum serviço ou programa público, é preciso provar a condição de não cidadão.

Os esforços de redimensionamento crítico da assistência social no campo das políticas sociais, que culminaram com a aprovação da Loas, procuraram enfrentar esse modo de conceber a proteção

social aos mais pobres mediante propostas afirmativas que conti-
vessem a positividade do direito.

Os avanços contidos na Loas são confirmados pela maioria
dos entrevistados, que destaca a importância do reconhecimento
do texto legal que define a assistência social como política pública
de seguridade social, a operacionalização do benefício de prestação
continuada, a proposta de descentralização e de participação popular, a criação dos conselhos de assistência social deliberativos e
paritários nas três esferas de governo, como forma de ampliar a
gestão democrática, a constituição do Fundo Nacional de Assistência Social, a instituição das Conferências de Assistência Social,
entre os itens mais importantes.

No entanto, isso não impede que alguns dos limites existentes
no texto legal sejam apontados, principalmente no que se refere à
regulamentação do benefício de prestação continuada:[1]

---

1. As principais questões que vêm mobilizando os Conselhos e Fóruns de Assistência
Social em todo o país relacionam-se à definição do corte de renda e de idade relativos ao
benefício de prestação continuada a idosos e deficientes físicos. Na forma que assumiu no
texto da Loas, a renda mínima familiar exigida para ter acesso ao benefício não pode
ultrapassar um quarto do salário mínimo *per capita* e a idade mínima é de 70 anos, preven-
do-se redução gradual. O Decreto n. 1.744, de 8 de dezembro de 1995, que regulamenta o
benefício, envolve extrema burocratização de procedimentos, exige teste de meios
comprobatórios da situação de pobreza e provoca situações vexatórias para os requerentes.
Além disso, considera o próprio benefício já concedido a algum membro como renda familiar
a ser computada no cálculo. As exigências burocráticas e os critérios aplicados são de tal
forma restritivos, que estamos diante do paradoxo da quase inexistência de pessoas pobres
que preencham os requisitos. O procedimento adotado tem impedido, na prática, que sejam
cumpridas as próprias metas definidas pela Secretaria Nacional de Assistência Social. A
reportagem da revista *Veja* intitulada "Procura-se um miserável" demonstra, com clareza,
o "milagre da redução dos pobres" no país (cf. *Veja*, ano 29, n. 16, ed. 1.440, 17 abr. 1996,
p. 66-69). Diante dessa situação, observa-se hoje a formação de amplo consenso quanto à
urgência de revisão daquele Decreto, expresso nos mais variados fóruns em que essa questão
tem sido exaustivamente debatida em âmbito nacional (cf. MPAS/INSS/SAS, *Relatório do
I Encontro do Benefício da Loas*, Brasília, 1996). A existência desse consenso não impediu, no
entanto, que em 8/8/1997 o governo federal emitisse nova MP (n. 1473-34), restringindo
ainda mais abrangência do referido benefício.

Porque a Loas tem uns absurdos, propor assim que pobre, para fins de receber o benefício de prestação continuada, é aquele cuja renda familiar é inferior a um quarto do salário mínimo é uma aberração! (Cáritas).
Como se faz uma lei para pessoas a partir de 70 anos? [...] A expectativa de vida no país, segundo o IBGE, é 65 anos, mas não é verdade. Nós encontramos na Paraíba, por exemplo, uma expectativa de vida que jamais ultrapassará 58 anos! [...] Ela também tem a crueldade de definir a renda para um quarto do salário mínimo. [...] Então, ela é uma política específica para os mais carentes, para os mais miseráveis dos miseráveis! [...] Além disso, se ele é pobre, *lascado*, liquidado, debilitado, ele ainda tem que pedir para uma pessoa que ateste a pobreza dele. Tá na cara que ele é pobre! Isso é ridículo! [...] Cadê a cidadania do idoso? (ANG).

No entanto, a definição do corte de renda e idade como critérios para a concessão do benefício de prestação continuada foi resultado de duro embate político entre as forças organizadas da sociedade civil e os responsáveis pela política econômica do governo Itamar, que realizaram substancial alteração nas propostas contidas no projeto original:

Porque nós tivemos muitos adversários no processo de elaboração da Loas, principalmente dois grandes inimigos na época que foram Fernando Henrique Cardoso [ministro da Fazenda] e o hoje ministro Serra,[2] na época deputado federal. Eles tentaram inviabilizar por todos os lados, inclusive o Juthay [ministro do Bem-Estar Social] chegou a chamar seus assessores que estavam encaminhando junto com a sociedade civil a proposta de lei, para dizer a eles que parassem com tudo, porque o Fernando Henrique e o Serra não queriam a Lei Orgânica de Assistência Social [...]. Depois de muito confronto, ele tentou essa limitação do *per capita*, a questão da idade, como

---

2. José Serra era ministro da Economia no momento da realização da entrevista.

acabou ficando, tudo isso forçado pelo Ministério da Fazenda... (Anasselba).

Os depoimentos colhidos expressam as evidências empíricas da lógica reducionista que presidiu a regulamentação da assistência social.

No campo da seguridade social, tal como foi estabelecido pela Constituição, essa lógica apoiou-se no critério do trabalho e não no da cidadania (com exceção parcial dos serviços de saúde), o que significa que a base de referência para as transferências monetárias e de serviços é o *status* ocupacional, ou seja, a *cidadania regulada*, e não a perspectiva universalizadora do acesso incondicional de todos os cidadãos a um conjunto de bens, serviços e rendas considerados básicos para uma vida digna e em patamares civilizados, segundo regras pactuadas socialmente.

Offe (1995), ao discutir o que denomina de proposta não *produtivista* para as políticas de seguridade social, trabalha com a ideia de que a titularidade do direito a uma renda baseada na noção de cidadania opõe-se aos critérios de classe, salário e renda que fundamentaram grande parte dos modelos de bem-estar social das sociedades avançadas. Na óptica da cidadania, não existem precondições de comportamento, contribuição anterior, nem critérios de mérito, mas tão-somente a cobertura de necessidades sociais consideradas básicas pela sociedade. Na perspectiva *produtivista*, prevalece "un sistema de transferencias contributivo y graduado conforme al ingreso, está basado no en derechos y obligaciones de los ciudadanos, sino de los empleados" (Offe, 1995, p. 97).

Mesmo incorporando essa perspectiva *produtivista*, a Constituição brasileira assegurou uma renda mínima às pessoas idosas e às pessoas portadoras de deficiência incapazes de prover sua subsistência, tendo em vista a cobertura de vulnerabilidades que afetam sua permanência ou inserção no mercado de trabalho. No entanto, embora o texto constitucional garanta a transferência de renda no valor de "um salário mínimo de benefício mensal à pessoa portadora de deficiência e ao idoso que comprovem não possuir meios de prover a própria manutenção ou de tê-la provida por sua família" (artigo 203, inciso V da Constituição Federal), a exigência de uma renda familiar inferior a 1/4 do salário mínimo para ter direito ao benefício reduziu drasticamente o universo dos benefi- ciários. Acresçam-se a isto as vexatórias exigências comprobatórias da insuficiência de renda e a burocratização para o seu acesso.

O que é possível observar, assim, é que além da perspectiva *produtivista* presente na lógica que rege a seguridade social, com- binou-se a óptica liberal conservadora do critério da menor elegi- bilidade, do teste de meios constrangedores e da seletividade das categorias consideradas "merecedoras" de inclusão.

Mesmo com essa forma restritiva, os relatos dos entrevistados apontam para as dificuldades enfrentadas para a sua aprovação. Pelo fato de a assistência social caracterizar-se muito mais pela regulação *ad hoc*, não constituindo um campo do exercício orgâni- co de políticas continuadas vinculadas ao orçamento público, a dinâmica instalada em torno da aprovação da Loas suscitou resis- tências e obrigou ao enfrentamento de dificuldades, não apenas ante a delimitação do seu conteúdo específico, mas também à ne- cessária, e até hoje não efetivada, articulação entre as áreas inte- grantes da seguridade social.

Sposati (1994b, p. 4), ao examinar algumas das razões que estariam produzindo resistências para a consolidação da política de assistência social, destaca as inovações que esta desencadeia: porque pressupõe a ruptura com o paternalismo e com a cultura da tutela; porque obriga a uma interlocução entre as três políticas sociais componentes da seguridade social, o que implica superar

a história de fragmentação e setorização que sempre as caracterizaram; porque propõe à sociedade a discussão dos valores éticos
e políticos implicados na definição de padrões básicos de existência
digna a todos os cidadãos.

O que está em questão, portanto, é a legitimidade das demandas de uma política de cobertura de riscos sociais a ser assumida
como responsabilidade pública.

As intensas negociações que se fizeram entre forças sociais
organizadas da sociedade civil e membros do aparato estatal mon-
taram um cenário político inédito no âmbito da assistência social,
uma vez que se trata de uma área com pequena visibilidade pública, escasso acúmulo organizativo e, portanto, baixo poder de
barganha política. Nessa dinâmica, apesar dos limites existentes,
constituíram-se interlocutores, confronto entre propostas divergentes e busca de solução negociada para seu enfrentamento. Não
estava em jogo apenas o critério puramente contábil das áreas
econômicas do governo, mas determinada cultura política historicamente construída em torno das ações assistenciais, que não
têm envolvido compromissos de longo prazo, mas reiterado iniciativas que permanecem na dependência dos interesses imediatistas dos governantes, além da lógica de *pessoalização* que tem
presidido suas práticas.

Por isso, a luta em torno da Loas não pode ser vista apenas
pelos limitados ganhos que foi capaz de garantir. Sem desconsiderar a importância de critérios mais amplos na definição dos benefícios para seus usuários, que viriam proporcionar acesso e transferência de renda a um conjunto mais amplo de beneficiários, seu
significado deve ser avaliado, também, em termos do enfrentamento da *cultura do assistencial* arraigada no interior das concepções e
práticas da assistência social, não apenas no âmbito governamental, mas também no interior da sociedade civil. Se a Loas não con-

seguiu romper com essa cultura, e essa é uma das tarefas permanentes a serem enfrentadas, parece ser inegável sua contribuição para conferir visibilidade social às discriminações e preconceitos geralmente envolvidos quando se trata da proteção social aos setores subalternos.

O processo político desencadeado exigiu negociação, interlocução, avanços e recuos, estabelecimento de consensos que ficaram num patamar muito aquém das reais necessidades sociais a serem enfrentadas. Mas que, ao mesmo tempo, possibilitaram algum cerceamento do poder da burocracia estatal na definição da política social, pela interposição da presença organizada da sociedade civil.

Como observou uma de nossas entrevistadas:

> Se não estivesse escrito, não teríamos condição de lutar pela mudança. Por ser uma determinação legal, devemos cumpri-la, e por ser absurda nos abre a possibilidade de discutir porque ela é absurda. [...] Então, ela tem esse mérito, de gerar essa necessidade da sociedade rever (Cáritas).

No entanto, na definição dos benefícios contidos na Loas, inegavelmente o que prevaleceu foi a "frágil cultura de risco social" (Sposati, 1994b, p. 3),[3] distante dos patamares de justiça social e equidade que deveriam orientar a definição das políticas sociais. Os beneficiários da assistência social continuam sendo tratados a partir de suas carências, submetidos a procedimentos burocráticos

---

3. Aldaíza Sposati relaciona a existência de uma frágil cultura de risco e prevenção social na sociedade brasileira ao predomínio da perspectiva liberal que associa risco às situações de trabalho, como no caso da prevenção de acidentes. O seguro social opera na óptica individual, não identificando, portanto, as situações sociais e pessoais que tornam mais vulneráveis os indivíduos, expondo-os a maiores riscos sociais. A assistência social, ao incorporar a noção de risco social, associou-o ao grau de miserabilidade do indivíduo e instituiu rígida seleção dos beneficiários entre aqueles considerados incapazes de prover o custeio de suas próprias necessidades.

e de controle, que mais uma vez reforçam a distância entre pobres e cidadãos.

Yazbek (1993, p. 83-84), em pesquisa realizada junto a usuários de diferentes serviços assistenciais no âmbito do município de São Paulo, explicita os elementos comuns que caracterizam os beneficiários dos programas e serviços assistenciais:

> Marcados por um conjunto de carências, muitas vezes desqualificados pelas condições em que vivem e trabalham, enfrentando cotidianamente o confisco de seus direitos mais elementares, buscam, na prestação de serviços sociais público, alternativas para sobreviver.

Os "assistidos" dos programas e serviços assistenciais são os pobres, geralmente assim definidos a partir de indicadores de renda e emprego que, sendo importantes para descrever, catalogar e classificar níveis de pobreza, são incapazes de captar as suas múltiplas expressões, uma vez que a pobreza não se reduz à privação material, transborda para todas as esferas da vida social. A pobreza, mais do que uma medida monetária, é relação social que define lugares sociais, sociabilidades, identidades.

Como produto das relações sociais que conformam a sociedade de classes, a pobreza, para quem a vive, é, principalmente, uma experiência de destituição material, cultural, política, social. Fundamentalmente, "é carência de direitos, de possibilidades, de esperança, é pobreza de direitos" (José de Souza Martins *apud* Yazbek, 1993, p. 63).

Embora a pobreza e o pobre compareçam permanentemente na cena pública, por meio do discurso oficial, da imprensa, dos partidos políticos, são sempre identificados pela ausência, pela carência, o que leva invariavelmente a figurá-los pelo negativo

(Telles, 1992, 1994d). A referência é sempre a pobreza absoluta,[4] da privação econômica extremada, que beira ao mínimo para a sobrevivência. Assim figurada, a pobreza é naturalizada, banalizada, despojada de historicidade e transformada em elemento integrante da paisagem, "efeito indesejado de uma história sem autores e responsabilidades". Reduzida aos mínimos vitais para a existência, a pobreza estabelece com a cidadania uma relação de antinomia (Telles, 1994d, p. 6).

Nas palavras de Bobbio (1992, p. 80), é a "velha ideia de que existem *obrigações* sem direitos correspondentes, como as obrigações de beneficência, [*que*] derivavam da negação de que o beneficiário fosse titular de um direito".

Marshall (1967), em seu clássico estudo sobre a cidadania, já apontava para a dissociação existente entre pobreza e cidadania na análise da assistência aos pobres na Inglaterra do século XIX. A *Poor Law* (1834) não reconhecia como direitos de cidadania a atenção às necessidades sociais dos pobres; ao contrário, era uma alternativa à condição de cidadão, que, para ter acesso a algum tipo

---

4. A pobreza absoluta é sinônimo de insuficiência de renda, ou seja, "uma família é pobre quando sua renda *per capita* for tão pequena que não seja suficiente para adquirir os bens e serviços necessários para a sobrevivência adequada dos seus membros" (PNUD, 1996, p. 25). De modo geral, a categoria de pobreza absoluta relaciona-se à demarcação de linhas de pobreza — "parâmetro de valor equivalente ao custo de atendimento de todas as necessidades básicas de um indivíduo em determinado lugar e tempo. São classificados como pobres aqueles cuja renda familiar *per capita* é inferior à linha de pobreza. Esse valor é superior ao que pode ser associado a uma linha de indigência, que levaria em consideração apenas o custo de atendimento das necessidades alimentares" (PNUD, 1996, p. 22). Grande parte dos estudos tomam como indicador o salário mínimo para demarcar as linhas de pobreza. Segundo Gottschalk e Lopes (1990), um salário mínimo *per capita* delimita a linha de pobreza e até meio salário mínimo *per capita* a linha de miséria. No entanto, inúmeros estudos demonstram a falácia do estabelecimento do salário mínimo como medida de satisfação das necessidades básicas, além da perda sistemática do seu valor real desde que foi instituído em 1940. Sposati (1994a, p. 3) afirma que a cesta básica no Brasil, com ou sem inflação, tem um valor quase 50% acima do salário básico tido por mínimo.

de proteção social, teria que renunciar ao estatuto da cidadania. Decorre daí que

> o estigma associado à assistência aos pobres exprimia os sentimentos profundos de um povo que entendia que aqueles que aceitavam a assistência deviam cruzar a estrada que separava a comunidade de cidadãos da companhia dos indigentes (Marshall, 1967, p. 72).

Evidentemente, a *Poor Law* vitoriana é expressão de uma sociedade em que os direitos sociais ainda não tinham sido formalmente instituídos. Sua função consistia fundamentalmente em separar os "bons" dos "maus" pobres, mediante a *disciplinarização* da força de trabalho apta a transformar-se em mercadoria para o capital num mercado capitalista em formação.

No entanto, o estigma que associa assistência social à ajuda aos pobres como contraponto à cidadania permanece, apesar dos avanços civilizatórios alcançados pela moderna sociedade capitalista, no movimento de afirmação e extensão da cidadania àqueles tradicionalmente excluídos do seu alcance.

Na visão de um dos entrevistados:

> A assistência social ainda é tratada como uma área de caridade pública, da caridade prestada por instituições filantrópicas criadas para cuidar dos excluídos. Essa postura pode ser observada nos órgãos do governo e no próprio CNAS, que não conseguiram ainda elevar a assistência ao *status* de política pública, apesar do que a Loas prescreve (Ipea).

Como observa Potyara Pereira (1996), o estigma associado à assistência social tem sido uma marca na sua história, principalmente dentro do paradigma liberal ou neoliberal, que considera a pobreza como imprevidência do indivíduo diante dos riscos que a vida oferece.

François Ewald (1986, p. 13; grifo do autor), ao analisar as causas da pobreza no diagrama liberal do século XIX, observa que "a razão liberal define uma certa maneira de gerar a causalidade dos acontecimentos que obedecem às categorias de uma *moral*". Ou seja, a razão liberal identifica as causas da pobreza na imprevidência do indivíduo que não soube lidar com as intempéries da natureza ou os azares do destino. A maior das virtudes é a previdência, expressa pela capacidade do indivíduo em exercer domínio sobre sua própria sorte, já que a insegurança, o acidente, o risco são condições naturais de existência de todos os homens, ricos ou pobres.

Assim, no mundo liberal não há causalidades propriamente sociais.

> Não há responsabilidade econômica ou social da miséria que justifique um *programa* de assistência pública em que o encargo deva ser suportado pela sociedade. É a si próprio que o pobre deve o estado que sofre e só a si pertence o poder de sair (Ewald, 1986, p. 14).

O que é recusado pelo diagrama liberal não é a assistência ao pobre em si mesma, mas a ideia de que aos deveres da sociedade em atenção ao pobre correspondam direitos. Na visão liberal, as causas da pobreza são buscadas na própria pobreza, nos seus dispositivos morais, na vontade dos indivíduos em superar essa condição. *A pobreza é uma conduta*, e desta forma deve ser analisada e combatida. "Numa sociedade constituída segundo o princípio da liberdade, a pobreza não dá direitos, ela confere deveres" (Ewald, 1986, p. 14).

É contra esse modo de conceber a assistência social — que condena o indivíduo por sua pobreza —, historicamente predominante, que o movimento recente de redimensionamento crítico desse conceito e dessa prática vem se insurgindo, o que também tem conduzido ao aprofundamento e à revisão da própria concepção de pobreza.

No entanto, embora o estigma relacionado à prática da assistência social não seja um componente que lhe seja intrínseco, sua reiteração decorre, também, da adoção do paradigma da pobreza absoluta, que tem orientado a definição dos programas e serviços de assistência social. As consequências de tal definição podem ser visualizadas na efetivação de ações segmentadas, emergenciais e de reduzido impacto diante das situações de extrema vulnerabilidade social que atingem os segmentos sociais alcançados por essas ações.

Estudos como o de Yazbek (1993) demonstram o processo pelo qual esse estigma, que reduz a assistência social a um campo antinômico à cidadania, impregna também as representações que os próprios usuários têm das ações assistenciais. Uma de suas conclusões destaca a vinculação que quase todos os entrevistados estabelecem entre assistência social e ajuda: humilhação, para uns, quando colocados na condição de pedintes institucionais; indignação, para outros, quando descobrem, por meio dessa vivência, a ausência de responsabilidade pública do Estado perante seus cidadãos.[5]

---

5. O referido estudo de Yazbek (1993, p. 19) apresenta um conjunto de depoimentos extremamente elucidativos dessa questão. A título de ilustração, transcrevo alguns trechos: "Eu não gosto de ter que pedir ajuda. Mesmo que sou obrigado eu não gosto. Eu não gosto de aborrecer ninguém [...] A pessoa que tem moral não fica pedindo as coisas. Só peço na hora de muita precisão [...] Se preciso vou lá em cima e eles me dão uma mãozinha. É a Assistência Social da Prefeitura. Lá eles dão uns trocadinhos pra gente pra comprar um arroz, um feijão e já dá, quebra o galho... ajuda!". Outro depoimento expressa indignação e aponta os responsáveis pela situação: "Eu vejo como uma esmola [...] a pessoa tem que vivê com o salário que ganha. Essa ajuda, cesta básica, vale-transporte, abono disso, abono daquilo é uma vergonha, é uma esmola! O país, a nação num precisa disso [...] Aí tá muito errado. Eles tinha que vê não só o orçamento deles mas também o orçamento dos pobres. Essa privacidade que a gente sente é por causa do governo que só qué para ele mesmo e pros ricos".

Se nos detivermos nos critérios que prevaleceram na concessão dos benefícios definidos pela Loas, identificaremos a reiteração desse processo de estigmatização que leva à negação do direito. Os beneficiários, idosos e pessoas portadoras de deficiência, são submetidos a longo processo de peregrinação por instâncias burocráticas, reduzidos a pedintes institucionais. Essa situação revela a condição de *menoridade* civil dos segmentos envolvidos nas ações assistenciais, que instituem relações de tutela e geram obrigações, não direitos. Na lógica jurídica liberal, "o direito supõe troca de equivalentes, o pobre que reclama sem dar se situa abaixo do direito. Seu lamento não o remete a nenhuma obrigação jurídica" (Ewald, 1986, p. 6). No caso em questão — o direito ao benefício de prestação continuada —, não é suficiente a autodeclaração para atestar a situação de carência. É exigido que um *cidadão* nomeado pela sociedade como tal (pode ser um assistente social, um delegado ou um policial) seja avalista da situação (frequentemente evidente) de pobreza.[6] Assim, para quem vive a situação de destituição que a pobreza impõe,

> a sua tradução mais completa: privação da palavra, ou seja, a privação de um mundo de significações no qual suas vontades, necessidades e aspirações pudessem ser *elaboradas* e reconhecidas nas suas próprias razões (Telles, 1992, p. 68).

No entanto, as ações assistenciais não podem ser analisadas numa única direção, uma vez que desencadeiam diferentes respostas dos sujeitos envolvidos: podem gerar conformidade e passividade, mas também revolta, resistência e abertura de novos caminhos. É exatamente aí que reside a dimensão contraditória da

---

6. O fato dessa exigência ter sido retirada não altera, em absoluto, o contexto e o significado social dessa análise.

assistência social e seu potencial emancipatório, se colocada como estratégia de reforço da ação protagonista da classe trabalhadora. Ainda que incipientes, as experiências de programas de assistência social que estimulam a participação popular na sua gestão e implementação, colocando-se como apoio às lutas populares, deslocam as ações assistenciais do plano da ajuda e da tutela para o plano da cidadania e dos direitos.

Mas, na óptica da carência, a pobreza é também a ausência de participação nos espaços públicos em que esses grupos podem se fazer representar e, dessa forma, ser reconhecidos como sujeitos portadores de direitos.

A clientela quase que exclusiva dos programas de assistência social são os segmentos sociais empobrecidos, considerados a partir das carências e premências que constrangem a luta pela sobrevivência. Essa óptica de tomar a assistência social a partir da clientela, ao contrário de explicitar as necessidades sociais que a justificam, funciona como mecanismo de homogeneização de um fenômeno que é histórico, multifacetado, profundamente imbricado na trama das relações sociais peculiares da sociedade brasileira.

As diretrizes que têm orientado a organização da assistência social como mediação do acesso a serviços e benefícios para os setores sociais pobres consideram como referência os imperativos de sobrevivência (a pobreza absoluta), aqueles mínimos vitais que apenas reiteram a distância da população pobre do usufruto da riqueza material e espiritual acumulada historicamente pela sociedade. Telles (1994e, p. 8), ao problematizar a questão da igualdade e da justiça social, observa, citando Hannah Arendt, que concebê--las tendo como referência as necessidades vitais torna os indivíduos absolutamente idênticos, porque referidos a uma medida absoluta de vida e morte em que não há propriamente "o problema do julgamento, da escolha e dos critérios de discernimento entre o justo e o injusto. Há apenas o imperativo inarredável da sobrevivência". Nesses termos, a ausência de direitos explicita-se pela impossibilidade de realizar, a partir daquelas referências, a passagem do âmbito da necessidade (esfera da natureza) para a esfera pública (do reconhecimento de direitos).

As propostas de enfrentamento da pobreza têm sido *minimalistas*, porquanto não trabalham com a perspectiva da desigualdade social expressa pela relatividade da pobreza. A pobreza é sempre relativa, remete à sociedade que a produz e que, simultaneamente, gera a riqueza. Pobreza e riqueza são fenômenos produzidos socialmente como resultados de políticas socioeconômicas que agravam os processos de exclusão social de crescentes parcelas da população.

A pobreza expressa-se não apenas pela exclusão do mercado de trabalho, mas também pela ausência do acesso a serviços sociais públicos necessários ao processo de reprodução social. Embora esses serviços em si mesmos não sejam capazes de incidir sobre os determinantes da pobreza, sua ausência deteriora ainda mais as condições de vida dos setores sociais pobres e discriminados da sociedade brasileira.

Para comprovar isso, basta verificar o crescimento da demanda por serviços sociais públicos por parte de cada vez mais amplos segmentos da população, nestes incluídos os chamados "novos pobres", que compõem a massa de desempregados expulsos do mercado formal em decorrência da reestruturação produtiva hoje em curso. Esse contingente de trabalhadores dificilmente terá condições de ser reintegrado ao emprego, pois não se trata mais do tradicional exército de reserva que, de modo intermitente, conseguia ser reabsorvido pelo mercado em função das oscilações do ciclo econômico. Trata-se, agora, de uma massa *sobrante*, que integra o desemprego estrutural, assumido pelos ideólogos neoliberais como consequência "natural" dos ajustes da economia na marcha da globalização.

Se, historicamente, a assistência social tem sido um dos mecanismos acionados pelo Estado como modalidade de enfrentamento da questão social e, portanto, como parte do conjunto de estratégias de controle e legitimação do poder político, por outro lado, a assistência social pública tem sido a única via pela qual os segmentos mais pobres da classe trabalhadora têm acesso, ainda que precário e insuficiente, a serviços e programas de consumo coletivo e individual (como creches, moradia, atendimento a necessidades de crianças, adolescentes, mulheres, portadores de deficiência, idosos, moradores de rua, desempregados etc.).

Todavia, enquanto o estigma relacionado à assistência social tem sido uma identidade atribuída pela sociedade capitalista às práticas dessa área, tal identidade não recobre todas as suas facetas e dimensões.

A assistência social, como parte das relações entre Estado e sociedade, responde a interesses contraditórios que se manifestam no bojo das relações conflituosas entre grupos e classes sociais. Não comporta leituras unívocas e deve ser apreendida na trama das relações sociais que lhe dão sentido e direção. Assim, em que pese as formas institucionais que vêm assumindo os serviços e programas, a assistência social tem se configurado como campo de luta no qual são engendrados e contrapostos diferentes valores e concepções, conquistas e concessões, avanços e recuos. Considerar a assistência social nesta perspectiva implica, pois, concebê-la como parte do movimento mais amplo de luta pela afirmação e expansão dos direitos sociais, que se intensificou na sociedade brasileira desde a década de 1980. Os esforços de revisão crítica da assistência social só podem ser devidamente entendidos quando também vistos no contexto dessa dinâmica social, que envolve a defesa da socialização da política e do poder e a afirmação de novos direitos de inclusão social.

Captadas sob esse ângulo, as análises sobre a assistência social são deslocadas de uma leitura *desistoricizada* e *fenomênica*, para situar-se no campo contraditório e multifacetado da prática social. Assim, é preciso considerar a presença simultânea e contraditória de práticas assistencialistas/disciplinadoras e práticas emancipatórias no âmbito das ações que se desencadeiam, configurando-se movimentos de continuidade/ruptura, afirmação/negação. "As ações assistenciais podem significar tanto a tutela e a reiteração da subalternidade, quanto um lugar de reconhecimento e de acesso ao protagonismo. E, mais ainda, pode ser tudo isso junto" (Yazbek, 1993, p. 134).

A Constituição Federal em vigor, ao reconhecer a assistência social como integrante do campo da seguridade social, realiza a passagem, ainda que nos limites do texto legal, do universo das ações eventuais de ajuda para a órbita do direito e da responsabilidade do Estado. A Carta de 1988, embora de forma tímida, reconheceu o nascimento de novos direitos, em estreita consonância com as transformações sociopolíticas que se processavam na sociedade brasileira.

Norberto Bobbio (1992), ao estudar a profunda mudança que ocorre no campo do direito das "gentes", constata a multiplicação dos direitos que se processa nas sociedades modernas, notadamente no âmbito dos direitos sociais. Tal multiplicação ocorre, segundo o autor, porque se ampliou a quantidade de bens que necessitam ser protegidos; porque houve uma expansão do reconhecimento de alguns direitos a novos sujeitos, como a família, e até a sujeitos diversos do homem, como a proteção ao meio ambiente (chamados direitos de terceira geração); e porque o homem passa a ser visto a partir da multiplicidade das formas concretas de ser e viver em sociedade (Bobbio, 1992, p. 68). Ao lado da multiplicação dos direitos, processa-se também um fenômeno de especificação, que exige formas de proteção social diversificadas ante as diferenças de condições físicas, idade, sexo etc., e as demandas dos chamados novos movimentos sociais, que além das lutas pela igualdade e direitos civis e políticos, colocam a questão da equidade na pauta das suas reivindicações.

No Brasil, esse processo de multiplicação e especificação de direitos sociais conduziu à aprovação de diferentes marcos legais que regulamentam artigos da Constituição de 1988, como o Estatuto da Criança e do Adolescente (ECA), a Loas, o Sistema Único de Saúde (SUS), dentre outros, e abrigou a eclosão de movimentos sociais de mulheres, negros, índios etc., que trouxeram para o cenário público o debate sobre os preconceitos e discriminações de que são alvo e a mobilização por novos direitos.

A peculiaridade dos direitos sociais é que exigem, para sua efetivação prática, a intervenção ativa do Estado e até a ampliação de seus poderes, como requisito necessário à função de responsabilidade pública envolvida em sua realização. Mas os ventos não sopram a favor desta perspectiva. Em tempos de afirmação neoliberal, a tendência à desresponsabilização do Estado pela condução das políticas públicas e sua transferência para as organizações da sociedade civil evidenciam a inversão dos discursos (e das práticas): o Estado fala a linguagem da solidariedade e a sociedade a linguagem dos direitos.

A política de assistência social na visão dos sujeitos

A participação de diferentes sujeitos sociais no espaço dos conselhos institucionais exige a aprendizagem de novo padrão de relacionamento, até então desconhecido para os seus protagonistas.

Com a instalação do CNAS — que, como vimos, foi cercada de tensões —, começa a estabelecer-se o diálogo institucional entre membros da esfera governamental e representantes da sociedade civil voltados para a implantação de uma política pública no âmbito da assistência social.

No entanto, referir-se a uma política pública nesta área significa reconhecer a ausência de acúmulos coletivos, tanto de saberes quanto de práticas. Como observa uma das entrevistadas, mais do que definir as questões operacionais envolvidas na implantação de uma política, o que estava em jogo era

> a explicitação de uma posição renovada da assistência social, uma vez que se tratava de uma concepção polêmica dentro da própria categoria dos assistentes sociais, geralmente identificados como os agentes por excelência dessa área (CFESS, titular).

A reconstrução do significado da assistência social no interior do serviço social brasileiro foi resultado de uma trajetória percorrida por essa profissão desde a década de 1980, a partir dos debates e polêmicas protagonizados pelas suas instâncias organizativas e acadêmicas. Nesse processo, o Conselho Federal de Serviço Social (CFESS) teve papel fundamental, ao assumir a postura de que aos assistentes sociais, como trabalhadores da assistência social, caberia a importante contribuição de desvelar seu significado histórico de ação de enquadramento e de controle das classes subalternas, redirecionando seu conteúdo e sua prática para nova perspectiva, comprometida com os interesses e as necessidades sociais dessas classes.

Tratava-se, portanto, de explicitar o caráter eminentemente histórico da assistência social, produto de determinações sociais, mas também resultado da ação socialmente direcionada dos seus agentes.

No decurso dessa empreitada, uma das constatações refere-se ao papel que os integrantes da categoria dos assistentes sociais, por meio de suas entidades organizativas, vêm assumindo como protagonistas ativos na construção do cenário político mais recente da assistência social no país. Esse modo novo de conceber a assistência social como

> um suporte à população nas suas lutas para o atendimento de suas necessidades mais fundamentais começa a ser retomado pelos assistentes sociais. Começa a ser incorporada uma visão da assistência social como direito, o que foi consagrado pela Loas (CFESS, titular).

Entretanto, essa perspectiva está longe de ser consensual, quando considerada a representação das organizações dos trabalhadores no âmbito do CNAS.

A representante da CUT no Conselho refere-se às resistências que a discussão sobre a assistência social como política pública desencadeiam na esquerda de modo geral, seja nos partidos políticos ou no movimento sindical. Por muito tempo, a assistência social foi analisada apenas sob o prisma do assistencialismo e do clientelismo. É muito recente no movimento sindical a consideração das possibilidades abertas por uma política de assistência social comprometida com a qualidade de vida dos trabalhadores. A representante da CUT expressa isso em seu depoimento:

> Não tem sido fácil a participação num conselho como esse, porque, se você tomar pelo conjunto, há ainda uma visão distorcida ou o predomínio de uma visão a partir de como a assistência social foi posta, ou seja, a sua visibilidade como prática clientelista, paternalista, fisiológica e tudo o mais. [...] Há pouca discussão do movimento sindical sobre as possibilidades da assistência social como direito, como cidadania.

Os preconceitos e estigmas construídos acerca da assistência social estão presentes no interior de diferentes posições dentro do espectro político:

> Essa discussão sobre assistência não é uma discussão que passa por uma posição ideológica. Estou mais do que nunca convencida disso, que não é uma coisa de esquerda ou de direita, absolutamente, o preconceito e a falta de compreensão. [...] Temos enfrentado problemas aqui no governo do Distrito Federal [o governador Cristóvan Buarque é filiado ao PT], que traduzem isso com muita clareza (CFESS, suplente).

Sem nos determos no significado de "esquerda" e "direita", o que nos afastaria de nossa discussão, mas concordando com Bobbio (1995) que essa *díade* continua em plena vigência, este depoimento evidencia que para qualquer desses campos políticos a assistência social, como política de reconhecimento e alargamento da cidadania, é uma concepção estranha, difusa e eivada de preconceitos. Se, para as concepções de direita, a assistência social sempre foi tratada como ação residual para grupos minoritários incapazes de retirar do mercado a fonte de sua sobrevivência, para as concepções de esquerda a assistência social tem sido apreendida como mecanismo de amortecimento dos conflitos sociais e, portanto, funcional ao sistema de desigualdade social engendrado pelas relações capitalistas. Assim, lógicas e perspectivas opostas produzem resultado semelhante na avaliação do significado da assistência social na sociedade capitalista e reduzem seu campo de ação, ora a ações de tutela e ajuda, ora a práticas de enfraquecimento da luta política dos trabalhadores.

> Ainda tem muito essa visão na CUT, no movimento sindical, da política de assistência social como aquela que faz com que os trabalhadores não se conscientizem, não se politizem, como a anticidadania,

digamos, e também pela questão de que os trabalhadores do setor são poucos, são muito dispersos. [...] Então, tem uma história do trabalhador dessa política, e aí isso se reflete também na concepção que as esquerdas têm de mudança social, de revolução, da nova sociedade, quer dizer, conceitos que norteavam esses movimentos e que a assistência social nunca tinha sido pensada como uma possibilidade (CUT).

No entanto, como demonstra Bobbio, o que distingue a esquerda da direita é a postura que assumem diante do ideal de igualdade. Os movimentos socialistas estiveram historicamente vinculados à luta pelo reconhecimento dos direitos ao trabalho, à educação, à saúde, na perspectiva de uma razão igualitária. Ou seja, direitos que

> objetivam reduzir a desigualdade entre quem tem e quem não, ou colocar um número cada vez maior de indivíduos em condições de serem menos desiguais no que diz respeito a indivíduos mais afortunados por nascimento ou condição social (1995, p. 95-110).

A força dos movimentos sociais nos anos 1980 e o agravamento das condições de vida no interior da classe trabalhadora — que vem engrossando a leva de trabalhadores precarizados, desempregados, subempregados — trouxeram, por outro lado, a temática das políticas sociais para dentro do movimento sindical.

Contudo, o debate acerca da assistência social permanece ainda marginal na agenda do movimento sindical, embora seja possível observar o embrião de uma dinâmica nova, impulsionada pela participação dos sindicatos e centrais sindicais, como a CUT, nos espaços institucionais que abrem possibilidades de gestão pública das políticas sociais.

Mas a problematização da assistência social é muito recente no âmbito dos próprios trabalhadores da área. Mesmo para os assistentes sociais, tradicionalmente reconhecidos como "profissionais da assistência", essa questão tem sido pouco apropriada pelo conjunto:

> Eu acho que os próprios trabalhadores da assistência custaram a perceber as possibilidades dessa política. Então, se eles mesmos não se veem como instrumentos de uma política capaz de contribuir para a cidadania dos excluídos, dos trabalhadores de baixa renda, como é que eles iam se comunicar com outros trabalhadores nas organizações sindicais, como é que eles mantêm esse diálogo? [...] É aquela coisa do espelho: quando você se vê de uma maneira, você reflete isso para o outro trabalhador! Então, na medida em que a discussão não fique só com os assistentes sociais, que ela vá envolvendo outros trabalhadores que atuam também nessa política e eles vão se vendo como elementos importantes na construção dessa nova possibilidade da assistência social, da construção desse projeto de cidadania, de fortalecimento dos trabalhadores, de inclusão social, eles vão passando isso para os outros trabalhadores (CUT).

Os depoimentos dos representantes dos trabalhadores no CNAS levantam algumas pistas para reflexão.

Primeiro, os próprios trabalhadores da área — tendo-se em vista a multiplicidade dos agentes que atuam nesse âmbito — não socializaram esse debate. Muitos não desenvolveram referências de *pertencimento* que os identifiquem como trabalhadores sociais. Não apenas os assistentes sociais, mas também outros profissionais de nível superior, como psicólogos, pedagogos e sociólogos, que atuam nas equipes interdisciplinares responsáveis por diferentes programas de assistência social nas organizações governamentais e privadas, não são mobilizados para o enfrentamento dos desafios dessa área.

Segundo, do ponto de vista organizativo e propositivo, se compararmos a mobilização das demais áreas que compõem a seguridade social, como a saúde e a previdência social, as diferenças são flagrantes. A saúde tem uma tradição de mobilização no movimento popular, nos partidos de esquerda, no movimento sindical, articulada à construção de propostas no interior da burocracia do aparelho de Estado. Seus quadros técnicos e políticos vêm desenvolvendo pautas de luta e incorporando a participação de variados parceiros. O saldo disso pôde ser canalizado para o processo constituinte, em que tais atores tiveram presença marcante nas proposições para o setor. A previdência social vem ganhando maior espaço dentro do movimento sindical, em função das propostas de reforma do sistema previdenciário, o que obrigou os trabalhadores a se apropriarem de uma discussão com a qual não estavam familiarizados, mas que hoje se amplia em função do teor dos projetos de emendas constitucionais em tramitação no Congresso Nacional, que ameaçam a permanência de direitos consagrados. No caso da assistência social, a questão apresenta-se de outra forma. Não havia um acúmulo anterior que canalizasse a mobilização dos agentes no debate constituinte. A inserção da assistência social no âmbito da seguridade social não foi consequência de um movimento de base do chamado "campo assistencial". Essa mobilização começa a ocorrer de fato, em torno da aprovação da Loas, após a Constituição ter sido promulgada, e as dificuldades que envolveram sua aprovação ao longo de cinco anos tornaram-se fatores indutores da organização de um movimento social mais amplo.[7]

---

7. Segundo Sposati (1996), as primeiras análises sobre a assistência social na perspectiva da discussão da política pública de seguridade social ocorreram fora do serviço social. As proposições apresentadas na Constituinte não partiram da categoria dos assistentes sociais, mas dos analistas da previdência social. Só após 1990, com o veto do presidente Collor ao primeiro projeto da Loas, é que a categoria começou a mobilizar-se e, a partir daí, a exercer papel fundamental para a deflagração de um movimento mais amplo. Essas observações foram feitas por Aldaíza Sposati em debate promovido pela Faculdade de Serviço Social da PUC-SP, em 15/5/1996.

A tendência de confundir a assistência social com o "mecanismo" assistencial presente nas várias políticas sociais também tem contribuído para as dificuldades de afirmação da assistência social como política social. O depoimento da representante dos municípios no CNAS aborda essa questão.[8] Ela alerta para as imprecisões conceituais que cercaram as análises da assistência social, notadamente nas primeiras produções do serviço social sobre a matéria:[9]

> A assistência social também teve suas imprecisões conceituais quando foi confundida com uma prática entendida como um *mecanismo* assistencial/assistencialista que estaria embutido em diferentes programas, como um mecanismo compensatório: é o programa do leite na saúde, o programa de merenda escolar na educação... Quer dizer, esse corte assistencial identificado com o assistencialismo também atrapalhou muito!

Sposati (1994b, p. 6), ao refletir sobre este ponto, identifica o viés liberal dessa interpretação. Ou seja, qualquer ação *focalista* de apoio àqueles que não conseguem ter acesso a algum serviço via mercado, ou a transferência monetária ou em espécie, é imediatamente associada à presença da assistência social embutida nas várias políticas sociais, como mecanismo coadjuvante para a viabilização dos seus fins últimos. Ora, nessa perspectiva, a referência não é à política de assistência social, mas ao mecanismo assistencial, frequentemente confundido com assistencialismo. Implícita nessa óptica há certa visão de que o caminho natural para obter determi-

---

8. Esta representante presidia o CNAS no período da realização da nossa pesquisa. Deixou de fazê-lo a partir de julho de 1996.

9. O livro *Assistência social na trajetória das políticas socias brasileiras*, de 1985, considerado um marco renovador na análise da assistência social, expressa esse equívoco, ao não distinguir a presença de um mecanismo assistencial atuante em todas as políticas sociais da assistência social como política pública.

nados serviços sociais seria o mercado e não a sua provisão pública mediada pelo Estado.

A fala do representante do Ipea indica que essa posição é bem difundida entre agentes estatais e privados. Segundo sua concepção, a assistência social só poderá ser objeto de maior explicitação no âmbito governamental com sua integração cada vez mais ampla às políticas setoriais. No entanto, quando busca esclarecer os caminhos que possam garantir essa articulação, fica claro que não é exatamente à integração que ele se refere:

> A assistência social deveria abandonar-se como uma área específica para se integrar aos demais setores, porque todas essas políticas da assistência social, em princípio, não precisariam existir, elas podem estar perfeitamente dentro das demais áreas.

Essa opinião parece indicar que, para que a política de assistência social possa se afirmar, é necessário que se anule como política, aumentando ainda mais a fragmentação das atenções sociais aos segmentos sociais não alcançados pelas demais políticas públicas.

A ponderação do representante da SAS traz novamente à tona a ambiguidade que cerca a definição da política de assistência social, muito embora ele entenda que esta política deve ter um *locus* específico para sua realização:

> A política de assistência social se dá enquanto política pública setorial. Em meu entendimento, ela tem um espaço de atuação, tem uma estrutura, um *locus* onde ela se realiza como política setorial, mas ela se dá também como parte ou complementações de outras políticas setoriais. [...] Ela se dá aqui no Ministério da Previdência enquanto Secretaria, enquanto ação, enquanto Conselho de Assistência, mas também dentro da educação, como merenda escolar, transporte escolar, material didático. Ela se dá na Saúde, como atendimento à pessoa portadora de deficiência, ao idoso. Ela se dá em outras políticas...

Dessa forma, a assistência social é visualizada mais como complemento daquilo que falta nas demais políticas do que como conjunto articulado de bens e serviços sociais relativos a direitos que, para se universalizar, demandam que todas as demais políticas sejam reformuladas para incorporar novas demandas.

Essa percepção da assistência comparece de diferentes formas no discurso dos sujeitos que integram o CNAS. Por vezes, a assistência social é encarada como "mal necessário" enquanto permanecer precário o atendimento dos programas e serviços sociais desenvolvidos pelas demais políticas setoriais.

O representante do MNMMR, embora assuma a visão da assistência social como política pública, aponta simultaneamente sua transitoriedade:

> Para mim, a assistência social tem um caráter transitório. [...] A eficiência dela se mede, eu acho, por quanto tempo o cidadão precisar da assistência, porque eu coloco o problema da autonomia. [...] A assistência social deveria ter um objetivo de política pública, sim, não estou questionando isso, mas ela deve também processar o acesso do cidadão a outras políticas, e também a questão da autonomia, do cidadão ser autônomo. [...] Quer dizer, tu não podes querer que uma família esteja sempre num programa de cesta básica...

Esse depoimento é revelador das ambiguidades que cercam a concepção de assistência social como política pública. Por isso, não basta enunciar a sua defesa, mas é preciso qualificar os seus termos.

Em primeiro lugar, se estamos tratando de política, estamos nos referindo a processos que têm permanência, continuidade, abrangência, financiamento, caráter orgânico, avaliação e controle de resultados — e, portanto, que não são provisórios nem distribuição eventual de recursos.

Em segundo lugar, a política de assistência social deve ser definida pelos programas e serviços que oferece, como decorrência dos direitos que assegura. Assim, a transferência em espécie ou mesmo monetária não é algo descolado da lógica e da direção que preside a essas ações, subordinadas a diretrizes e objetivos definidos no escopo da política.

Em terceiro lugar, a questão da autonomia dos grupos alcançados pela política de assistência social não pode ser medida pela presença ou ausência de determinados bens ou serviços como fins em si mesmos, mas pelo caráter estratégico das ações que pretende desencadear.

É por meio do depoimento da representante do Ministério de Educação que se explicita a concepção de política social do governo Fernando Henrique e, dentro desta, da assistência social. A posição do governo, segundo a entrevistada, é a de que a política social se realize fundamentalmente por meio de políticas setoriais de saúde, educação, habitação etc., utilizando-se os aparatos institucionais de cada um dos respectivos ministérios. Assim, não haveria lugar para uma política específica de assistência social, da forma como está proposta na Loas. Portanto,

> não caberia um ministério ou uma área reservada à assistência social como uma coisa genérica voltada para os grupos mais carentes (idosos, deficientes etc.), mas deveria haver uma política focalizada para o combate à miséria e à pobreza (Ministério da Educação).

Na óptica do governo, segundo a entrevistada, o Programa Comunidade Solidária seria esta proposta de política focalizada, ou seja:

> o ataque direto a áreas de miséria e pobreza que precisam a curto prazo ser atingidas e atendidas por políticas específicas. [...] O

Comunidade Solidária seria um coordenador destas outras áreas, que teriam também uma política focalizada, ou precisariam ter, porque a maioria delas não tem (Ministério da Educação).

Esses depoimentos explicitam a base da polêmica na abordagem da assistência social como política pública. Poderíamos afirmar que esse é o "calcanhar de aquiles" das discussões sobre a política de assistência social. Este posicionamento do governo, contra o qual vários representantes da sociedade civil e também da área governamental no CNAS têm se antagonizado, aparece em alguns depoimentos colhidos pela pesquisa. Transcrevo o da representante (suplente) do CFESS, que sintetiza os elementos da polêmica:

A compreensão que a gente tem é que a intelectualidade do PSDB ou quem pensa essas questões de política social do governo não entende a assistência social como tendo um lugar específico, um lugar próprio, como sendo uma política que deva existir. Eles até compreendem que ela passa por várias políticas públicas, mas o entendimento é que as políticas públicas é que devem, se for o caso, ser reforçadas e a assistência social através delas. [...] O próprio assessor da Casa Civil, Vilmar Faria, que é uma pessoa muito ligada ao presidente da República, pensa assim. [...] Também a Anna Peliano, secretária executiva do Programa Comunidade Solidária,[10] já tivemos oportunidade de discutir quando estudamos juntas na universidade, até antes de ela ser secretária executiva. [...] É uma compreensão de que a assistência social é uma coisa indigna, que ela só alimenta e reitera o clientelismo e o fisiologismo. Foi em nome disso que acabaram a LBA e a CBIA, em nome da negação da assistência. [...] Então, não se compreende o que a Loas coloca, a ruptura com a assistência social tradicional.

---

10. Em texto de novembro de 1991, Anna Peliano já explicitava sua concepção, quando afirmava que "a política de assistência social [...] consiste na reunião das ações direcionadas para os segmentos de mais baixa renda desenvolvidas no âmbito de todas as políticas setoriais" (Peliano, 1991, p. 12).

Um elemento integrante dessa polêmica refere-se ao Programa Comunidade Solidária, criticado e questionado por quase todos os representantes do CNAS entrevistados, tanto os da sociedade civil quanto os da área governamental. As exceções são o representante da SAS — cuja posição é a de que, como representante do governo, não faria uma crítica ao Programa, além de afirmar que o CNAS tem sido muito rígido, porque as Conferências Nacionais decidiram pela extinção do Comunidade Solidária — e os que não quiseram se pronunciar diretamente, como foi o caso do representante do Ministério da Previdência e Assistência Social.

Os dados apresentados indicam que o Comunidade Solidária seria a estratégia de assistência social do governo, embora todos os pronunciamentos oficiais insistam em negar o caráter assistencial do Programa.

> Eles [o governo] tinham uma compreensão da assistência social pelos estereótipos. [...] Mas, quando eles têm a miséria na mão, tem um programa [referindo-se ao Comunidade Solidária], eles não sabem o que fazer com ele, aí eles distribuem cestas, não é? (CFESS, titular).

A fala do representante da CNBB também reforça as críticas ao Comunidade Solidária:

> Eles [o governo] estão meio perdidos, a impressão que eu tenho é que ele estão perdidos nessa questão da área social. O próprio projeto que eles apresentaram, que é o tal Comunidade Solidária, até hoje é extremamente questionado, até pelos próprios membros que fazem parte do Conselho do Programa, porque eles não apresentaram nada alternativo e, eu diria, pelo contrário, o que fizeram foi exatamente o que se fazia, até pior do que fazia a LBA ou outras campanhas de assistência. Reavivaram um tipo Projeto Rondon, que era aquele negócio universitário, que não é novidade nenhuma. Então, não

marcou nenhum avanço, além do que os dados mostram que eles não querem investir nas próprias propostas que foram feitas pela área governamental e que são pequenas.

Disse uma das entrevistadas que, em sessão do CNAS, com a presença da secretária executiva do Programa Comunidade Solidária, as explicações dadas ao plenário foram na linha de que o Conselho estaria interpretando erroneamente o Comunidade Solidária, como programa que viria tomar o lugar da política de assistência social no governo, pela

> coincidência em função do vazio de seis meses para a instalação da Secretaria de Assistência Social e pelo fato de a criação do Comunidade Solidária ter sido anunciada na mesma medida provisória que extinguiu a LBA e o CBIA (CFESS, suplente).

No entanto, o já mencionado depoimento da representante do Ministério da Educação para esta pesquisa contradiz a interpretação da secretária executiva quanto às relações entre o Comunidade Solidária e a política de assistência social. Isso reforça a hipótese de que este programa foi concebido desconsiderando a Loas e os mecanismos por esta definidos para a estruturação da política de assistência social, entre eles o comando único das ações em cada esfera de governo.[11]

Aliás, quanto a essa questão, a representante (suplente) do CFESS observa que

> a Secretaria Nacional de Assistência Social só foi mesmo estruturada porque o CNAS já existia e nunca parou de funcionar, mesmo que o governo FHC tenha levado cinco meses para mandar os representantes governamentais para o Conselho [...]. Então, eu duvido que

---

11. Cf. artigo 5, § I, da Loas.

o FHC, ou quem assessorou aquela medida provisória, tinha o menor conhecimento de que existia a Loas quando ele modificou toda a estrutura do governo. [...] Se não fossem as pressões que vieram a partir daí, das entidades sociais em função dos convênios que eles não sabiam como resolver, se não fosse o nosso embate com o Co- munidade Solidária, não sei se eles teriam estruturado a SAS. Quan- do o FHC tomou posse, não tinha um recurso para o benefício de prestação continuada. Só para não dizer que não botaram nada, eles colocaram um real [sic] no orçamento de 1995, só para garantir a rubrica! Tanto é que o governo adiou por um ano o início da conces- são. O presidente Itamar, quando deixou o governo, regulamentou o benefício para começar a ser pago em 1º de janeiro, que era o prazo legal. [...] Veio o FHC e imediatamente cancelou!

Foi no bojo desse processo que a intervenção política do CNAS se ampliou, por meio da articulação com o movimento de assistên- cia social existente nos estados e municípios, com os fóruns que já estavam funcionando, e provocando também a criação de outros.

A estratégia adotada pelo CNAS foi a realização de reuniões ampliadas e itinerantes em diferentes estados, para estimular a mobilização local e a presença de representações de importantes organizações sociais. Um dos depoimentos refere-se à primeira reunião ampliada realizada no Rio de Janeiro, em 1995, quando o CNAS, segundo a entrevistada, viu-se acuado, sem representa- ção governamental e sem nenhum lugar institucional definido para a área de assistência social, uma vez que a SAS ainda não havia sido criada:

Então, fizemos uma reunião aberta, no Rio de Janeiro, com mais de 500 pessoas e aí chamamos a atenção do governo. [...] Foi uma reu- nião onde estavam presentes o presidente da CNBB, o Betinho pelo Ibase, o presidente da Abong, o presidente da CUT, que são entida- des que compõem o CNAS e que mobilizaram o público do Rio de Janeiro. Foi uma mesa que discutiu a política de assistência social do governo FHC, que na verdade era a discussão da ausência da política (CFESS, suplente).

A partir dos depoimentos aqui arrolados, é possível sintetizar alguns elementos.

1. O contexto político-institucional que emoldurou as ações do CNAS desde a posse do governo Fernando Henrique conduziu o duro enfrentamento entre essa instância colegiada e os núcleos do poder governamental que opunham resistência, tanto a seu funcionamento quanto ao conceito de assistência social que defendia.

2. A ação politicamente direcionada dos membros do Conselho na afirmação desse espaço foi decisiva para a sua continuidade. O reconhecimento do CNAS como interlocutor político das esferas governamentais foi viabilizado a partir da ação externa do CNAS junto à parcela da sociedade civil organizada, pela articulação com fóruns e entidades sociais representativas, que garantiram favorável correlação de forças para o enfrentamento das propostas governamentais. Houve certo recuo do Executivo, obrigado a rever seu projeto inicial e a incorporar algumas propostas inscritas na Loas.

3. Este recuo inicial parece ligado, também, à forte pressão exercida pelas grandes e tradicionais entidades assistenciais, dependentes das isenções e dos convênios com o governo federal, que se viram prejudicadas diante da extinção dos antigos órgãos centralizadores da política assistencial em âmbito nacional.

4. Muito embora todo esse processo tenha sido decisivo para a montagem de um *locus* da assistência social no âmbito das políticas governamentais, isso não quer dizer que se

tenha avançado na delimitação do seu escopo e na superação da visão tradicional da assistência social.

CNAS: convergências e divergências

O arcabouço jurídico-institucional do CNAS é definido pela Lei Orgânica de Assistência Social de dezembro de 1993.

A Constituição Federal de 1988, como marco legal inicial, refere-se, no artigo 204, *à participação da população, por meio de organizações representativas, na formulação das políticas e no controle das ações em todos os níveis*. No artigo 194 do capítulo da seguridade social, são definidos seus objetivos, destacando-se o *caráter democrático e descentralizado da gestão administrativa, com a participação da comunidade, em especial de trabalhadores, empresários e aposentados*. Embora não se refira explicitamente à formação de conselhos, é na Constituição que encontramos perspectiva de abertura de novos espaços de participação da sociedade civil no âmbito do Estado, tese incorporada ao texto constitucional a partir das proposições democratizadoras encabeçadas por diferentes instâncias organizadas que marcaram presença ativa nos trabalhos constituintes.

É na Loas, no entanto, que vamos encontrar o detalhamento das instâncias deliberativas que integram o sistema descentralizado e participativo de assistência social: o Conselho Nacional de Assistência Social, os conselhos estaduais, o conselho do Distrito Federal e os conselhos municipais de assistência social. O CNAS (juntamente com os conselhos nas esferas estadual e municipal) é, portanto, um dos principais instrumentos da gestão descentralizada e participativa da sociedade civil no sistema de assistência social, incorporando funções de controle social sobre a política do setor. No entanto, a instalação do CNAS está longe de ter sido apenas o cumprimento automático de um preceito legal. Como já vimos no capítulo II, sua efetivação revelou um processo político complexo, em que se liberaram resistências e tentativas de esvaziamento à época de sua instalação.

O início do governo Fernando Henrique foi igualmente cercado de conflitos, que quase paralisaram o funcionamento do CNAS. O processo que garantiu sua continuidade foi relatado ao longo desse trabalho. Cabe agora o aprofundamento das concepções acerca da natureza da participação e controle social exercidos pelos conselhos, que comportam interpretações diferenciadas.

Nosso interesse centra-se na tentativa de qualificar as concepções dos sujeitos sobre o significado do CNAS, para além do enunciado mais geral que as identifica, buscando explicitar os limites e as potencialidades desse novo espaço de gestão coletiva das políticas públicas a partir dos elementos colhidos nas entrevistas.

Apesar da visão majoritária dos conselheiros, que aponta para a importância desse espaço de democratização da gestão pública, encontramos também críticas contundentes à existência de conselhos na fala de uma das representações governamentais, considerada por todos os membros da sociedade civil como a veiculadora das posições "oficiais" do Executivo e que, por essa razão, será objeto de análise posterior mais minuciosa.

Mesmo que no discurso dos representantes da sociedade civil seja possível verificar uma postura consensual acerca da importância dos conselhos institucionais, não se trata de matéria tranquila no âmbito das organizações que se encontram representadas no CNAS.

Acrescenta-se, ainda, a necessidade de caracterizar as peculiaridades do CNAS comparando com outros conselhos existentes, tendo em vista a incorporação de tarefas que o comprometem com funções executivas relacionadas à emissão dos certificados de filantropia às entidades assistenciais sem fins lucrativos, o que adiciona maior complexidade ao equacionamento das suas atribuições e das relações que deve estabelecer com diferentes esferas do aparato governamental.

A maioria dos depoimentos identifica a relevância do Conselho como um dos condutos de participação da sociedade civil e de democratização da gestão governamental das políticas sociais. Ganharam destaque: as possibilidades de descentralização da participação e das decisões (mencionadas por representante da Anasselba); a oportunidade de a sociedade civil organizada participar diretamente da discussão das políticas públicas e de ampliação da democracia (lembrada por representante do CFESS); o exercício do controle social sobre a máquina do Estado e o acesso às informações para fazer avançar o processo organizativo da sociedade civil (CUT); a contribuição para facilitar o trânsito entre o Executivo e a sociedade civil, criando possibilidades de desburocratização da administração (CNBB); a conquista da sociedade organizada, da sua parcela mais progressista (Abong); a possibilidade de criação de nova cultura política que supere tanto o autoritarismo do Estado quanto o da sociedade civil (MNMMR); o aprendizado de nova postura "guerreira" na relação com o Estado, no caso das entidades assistenciais acostumadas ao comportamento de sempre pedir (ANG); o enriquecimento da agenda governamental de corte neoliberal, com a participação da sociedade civil organizada (Ministério do Trabalho); o avanço da democracia participativa no acompanhamento, fiscalização e controle, não só da política executada pelas várias esferas de governo, mas principalmente da aplicação dos recursos (SAS); a perspectiva de descentralização e de controle social e a possibilidade de a política ter um planejamento descentralizado ascendente (Ministério da Saúde); o espaço privilegiado para que governo e sociedade possam exercer mais controle sobre a aplicação dos recursos públicos, dirigindo-os para áreas mais prioritárias (Ipea); a incorporação no cenário político de novo protagonismo de atores sociais que tradicionalmente estiveram excluídos do processo decisório (representante dos municípios).

A riqueza desses depoimentos revela as potencialidades abertas por essa experiência de participação colegiada entre governo e sociedade civil por meio dos conselhos.

Estão presentes nessas falas as possibilidades de construção de nova institucionalidade ou, nos termos de Telles (1994a), de *nova contratualidade*, permeada pelo exercício da participação ativa e organizada da sociedade civil pela via da representação e interlocução de interesses.

A prática de participação em conselhos não é nova no Brasil, como já apontamos, uma vez que desde as décadas de 1970-80 as experiências dos conselhos comunitários, populares, setoriais, vêm se desenvolvendo de variadas formas e nas diferentes esferas de governo. No entanto, os conselhos que passam a se multiplicar a partir do marco legal da Constituição de 1988 não constituem, no nosso entendimento, uma simples continuidade das experiências do passado, não apenas pelas mudanças que se observam nas suas funções, mas considerando a conjuntura sociopolítica na qual se desenvolvem hoje e as práticas dos seus protagonistas.

Distinguindo-os, desde logo, tanto dos conselhos formados pelas burocracias estatais e das representações empresariais, quanto das experiências que envolvem Estado, empresariado e trabalhadores, voltadas para mediações com o mercado (por exemplo, as câmaras setoriais), nosso interesse está centrado na prática dos conselhos institucionais de gestão setorial das políticas sociais, especialmente na área da política de assistência social.

A experiência do CNAS, assim como do Conselho Nacional da Criança e do Adolescente (Conanda), do Conselho Nacional de

Saúde e tantos outros, demonstra que está em curso certo "modelo" de gestão participativa que revela uma inflexão na prática dos movimentos populares, do movimento sindical, dos partidos de esquerda, bem como do próprio governo, em suas diferentes esferas.

Como refletiu a representante da CUT no curso de nossa entrevista:

> Por que estamos falando tanto de conselhos hoje? A gente está falando dos conselhos porque hoje é esse o modelo que foi forjado por nós, foi o que a gente conseguiu acumular dentro de um processo histórico, tem toda uma história que leva a isso. Ele vai ser o modelo definitivo? Eu acho que não! Pode ser que daqui a cinco anos surjam outras formas de participação, e pode ser também que a gente avalie que não vale mais a pena esse espaço, que a experiência mostre que ele tem mais limites do que possibilidades (CUT).

Um dos elementos dessa inflexão é a redefinição das articulações entre o *institucional* e o *social*, não no sentido da polaridade em que durante muito tempo foi colocada essa questão, mas na perspectiva de buscar mecanismos a partir dos quais seja possível permear o institucional com as conquistas sociais e o exercício da cidadania ativa dos indivíduos e suas organizações como sujeitos sociais (Teixeira, 1996).

A novidade nesse cenário político-institucional relaciona-se, portanto, ao protagonismo de novos atores sociais e à presença de múltiplos interesses que desafiam as possibilidades de definição de projetos coletivos. No âmbito da sociedade social, é a difícil identificação das demandas específicas e corporativas de cada um dos segmentos que, sem anulá-las, possa impulsionar a construção de alianças, muitas vezes provisórias e parciais, para o estabelecimento de uma agenda comum. No campo governamental, o reconhecimento, de saída, de que a partilha do poder, mesmo que seja num âmbito restrito e até secundário da ação estatal, é sempre penosa e dependente da correlação de forças que se estabelecem. As dificuldades se localizam também na excessiva setorização e desarticulação entre as políticas sociais e econômicas, além da extrema centralização do poder de decisão nos escalões superiores da hierarquia estatal.

Aliás, apesar de toda a voga neoliberal, que insiste na falência e na fragilidade do Estado, estamos diante da presença de um Estado forte, centralizador e com razoável poder de decisão no âmbito da regulação social e econômica.

Com isso, não queremos reforçar a clássica afirmativa de que no Brasil o Estado é forte e a sociedade civil é débil, sempre sujeita aos poderes de manipulação e cooptação das forças políticas incrustadas na máquina estatal. Pelo contrário, partimos do suposto de que há entre sociedade civil e Estado relações de antagonismo, reciprocidade e complementaridade que estão em permanente disputa na luta pela hegemonia. Nem endossamos a ideia da existência de blocos monolíticos e homogêneos em nenhuma das duas esferas, o que abre possibilidades para distintas composições de forças em torno de posições determinadas e resultados almejados.

Como analisa Schwartzman, a presença histórica, desde 1930, de um Estado forte com características patrimoniais tem levado à permanência de dois sistemas de participação política nas relações entre Estado e sociedade no Brasil: tanto *sistemas de cooptação política*, como *sistemas de representação autônoma*, que se mesclam e interpenetram, com predominância ora de um, ora de outro, dependendo das conjunturas políticas e da correlação de forças no cenário político-institucional. No entanto, somos também obrigados a reconhecer que as relações entre Estado e sociedade no Brasil têm sido marcadas por um "processo pelo qual o Estado tratava, e

ainda trata, de submeter à sua tutela formas autônomas de participação" (Schwartzman, 1988, p. 67).

Tal processo tende a criar estruturas de participação débeis,
impedindo a emergência de grupos políticos autônomos e de arenas de negociação e disputa entre os interesses em jogo. A mediação
é sempre feita por intermédio do Estado, induzindo relações de
dependência e subordinação, pelo fracionamento dos grupos sociais
em busca de privilégios e não da formação de estruturas de demandas políticas mais permanentes.

Pensar na experiência dos conselhos, portanto, supõe ter presente esse conjunto de questões. O que está em jogo, de fato, é a
possibilidade de representação de interesses de forças autônomas
diante das resistências do Estado e das instâncias burocráticas em
incorporar novas demandas e novos atores sociais no processo de
definição e controle social das políticas governamentais.

No curso de nossa pesquisa, identificamos a expressão de
uma visão fortemente crítica das práticas dos conselhos como
mecanismos integrantes da definição das políticas públicas, que
consideramos importante explicitar. O destaque a ser dado a esta
posição, assumida pela representante do Ministério da Educação
no CNAS, justifica-se menos como a exposição de um posicionamento individual e mais como expressão de uma concepção política existente, não apenas no âmbito governamental, mas também
na produção intelectual de cientistas políticos dedicados à análise da democracia e dos sistemas de representação nas sociedades
capitalistas.[12]

---

12. Referimo-nos aqui, por exemplo, às análises de Carlos Estevam Martins (1994, p. 169),
quando desenvolve reflexões sobre as diferentes modalidades de democracia e formas de
participação política. Ao analisar os canais de participação dos atores sociais nas decisões
governamentais pelo sistema de conselhos, afirma sua incompatibilidade com o

Sem entrar no mérito da representatividade dessa posição em termos do pensamento "oficial" do governo, até por que é extremamente difícil identificar uma postura orgânica e articulada da representação governamental no CNAS, tudo indica que é uma concepção política presente em diferentes instâncias do poder governamental — o que, aliás, a representante do MEC não procurou ocultar. Sua argumentação gira em torno de um ceticismo ante a viabilidade de existência dos conselhos em termos da qualidade e da eficácia da sua atuação. Posicionando-se genericamente em relação aos conselhos, pondera que esses espaços representam instâncias híbridas, confusas, que funcionariam numa espécie de zona cinzenta entre o governo e a sociedade:

> Eu acho essa coisa de conselho muito confusa. Ele tem coisas de governo, coisas que não são de governo, ele não é governo, ele precisa do governo, ele não tem autonomia de funcionamento se não for dentro do governo. Então, eu sou muito cética em relação à força desses conselhos.

Para fundamentar essa visão, argumenta que, num regime presidencialista em que existem os três poderes, são essas instâncias que têm o poder de decisão. Não considera, contudo, que na prática política brasileira, a independência entre esses níveis de poder tem sido mera formalidade legal.

_____

funcionamento da democracia representativa. Com algumas indagações, expõe a linha central do seu argumento: "Quando se fala de conselhos, do que se trata afinal? Será que estamos falando de instituições que — duplicando desnecessariamente as instituições da sociedade civil e usurpando funções dos partidos políticos e dos órgãos legislativos — contribuiriam para esvaziar e prejudicar frontalmente o tímido desenvolvimento de nossas instituições representativas?". E, continuando seu raciocínio, conclui que os conselhos "só se tornam órgãos próprios e exclusivos de participação quando são concebidos como fundamentos de uma nova ordem social (a democracia proletária ou substantiva como negação e superação da democracia burguesa ou formal)".

Eu confio nos três poderes — Legislativo, Executivo e Judiciário. [...] Vai continuar havendo diálogo com os setores organizados e esses setores têm o poder legítimo de pressionar tanto o Executivo, quanto o Legislativo e o Judiciário, entrando com ações legais, pressionando etc. Sem dúvida, não é porque está eleito que o governo pode fazer o que quiser, nem porque está eleito que não vai ouvir mais o que está acontecendo. Agora, eu sou dos três poderes, eu acho que a sociedade organizada deve pressionar os três poderes.

O debate em torno da democracia representativa tem sido objeto de intensas polêmicas no âmbito da teoria política. Embora as múltiplas questões implicadas nessa discussão extrapolem os limites deste estudo, torna-se necessário pontuar alguns elementos que se relacionam mais diretamente com o contorno da análise que estamos desenvolvendo.

Benevides (1990, p. 5), ao justificar as razões que a levaram a estudar o estatuto da democracia semidireta no Brasil, por meio dos mecanismos institucionais de participação introduzidos pela Constituição Federal de 1988 (referendo, plebiscito e iniciativa popular), refere-se à constatação, tanto no plano teórico quanto na realidade política brasileira, "da crescente insatisfação com a representação política clássica e as demandas por maior participação *política*". Alude, ainda, ao amplo consenso que vem se estabelecendo nas sociedades contemporâneas de que a representação política, embora legítima e necessária, tem se revelado insuficiente para expressar e processar a realização dos interesses populares nas suas múltiplas expressões. Nesses termos, identifica a polêmica existente em relação aos limites postos pela prática da democracia representativa em torno de duas vertentes: uma que considera que esses limites devem ser enfrentados com o aperfeiçoamento do sistema de representação tradicional; e outra, que procura superá-lo com mecanismos de correção sem, contudo, propor sua extinção. Tudo indica que a posição expressa pela representante do MEC no CNAS filia-se à primeira dessas vertentes, pela contundência com que argumenta a favor das instituições políticas consagradas pela democracia liberal como únicos condutos legítimos de participação política da sociedade nas esferas de decisão governamental.

Estevam Martins (1994), analisando as modalidades da democracia participativa na sociedade capitalista, endossa essa argumentação e afirma que a sociedade não deve ter órgãos próprios de participação nos processos decisórios do governo. Segundo sua posição, a sociedade já possui canais variados de participação na democracia representativa e quer manter liberdade de organização. Para este autor, as organizações públicas (no sentido de estatais)

> são instrumentos da ação governamental. É por seu intermédio que o governo implementa suas políticas setoriais e sua política geral. Em outras palavras, é por seu intermédio que o partido eleito pela vontade majoritária do povo exerce o poder que lhe foi legitimamente confiado (Carlos E. Martins, 1994, p. 175).

Assim sendo, o interesse máximo a ser atendido é o do consumidor dos bens e serviços produzidos pelas organizações estatais. A democracia no âmbito do Estado "equivaleria a privar de qualquer valor o direito de voto assegurado aos cidadãos" e seria uma forma de impedir que o partido que está no poder possa executar o programa de governo aprovado nas urnas e pelo qual será julgado pelos eleitores.

Nessa perspectiva, não existe o cidadão, mas apenas o consumidor, que é chamado a opinar em intervalos regulares pelo processo eleitoral, momento em que são decididas as questões de interesse público. A democracia é concebida como um conjunto de regras políticas e sociais que "se manifesta apenas no processo

eleitoral, na mobilidade do poder e, sobretudo, em seu caráter re-
presentativo" (Carlos E. Martins, 1994, p. 141)

No entanto, como analisa Chauí (1989), a concepção liberal de
representação, construída em torno da ideia de governo re-
presentativo, não possui vínculo substantivo com a ideia de democracia. Ao contrário, para muitos liberais, a representação tem o
objetivo de impedir a democracia política, cuja expressão máxima
é limitada ao poder judiciário, pressuposto da garantia da integri-
dade e da liberdade dos cidadãos diante dos governantes.

Essa discussão remete, simultaneamente, a duas ordens de
questões. De um lado, à constatação da importância dos instrumentos legais da democracia representativa para o aperfeiçoamento da ordem democrática e, de outro, à consideração dos limites
dessa forma de representação para a realização efetiva, e não
apenas retórica, da democracia como possibilidade de ampliação
da participação popular nas decisões políticas. Nessa óptica, em
vez de democracia, mais correto seria falar de democratização, por
referir-se esta a um *processo* e não a um *estado* (G. Lukács *apud*
Coutinho, 1992, p. 20).

Adotar essa perspectiva de análise aponta, pois, para a necessária complementaridade entre democracia representativa e democracia participativa, mais do que para a escolha entre uma ou outra
forma como processos excludentes. Ou seja, não se trata de eliminar
os aspectos formais ou procedimentais da democracia, mas de
identificar entre a democracia participativa e a democracia liberal
não "uma relação de negação, mas de superação dialética: a primeira *conserva e eleva a nível superior* as conquistas da segunda"
(Coutinho, 1992, p. 36; grifos do autor).

No caso brasileiro, em que predomina a *legalidade truncada*
(O'Donnell, 1993), que garante os direitos políticos democráticos,
mas não consegue efetivar a lei e a justiça nas múltiplas esferas da

vida social, essas questões ganham ainda maior relevância. Os instrumentos de participação democrática, dada sua fragilidade, são constantemente ameaçados pela cultura política autoritária, patrimonial e clientelista da sociedade brasileira. O escasso enraizamento da cidadania no tecido social traz múltiplos desafios, tanto para o aperfeiçoamento e consolidação dos mecanismos formais da democracia representativa quanto para a necessária ampliação dos espaços político-institucionais, de modo que incorpore a participação ativa de novos sujeitos políticos. Aliás, o texto constitucional em vigor admite a combinação de formas de democracia participativa com a democracia representativa, embora, como observa Benevides (1990, p. 4), seja provável que muitos constituintes tenham aprovado os novos mecanismos de democracia semidireta na crença de que dificilmente seriam postos em prática.

Nessas condições, considerando-se as demandas pela extensão da democracia nas sociedades contemporâneas e, especialmente no Brasil, intensificadas pela luta contra a ditadura militar, ressalta a importância da ampliação da democratização da esfera política para a democracia na esfera social. Trata-se da "extensão das formas de poder ascendente [...] ao campo da sociedade civil [...], através da ocupação [...] de novos espaços até então dominados por organizações de tipo hierárquico ou burocrático" (Bobbio, 1987, p. 156).

Entretanto, poderíamos indagar: quais seriam esses novos espaços? Quais seriam as melhores garantias institucionais para a efetiva representação democrática?

Se não existem respostas conclusivas a essas perguntas, é plausível pensar na importância da construção de instâncias organizadas capazes de exercer a mediação entre a pluralidade de interesses representados na sociedade civil e as forças sociais representadas no governo, na direção da constituição do interesse público. É evidente que o desenvolvimento de controles democráticos sobre o Estado interessa, prioritariamente, às classes excluídas de qualquer poder de decisão pública e nesse sentido precisam se mobilizar intensamente para atingir seus propósitos.

Mas, como assinala Coutinho (1992, p. 57), a perspectiva neoliberal que tem se consolidado no Brasil reconhece e até estimula a auto-organização da sociedade civil, mas procura orientá-la para a defesa de interesses puramente corporativos e particularistas. Bloqueia a constituição de esferas públicas como instâncias mediadoras em que esses interesses possam ser confrontados e concertados, pulverizando a força da organização de sujeitos políticos coletivos e buscando substituí-la pela ação de grupos de pressão ou *lobbies*, mais facilmente manipuláveis pelos interesses no poder. Isso é acompanhado pela consideração dos espaços políticos favorecedores da articulação de interesses coletivos como marcadamente "ideológicos" ou "aparelhados", o que expressa uma forma de desqualificar as *instâncias globalizadoras da política* e os mecanismos de socialização da política e do poder (Coutinho, 1992, p. 58).

Essa atitude transparece na fala da representante do MEC, quando qualifica o CNAS como um conselho de oposição ao governo Fernando Henrique:

> No caso do atual CNAS, do jeito que ele está montado, ele é um conselho de oposição ao governo. Na primeira reunião você via que era um conselho de oposição. [...] Além disso, nessa área de assistência, é uma área que você tem a oposição ligada ao PT, à Igreja, é uma área fortemente politizada. Eu vejo isso em relação ao Conselho Nacional de Educação: lá, você tem uma representação dos interesses mais gerais da sociedade, realmente você pode dizer que o Conselho de Educação representa mais a sociedade — tem os donos das faculdades, ele está mais representado, como o Congresso em

Brasília, do que essa área, que é fortemente influenciada por essa visão política e que é fortemente aparelhada.

Pondera ela, também, que as organizações que têm assento no CNAS, com raríssimas exceções, votaram em Lula e não em Fernando Henrique nas últimas eleições e, por isso, seriam contra a proposta de governo porque têm outra proposta, diferente da que está sendo implantada. Considera, assim, a assistência social um campo minado, "excessivamente politizado", o que impediria que as propostas sejam objetivamente explicitadas e faria com que predomine a luta pelo poder entre diferentes facções políticas movida por interesses corporativistas. Questiona, ainda, a representatividade da sociedade civil e considera muito difícil que um conselho não seja cativo de alguma corporação, de algum partido político ou de algum interesse,

> porque no fim são aqueles que estão mais organizados, e nem sempre são os melhores, que vão assumir.

Acrescenta, no entanto, que vê como legítima a composição do conselho, porque

> quem é organizado é esse pessoal, então não tem nada de ilegítimo nisso, eles são organizados, votam e ganham.

A entrevistada argumenta que governo nenhum vai submeter sua ação a um conselho no qual não tem maioria, ou não pode garantir a maioria.

> Ele [o governo] não vai fazer isso se ele puder evitar, ele não pode evitar o Congresso. Agora, um conselho ele evitará sempre, qualquer que seja o governo, inclusive do PT. [...] Se o governo não tiver certeza que vai ganhar, ele não vai submeter essa decisão a conselho

nenhum, porque ele acha que é uma ação prioritária do governo, ele quer que a sua proposta seja vitoriosa. [...] Qual é a fórmula? É correr por fora! [...] E ele tem meios para fazer isso. Se o governo não quer, se o conselho é meio contra ele, ele imobiliza o Conselho e tem mil maneiras de fazer isso, ele neutraliza, não dá muita importância. O governo quer que o Conselho referende a sua política ou não se meta. Ele pode usar o Conselho como uma caixa de ressonância, como uma fonte de propostas, uma fonte de discussão. Agora, na hora de decidir, o governo decide. Se o Conselho for muito contra, não se passa mais por ele. Eu estou sentindo isso *lá*, eu já ouvi isso. E daí o Conselho vira um fórum de protesto, mas não de definição de política, vira um fórum de oposição!

O que está em questão nessa análise sobre os conselhos é seu caráter deliberativo e paritário, prerrogativas duramente questionadas pela entrevistada. Compara o CNAS com o Conselho Nacional de Educação, não paritário e consultivo. Trata-se de uma instância da sociedade civil, composta por pessoas da área de educação, indicadas e nomeadas pelo presidente da República a partir de consulta às entidades representativas, que resultou numa lista que foi respeitada, embora a lei lhe facultasse a possibilidade de indicar outros nomes fora da lista. Segundo a entrevistada,

> é um conselho da sociedade, de natureza consultiva, que tem uma autonomia muito grande em relação ao governo, porque as pessoas não são do governo, participam apenas dois secretários (do Ensino Superior e Fundamental).

Argumenta que esse é um modelo de conselho totalmente diferente do CNAS, que é paritário e deliberativo.

A paridade também é questionada no caso do CNAS, por entender que não existe no âmbito do governo federal, já que a representação governamental é composta por sete membros daquele governo, um dos estados e um dos municípios. Argumenta que, dessa forma, o governo (federal) tem representação minoritária, e é o encarregado da política nacional.

Então, para aprovar uma posição do governo, ele tem que conquistar votos fora do governo. O que acaba acontecendo, pelo fato de ele ser minoritário, eu estou vendo na experiência, é que se ele sente que a política que ele quer imprimir para o setor não vai ser aprovada, ele não passa, resolve por fora. Ele só leva ao Conselho se ele precisar de apoio, se ele achar que vai ser consensual.

Quanto à paridade, o representante governamental da SAS também reforça a mesma visão, ressalvando, no entanto, a contribuição de estados e municípios para a discussão da política de assistência social:

Eu acho que a participação dos estados e municípios enriquece o governo na área federal. Agora, sob o ponto de vista da paridade, isso não reflete a paridade em termos do governo federal num Conselho Nacional governamental e não governamental, porque as representações dos municípios e dos estados não necessariamente, mas geralmente, devem ter pontos de vista diferentes do governo federal (SAS).

A questão da paridade no CNAS é interpretada de forma distinta pela representante dos municípios:

Eu acho que essa representação governamental do conselho é muito justa, porque tu não dá preponderância para o governo federal nas decisões. Ele é de fato paritário, porque incorpora a representação das duas outras esferas de governo em relação à sociedade civil. A presença dos estados e municípios permite uma correlação de forças diferente, porque essas representações podem, em determinados momentos, colocar-se ao lado da sociedade civil, defendendo as mesmas lutas, e, em outros momentos, somar ao lado do governo federal. [...] Será que a paridade é sempre quando um lado tem maioria? Ou quando um lado está exatamente proporcional ao outro? [...] Porque aí nós vamos ter que discutir o seguinte: o governo federal representa os governos como um todo no processo de discussão da assistência social? (Representante dos municípios).

Na prática, porém, o Executivo, em suas diferentes instâncias, tem utilizado expedientes de neutralização e interferência direta no funcionamento do CNAS. Vários depoimentos de membros da sociedade civil salientaram esse fato, exemplificando as dificuldades existentes para que o Conselho possa cumprir suas funções legais:

> Você percebe que o CNAS é um dos únicos conselhos que é deliberativo [sic] dentro desse espaço que foi criado pela sociedade civil para participar do governo. [...] A grande dificuldade que a gente encontra é que esse Conselho, que deveria ser assim uma espécie de regulador da execução da política de assistência social no país, tem sido alvo de percalços na sua atuação, porque tem sido muito difícil para o Executivo, e também para o Legislativo, e mesmo para o Judiciário, compreender a importância do Conselho na condução de uma política. Quer dizer, é difícil para o governo aceitar um controle da sociedade civil, por mais frágil que ela seja, no campo da assistência social. Eu acho que tem vários exemplos: a própria protelação da eleição do Conselho, a ação do órgão executor que é a SAS, que, muitas vezes, realmente não está adequada a essa nova maneira de agir que a lei prevê. [...] As dificuldades são contínuas, em termos da maneira de um querer sobrepor suas ações em cima do outro ou, então, para executar o que estava previsto pelas deliberações do Conselho, ou não apresentar para o Conselho em tempo hábil as informações sobre orçamento da assistência social. Tudo isso, enfim, nesses últimos dois anos foram sendo questões muito prementes (CNBB).

As formas de neutralização da ação do CNAS pelo Executivo federal têm sido múltiplas. No curso das entrevistas, cada um dos representantes não governamentais relatou situações em que esse tipo de conduta ficou caracterizada.

> Há casos de interferência do Executivo que são inacreditáveis! [...] Por exemplo, quando o CNAS aprova uma questão por unanimidade [refere-se ao regimento das eleições da representação da sociedade civil]. Veja bem, eu não estou falando de maioria, estou falando de unanimidade [...]. Os sete ministérios votaram a favor daquela questão, elabora-se uma proposta de decreto e encaminha-se para a Casa Civil do governo, e a Casa Civil muda o decreto, modificando alguns artigos.[13] Quer dizer, passa por cima até da sua própria representação dentro do CNAS (CFESS, suplente).

As informações, principalmente aquelas relacionadas ao orçamento e ao Fundo Nacional de Assistência Social, são as mais difíceis de serem apropriadas pelo CNAS:

> Por que é na questão dos recursos que a gente consegue ter menos informações da SAS? Porque é onde você controla, porque você pode discutir um monte de coisas, mas na hora em que você repassa o recurso é que você consolida, você implementa a política, estabelece relações com as entidades, com o governo local etc. Então, a gente vive solicitando informações sobre o financiamento, demora para

---

13. No que se refere à composição da sociedade civil, a proposta da Casa Civil era que fosse retirado do regimento eleitoral a composição tripartite (três representantes das entidades, três dos usuários e três dos trabalhadores). Segundo representantes da sociedade civil, a intenção era tentar diminuir a bancada dos trabalhadores e aumentar a das entidades assistenciais, que, na visão desses entrevistados, o governo supõe sejam menos politizadas e mais facilmente manipuláveis. Depois de muita negociação, foi mantida a forma prevista na Loas, mas a Casa Civil conseguiu modificar os critérios de inscrição das entidades, exigindo grande número de documentos e comprovações de recolhimento de contribuições ao INSS, certidões negativas etc., que criaram dificuldades para as grandes organizações, como a CUT, que quase não conseguiu se inscrever, porque as exigências não se aplicavam apenas ao órgão central, mas a todos os braços da entidade, o que incluía todas as CUTs estaduais e regionais. Algumas entidades deixaram de participar por não conseguir providenciar, em tempo hábil, toda a documentação exigida.

vir, muitas vezes não vem ou chega de maneira truncada. Nós definimos que, a cada trimestre, a SAS deve apresentar a execução orçamentária para a gente poder acompanhar. Então, nós vamos estar cobrando da SAS, que ela envie numa linguagem clara, sucinta, para que a gente possa ter acesso de fato (CUT).

Tais observações suscitam, ainda, outro nível de análise, referente às características da burocracia nos marcos da cultura autoritária brasileira.

As condições históricas da expansão da burocracia brasileira desde a década de 1930 "favoreceram a emergência de uma cultura burocrática calcada em valores que enfatizam a dimensão técnica em detrimento da dimensão política" (Boschi e Diniz, 1978, p. 106). A consequência disso é a despolitização dos mecanismos de decisão e a defesa do sigilo que deve prevalecer para o "adequado" funcionamento do aparelho burocrático. Assim, quaisquer vínculos da burocracia com segmentos sociais externos ao governo são vistos como "disfuncionais" e "desvirtuadores" da racionalidade exigida para o "correto" funcionamento dos procedimentos burocráticos da máquina estatal, no sentido de preservar os sistemas de informação e decisão das ingerências externas.

Na fala de uma das entrevistadas, é possível identificar a presença destes procedimentos:

A questão do orçamento foi uma barbaridade! [...] Nós solicitamos ao Ministério da Previdência e Assistência Social informações sobre o orçamento para 1996 e o Ministério disse que não podia encaminhar porque era sigiloso. Nós mandamos a lei que define claramente a competência do CNAS nessa questão,[14] e argumentamos que não

---

14. O decreto que regulamenta o Fundo Nacional de Assistência Social (FNAS) prevê, em seu artigo 9º, que "as contas e os relatórios do gestor do FNAS serão submetidos à apreciação do Conselho Nacional de Assistência Social — CNAS, bimestralmente, de forma sintética e, anualmente, de forma analítica".

tinha nada de sigiloso, muito menos para o Conselho, que eles tinham que cumprir o que a lei determinava. Então, eles vieram só para dizer o que já tinha sido feito (Anasselba).

O representante da SAS confirma o que está previsto na lei quanto à competência do CNAS no acompanhamento da execução financeira dos recursos do Fundo:

> Nós temos que mandar, trimestralmente, o relatório de execução financeira desses recursos que estão no Fundo. Então, o Conselho recebe trimestralmente, recebeu um em abril e vai receber outro em junho. Quer dizer, tem formas de acompanhar e também pode, na hora que quiser, solicitar um balanço ou explicação da SAS, isso só depende do Conselho.

Na prática, porém, o acesso às informações tem sido dificultado:

> O Conselho tem direito à informação, é da sua competência [...] mas quando a gente cobra a informação com pressão [...] é como se a gente tivesse querendo uma coisa que não é direito nosso, os próprios técnicos têm essa atitude. [...] Então, há uma resistência em passar a informação, porque as pessoas incorporaram aquilo como propriedade particular (CUT).

Esse processo de fortalecimento da burocracia governamental, fundado na *tecnificação* de questões de natureza política e na defesa do sigilo como mecanismos que dificultam o controle social, é gerado, segundo os analistas (Boschi e Diniz, 1978; Schwartzman, 1988), quando a expansão e a hipertrofia da burocracia "precede a plena constituição e organização de interesses das diversas camadas sociais", favorecendo a cooptação ou a manipulação políticas como lógicas de absorção dos conflitos (Boschi e Diniz, 1978, p. 106).

O sigilo dentro da organização estatal reforça a privatização do público, ao mesmo tempo em que desloca a questão do campo político para o âmbito técnico, para a linguagem de poucos, dos especialistas. Instala-se, assim, o

> discurso competente [...] que se confunde com a linguagem *institucionalmente* permitida ou autorizada, isto é, um discurso no qual os interlocutores já foram previamente reconhecidos como tendo o direito de falar e ouvir, no qual os lugares e as circunstâncias já foram predeterminados para que seja permitido falar e ouvir e, enfim, no qual o conteúdo e a forma já foram autorizados segundo os cânones da esfera de sua própria competência (Chaui, 1989, p. 7).

A fala do representante do Ipea remete ao *discurso competente* da linguagem dos especialistas:

> Porque a grande maioria dos conselheiros que representam a sociedade civil não tem conhecimento da máquina burocrática, não sabe como funciona o governo, os trâmites que devem ser seguidos porque as leis assim determinam. [...] Para a sociedade civil, de modo geral, esses trâmites são muito simples. [...] Então, o governo passou a se interessar por participar mais desses conselhos, para que certas deliberações não sejam tomadas por inaplicáveis. [...] Ou seja, a maioria dos conselheiros não conhece ou não sabe interpretar a lei e os decretos, porque não têm experiência, não estão habituados no dia a dia a trabalhar com isso.

Uma das consequências desse discurso é a despolitização de questões eminentemente políticas, como é o caso da alocação das verbas públicas. Sua observação desconhece (!?) as negociações (ou negociatas?) políticas que presidem a definição do orçamento da União, prática corriqueira amplamente veiculada pela imprensa, e enfatiza, por um lado, a técnica processual desse procedimento e, de outro, o desconhecimento dos conselheiros de matéria afeta à burocracia.

Contudo, a denúncia do *discurso competente* não deve obscurecer o fato de que a sociedade civil atuante nos conselhos precisa apropriar-se do conhecimento dos elementos relacionados ao financiamento da política pública e acompanhamento da aplicação dos recursos, aspectos esses que têm sido negligenciados nas análises e discussões sobre a política de assistência social.

Enquanto isso, os constantes adiamentos na regulamentação do Fundo Nacional de Assistência Social (efetivado somente em 25/8/1995, quase dois anos após a promulgação da Loas) expressam a dimensão das resistências à definição e ao repasse de recursos na área da assistência social, com base em critérios transparentes e com controle da sociedade civil. Além disso, o repasse de recursos a estados e municípios está na dependência da criação dos Conselhos de Assistência Social, da elaboração de Planos e da regulamentação dos Fundos de Assistência Social, processo que se encontra em andamento em todo o país e que tem gerado, ao lado da constatação da sua importância, a preocupação com o cumprimento "a toque de caixa" das exigências, como ritual meramente formal, apenas para viabilizar o recebimento de recursos.

Por outro lado, as ações agrupadas nos orçamentos sob a denominação de assistência social — sempre sujeitas a manipulações clientelistas, à pressão de *lobbies*, à corrupção e às diferentes formas de uso dos recursos públicos para fins privados — prestam-se mais à flexibilidade, à indefinição e opacidade na alocação de recursos do que à visibilidade e fiscalização públicas de sua aplicação. É conhecida, também, a resistência dos gestores da política econômica à vinculação de recursos, o que lhes garante pouca margem de transferência,[15] segundo critérios nem sempre publicáveis.

---

15. Para uma análise mais detalhada da questão do financiamento federal das políticas sociais, consultar Medici (1995). Para a abordagem da questão do financiamento da política de assistência social, ver Ademir Alves da Silva (1995).

Acresçam-se a isso as dificuldades de apropriação do orçamento da assistência social, pulverizado por diferentes rubricas e ministérios, o que dificulta a avaliação, fiscalização e acompanhamento da execução. Além disso, a inexistência de fontes seguras e previsíveis dos recursos para a assistência social, a exemplo do que acontece na educação, torna este debate volátil e dependente de negociações políticas que se repetem anualmente na montagem do orçamento para cada exercício.[16]

À complexidade desse quadro agrega-se, ainda, além da competência do Legislativo para aprovar o orçamento da assistência social, a presença da "cultura política" entre os deputados de "carimbar" recursos destinados às suas clientelas eleitorais:

> Até que ponto o que o Conselho define o Congresso Nacional é obrigado a acatar? Não tem nada que diga. Nós podemos fazer uma proposta aqui e, de repente, uma parte do orçamento, que é aprovado pelo Conselho, é cortado pelo próprio Executivo, num primeiro momento. Depois, o Congresso pode fazer cortes ou ampliações, ou até "carimbar". Quem pode impedir que um deputado destine determinada parte dos recursos, inscritos num programa geral para ser dividido de acordo com critérios de participação aprovados, e, de repente, vai o deputado e passa para a região dele ou para o município, ou para uma determinada entidade, um valor tal que desequilibra aquele critério de partição adotado? O deputado acha que isso é natural, é um direito seu de brigar pelo município dele, pela clientela, pela base eleitoral que o elegeu! E eu não estou falando no sentido de falcatruas, entidades fantasmas, não é nada disso. Mesmo que seja uma entidade existente, que realize um bom trabalho. [...]

---

16. Para avançar nessa questão, uma das resoluções da I Conferência Nacional de Assistência Social, reafirmada na II Conferência Nacional, propõe a definição de pelo menos 5% sobre o orçamento da seguridade social para financiamento da assistência social. Trata-se de meta política que, para seu alcance, exigirá, com certeza, grande poder de mobilização da sociedade civil.

Ele vai dizer, como dizem de fato: *Mas quem representa mais o município? Eu, que fui eleito deputado lá, ou o Conselho?* São as discussões que a gente têm nos municípios e nos estados! (SAS).

Como vimos, a convivência entre os canais institucionais da democracia representativa e os novos mecanismos de participação da sociedade civil não se desenvolve sem conflitos e tensões. A questão do orçamento é crucial e constitui um dos maiores desafios para o Conselho, que precisa fazer avançar sua interlocução com outras esferas de poder, sobretudo com o Legislativo. A criação de mecanismos de articulação política com parlamentares progressistas — que se têm insurgido contra as práticas de "carimbo" das verbas públicas — é uma estratégia política fundamental para enfrentar a cultura clientelista presente no universo da assistência social. Nesse quadro, é primordial a adoção de instrumentos publicizadores, que deem visibilidade ao debate sobre o fundo público, o que envolve, também, a interlocução sistemática com a esfera judiciária, por meio de uma atuação mais articulada com o Ministério Público.

Por todas essas razões, é inegável a urgência do CNAS para qualificar-se no enfrentamento dessas questões, o que, aliás, já vem ocorrendo com a criação da Comissão de Financiamento, uma das comissões temáticas encarregadas de subsidiar o plenário do Conselho no monitoramento, avaliação e deliberação sobre a matéria.[17] No entanto, como contraponto à despolitização, à tecnificação e ao sigilo, a sociedade civil precisa recuperar a dimensão política

---

17. A recente incorporação do Instituto Nacional de Estudos Sócio-Econômicos (Inesc) à representação da sociedade civil no CNAS sinaliza a possibilidade de reforçar-lhe a atuação neste rumo. Trata-se de uma ONG que se dedica a estudar, monitorar, assessorar e elaborar propostas relacionadas com questões orçamentárias no âmbito do Poder Legislativo. As outras comissões de trabalho do CNAS são a de política de assistência social, a de normas e legislação e a de comunicação.

subjacente aos critérios de distribuição dos recursos, mediante a adoção de mecanismos que deem visibilidade e publicidade às informações referentes ao financiamento da política de assistência social.[18]

O enfrentamento dessas dificuldades exige a abertura do CNAS para uma intervenção política que extrapole os limites do próprio Conselho. Torna-se imperativo, pois, ativar a mobilização de forças sociais e políticas da sociedade civil, construindo novas alianças e ampliando as bases de apoio que possam respaldar os avanços a serem conquistados. Isso envolve, necessariamente, a criação de novos mecanismos de articulação societal com os grupos interessados na definição de uma política de direitos na assistência social, mas implica, também, um investimento na formação de uma opinião pública crítica, capaz de gerar certos consensos em termos das pautas sociais prioritárias para o enfrentamento da pobreza em nosso país.

Dessa forma, aos conselhos cabe a importante tarefa de cons-tituírem-se em polos aglutinadores desse processo, o que só será conseguido se forem estabelecidos fluxos contínuos de informação e retroalimentação com as forças organizadas nos estados e municí-pios, por meio de canais contínuos de informação com os conselhos e fóruns que se organizam nacionalmente.

Como observa um dos conselheiros:

Um conselho como o de Assistência Social deveria ter uma função de apresentar relatórios públicos, denúncias sobre o descumprimen-

---

18. Experiências vêm sendo feitas — por exemplo, a realização de audiências públicas com a participação da sociedade civil — como importante mecanismo, não apenas de denúncia, mas para tornar mais transparente e democrática a circulação de informações e o planejamento de ações coletivas.

to de uma lei orgânica ou de qualquer outra legislação pertinente à área, e isso não é feito, praticamente nenhum conselho faz isso (Ipea).

Diante desse quadro, o que parece estar em questão é a própria concepção de conselho e de seu papel no espaço público:

> Se a gente entender conselho como sendo os representantes eleitos, decidindo, deliberando, como um espaço só daquelas entidades que foram eleitas e da representação governamental, tem problemas sérios. Mas se a gente pensar o conselho como uma dinâmica mais aberta, de comunicação mais direta com a população, não apenas com a população organizada, mas aquela maioria que não tem organização, que está fora das instituições, criando mecanismos para isso, eu acho que se avança. [...] Tem que criar mecanismos de escuta e de articulação com a sociedade. Eu acho que se os conselhos não fizerem isso e se fecharem neles mesmos, eles morrem (MNMMR).

CAPÍTULO IV

Governo e sociedade civil no espaço do CNAS — a questão da representação

Temos examinado, ao longo deste livro, as dificuldades relativas às práticas de representação político-institucional como elementos constitutivos da esfera pública. As possibilidades de incorporar instrumentos publicizadores no processo de construção da política de assistência social associa-se, assim, à constituição de atores sociais considerados como interlocutores dotados de representatividade e legitimidade no processo de encaminhamento e tomada de decisões.

Sabemos, todavia, que a participação da sociedade civil na definição e na gestão das políticas sociais é elemento fundamental para a democratização das esferas governamentais, mas não é garantia automática de que daí resulte efetiva ampliação da pauta de direitos sociais aos excluídos.

No que se refere ao tema da representação, repleto de armadilhas, conforme observa Bobbio (1986, p. 46), há uma multiplicidade de questões que não podem ser tratadas aqui. No entanto, os aspectos relacionados ao *como* se representa e ao *que coisa* se representa parecem ser centrais para se determinar as possibilidades e os limites para o exercício da representação.

Neste capítulo, é nosso objetivo mapear algumas questões relacionadas à representação da sociedade civil e da esfera governamental no espaço do CNAS.

É possível visualizar problemáticas e desafios peculiares a cada uma dessas representações, a serem apreendidas e discutidas. As dificuldades detectadas nas duas esferas de representação (governamental e da sociedade civil) podem explicar muitos dos problemas encontrados pelo CNAS para fazer avançar o caráter público das suas propostas e deliberações, de modo que interfira mais efetivamente na definição das prioridades e conteúdos da política de assistência social.

A representação governamental

Referir-se à representação governamental no âmbito do CNAS implica a identificação de seus sujeitos como integrantes do conjunto de aparatos institucionais do Estado.

Os funcionários públicos, mediadores das esferas burocráticas, constituem categoria social pouco estudada na literatura sociológica, mas em relação à qual a imagem popular ganha estatuto de verdade científica, como pondera França (1993, p. 11-12): rotina, desinteresse, acomodação, ineficiência, parasitismo, conformismo, acomodação, descompromisso, privilégio. São muitas as associações como essas que se fazem quando está em questão o funcionalismo público.

Embora os estigmas comumente associados aos servidores públicos possam corresponder, em diferentes graus e formas, ao funcionamento dos órgãos governamentais e à performance de seus funcionários (os burocratas), sua presença tem impedido a elaboração de uma visão menos preconceituosa sobre esses trabalhadores (França, 1993, p. 11-12). Além disso, tomada como conjunto, essa categoria é extremamente diversificada e fragmentada, decomposta em distintos grupos e camadas com alto nível de especificação em termos de formação, especialização, desempenho de funções, posição hierárquica, acesso à decisão, a par das diferenças em termos de posturas ético-político-ideológicas.

Boschi e Diniz, nas análises sobre as relações entre burocracia, clientela e poder, chamam atenção para as abordagens polares que geralmente reforçam a concepção de burocracia como um bloco monolítico, homogêneo e coeso.

Ora as organizações burocráticas são vistas como uma máquina facilmente capturável por grupos ou interesses solidamente estabelecidos, agindo no sentido do reforço do tradicional e da resistência à mudança, ora são encaradas como instrumento neutro dotado dos recursos necessários para assegurar a racionalidade das decisões e preservar sua autonomia decisória, sobressaindo, assim, seu papel inovador e sua capacidade de agir como ator modernizante (1978, p. 99).

Buscando romper com essa visão dicotômica e homogeneizadora, esses autores destacam os elementos relacionados à fragmentação existente, tanto das agências burocráticas quanto dos interesses privados, que permite a composição de distintos arranjos na articulação entre esses dois níveis e no âmbito interno de cada um. Esta perspectiva abre espaço para captar o conflito que se estabelece na dinâmica de funcionamento das estruturas burocráticas do Estado, tanto no plano horizontal da competição interburocrática quanto dos mecanismos de alianças que se estabelecem com grupos externos — e se revela um instrumental mais adequado para apreender a dinâmica da representação governamental no espaço do CNAS.

A definição dessa instância de representação do CNAS segue uma lógica distinta da sociedade civil. No geral, os membros da "bancada" governamental são indicados por seus correspondentes ministérios a partir de critérios pouco explicitados, dada a extrema setorização existente e a ausência de diretrizes gerais que orientem a escolha dos representantes.

Não foi possível identificar um caráter orgânico nessa representação, nem em termos dos critérios considerados para a indicação, nem em termos de diretrizes gerais norteadoras da intervenção no espaço do Conselho. Ao que tudo indica, as posições assumidas pelos funcionários dos ministérios que mantêm interfaces com a política de assistência social geralmente expressam opiniões individuais, sobretudo quando o que está em pauta é matéria de conteúdo "técnico", mais circunscrita à interpretação da legislação existente e daquelas questões que afetam as especificidades da atuação de cada um dos ministérios.

A maioria dos entrevistados declarou não receber orientações do seu órgão quanto às posições a serem defendidas, não havendo formalização da posição de governo a ser levada ao Conselho. Vê-se que, em alguns casos, essa representação é tida como mais uma tarefa, nem sempre prioritária, a ser cumprida dentro da rotina de trabalho.

A participação dos representantes dos ministérios que não estão diretamente ligados à questão, normalmente não é uma participação orgânica, ou seja, não há uma posição, não há formulação de posições a serem levadas por aquele representante naquele conselho. Então, na Esplanada dos Ministérios funciona um pouco assim: vai você, nós confiamos na sua competência técnica e no que você vai dizer lá (Ministério do Trabalho).

Os critérios de escolha dos representantes do governo federal no CNAS não ficam claros. Na verdade, parece não haver critérios definidos, até pela ausência de articulação, pelo menos até recentemente, entre as diferentes representações. Em muitos momentos, essa participação aparece como algo que atrapalha a rotina das tarefas dos ministérios: é difícil obter sua pronta adesão, até pela multiplicidade de conselhos existentes:

> Eu penso que eles são escolhidos por dois caminhos: um é o da confiança, são pessoas de confiança; o outro, dependendo do ministério, para falar a verdade, não dá muita importância a isso, não é uma prioridade, há muito o que se fazer, vamos dizer assim. E aí fica uma coisa assim: quem quer? Quem topa essa coisa complicada e cansativa? Porque uma representação não é só participar de uma reunião mensal, ela envolve outros compromissos, você faz trabalhos, acumula trabalhos, e eu já vi conselhos sendo formados que dá o maior trabalho no ministério para conseguir alguém (CFESS, suplente).

Contudo, o representante do Ipea observa uma mudança no comportamento do governo diante dos conselhos:

> Essa revalorização da participação governamental nos conselhos é recente. Eu diria que é coisa de um ano e meio, no máximo, para cá, ou seja, no período desse governo, eventualmente até um pouco antes. Porque até então acreditava-se que os conselhos não tinham funções maiores, que eram espaços do controle social, mas pelo fato de a sociedade civil ter sempre tido uma participação maior, ou de ter tido sempre uma influência maior nas decisões, o governo não atribuía maior função aos seus representantes. Isso está mudando agora, até porque os conselhos são financiados pelos recursos públicos.

A ideia de que os conselhos são espaços da sociedade civil e não do governo é uma postura que parece prevalecer, embora seja possível identificar uma alteração na relação com o CNAS, sobretudo a partir do governo Fernando Henrique.

A consideração de que os conselhos são instâncias de interesse quase que exclusivo da sociedade civil traz como consequência sua desqualificação como espaço público, na medida em que o outro, o interlocutor governamental, peça-chave de legitimação desse espaço como mecanismo de articulação e negociação entre governo e sociedade civil, nem sempre está presente e, quando está, sua intervenção não é investida de representatividade.

> A partir do momento em que a representação governamental é esvaziada, começa a haver uma referência ao conselho como uma coisa assim da sociedade civil. Mas por quê? Porque é a sociedade civil que atua, que dá a direção, que polemiza, que organiza, que trabalha, que está nas comissões. É a sociedade civil que tem interesse em dar vida aos conselhos. [...] Aí a preocupação de que o governo se desresponsabilize do processo. Essa visão de que conselho é da sociedade civil assume um caráter pejorativo, quase como sendo um lugar onde a sociedade civil se reúne para brincar de decidir, de participar (CUT).

Por outro lado, há uma rotatividade na representação governamental maior do que a observada na sociedade civil. Não é uma representação estável, uma vez que, não sendo prioritária, os funcionários podem ser requisitados para outras funções, independentemente do seu nível de engajamento nas atividades do Conselho.

Outro ponto que merece ser destacado na dinâmica da representação governamental é o nível de legitimidade atribuído a essa participação. De fato, trata-se de uma discussão mais abrangente e polêmica, que envolve o caráter da representação nos espaços institucionais do conjunto dos atores sociais, sejam eles do governo ou da sociedade civil. No entanto, pelo discurso dos entrevistados, é possível depreender que a sociedade civil atribui maior legitimidade à sua representação pelo fato de ter sido eleita num fórum democrático, o que não acontece com os representantes do governo.

> Não consigo pensar como eles poderiam ser eleitos, mas de qualquer forma acho que há menos representatividade, porque se trata de pessoas que exercem uma função de confiança do governo (CFESS, suplente).

Já o representante do Ipea faz uma outra reflexão:

> O que a gente tem que entender, quer seja um conselheiro governamental, quer seja da sociedade civil, é que ambos têm a mesma legitimidade, ambos têm a mesma representatividade, ambos representam Estado e sociedade. Se eu estou aqui no CNAS, por exemplo, eu represento toda a sociedade e não só o governo. Se o governo foi eleito legitimamente, democraticamente, eu estou representando esse governo legítimo e democrático. [...] Mas eu acredito que até agora isso não está claro na maioria das cabeças dos conselheiros, principalmente da sociedade civil, que acham que os representantes governamentais não têm a mesma legitimidade que eles, porque eles foram eleitos e nós não fomos. Eu acho que há um erro de compreensão política, e enquanto isso não for ultrapassado, vai ser muito difícil um relacionamento melhor entre a sociedade civil e o governo.

Será que estamos diante da emergência de uma nova consciência pública dos agentes governamentais do seu papel de mediadores do aparelho governamental ante as demandas da sociedade?

Para alguns representantes governamentais, a ideia da representação passa pela adesão às propostas do governo:

> A própria representação do governo tem uns dois ou três representantes que são oposição ao governo, e são representantes dos minis-

térios. Então, eles não estão representando o governo (Ministério da Educação).

O representante do Ministério da Previdência e Assistência Social endossa a mesma concepção:

> É lógico que quando há votação de uma política chancelada pelo governo, todos os representantes governamentais vão defender, de uma forma ou de outra, a posição do documento apresentado pelo governo através da SAS (MPAS).

Pode-se constatar que, na prática, as posições assumidas pelos representantes do governo no CNAS, de um modo geral, são balizadas pelas posturas daqueles diretamente ligados à área afeta ao Conselho. Nesse sentido, as posições da SAS são norteadoras das intervenções do setor governamental nesse espaço. De um lado, isso ocorre porque a SAS representa o órgão técnico responsável pelas propostas oficiais do governo em relação à política de assistência social. De outro, está em questão também a força com que o discurso técnico se impõe no processo de tomada das decisões.

A fala do representante do Ministério do Trabalho explicita os mecanismos que balizam o processo:

> A gente imagina que a decisão política é uma decisão soberana. É mesmo. Mas quando a decisão política envolve questões técnicas de algum grau de complexidade, o poder do técnico é muito grande, o poder daquele que informa, daquele que prepara um documento técnico, que prepara um relatório, ele muitas vezes define a posição do tomador de decisões.

Mas, se isso é verdade, é possível observar a pouca familiaridade que a maioria dos representantes do governo tem com as temáticas afetas à assistência social. Grande parte das questões discutidas no CNAS parecem passar ao largo das estruturas específicas de cada um dos ministérios. A representação é assumida, em muitos momentos, como cumprimento de um ritual que a formalidade do cargo exige.

Na fala da maioria dos entrevistados, é difícil verificar um desempenho da representação governamental que ultrapasse os limites da reunião do CNAS. Parece haver um descolamento dos órgãos de origem quanto às questões tratadas, e a via de mão dupla que deveria garantir a articulação interministerial ou intersetorial não parece se consolidar.

> Como a administração pública funciona com um grande número de conselhos, de órgãos colegiados, e como há uma, não diria uma dificuldade, mas os ministérios têm suas especificidades, suas missões específicas, então sempre o espaço interministerial é aquela zona cinzenta, é um espaço que não é fácil de ser ocupado, e muitas vezes acontece até uma certa surpresa: mas querem um representante deste ministério naquele conselho? (Ministério do Trabalho).

Embora o entrevistado tenha se referido aos conselhos em geral, ressalvando o caso do CNAS — que, segundo ele, é um dos conselhos em que há maior discussão, aprofundamento do debate e engajamento, principalmente da sociedade civil —, seu depoimento é revelador quanto à forma como os conselhos são encarados pela burocracia governamental:

> Há casos em que a gente tem a sensação de que há uma preocupação em afirmar o caráter pluralista e democrático dos conselhos, chamando pessoas de todos os lados, de todos os ministérios, de toda a sociedade civil organizada, para afirmar esse espaço de discussão democrática etc. Mas, em alguns casos, vira confusão, pelo excesso de participantes e pelo fato de que muitos participantes não entendem por que estão ali, cumprem um ritual, e aí quem dá o tom são

as pessoas que realmente participam, ou a presidência ou a equipe técnica que prepara toda a documentação que é passada aos conselheiros (Ministério do Trabalho).

Mesmo quando essa interface com a política de assistência social é mais direta, como no caso da saúde, a presença do representante ministerial não tem contribuído para fazer avançar um vínculo intersetorial mais orgânico.

As representações governamentais no CNAS têm funcionado mais para opinar sobre a área da assistência social do que pensar numa articulação. Por exemplo, na implantação do benefício de prestação continuada, a representante do Ministério da Saúde se envolveu porque o laudo [de incapacidade no caso dos deficientes físicos] é dado pela Saúde, mas isso não significou, na prática, nenhuma integração; o laudo do SUS é um laudo técnico, que não levou a nenhuma aproximação maior entre as duas áreas (CFESS, titular).

A própria representante do Ministério da Saúde confirma a permanência da compartimentação e da segmentação existentes entre as política sociais e a inexistência de mecanismos articuladores:

Eu não posso te dizer que eu, estando lá representando o Ministério da Saúde, tenha ajudado no sentido de uma integração de políticas, eu acho que isso ainda não houve. [...] O Conselho está muito mais procurando se firmar, até como uma experiência nova de debate, de exercício do controle social, e eu acho que ainda não está nessa fase. [...] O que eu sempre coloco na posição do Ministério e do governo é aquilo que eu acredito e que sei que é a política da área da saúde que eu estou ajudando a implantar (Ministério da Saúde).

A construção de parcerias no âmbito do CNAS é um processo valorizado, que busca transcender a divisão monolítica entre governo e sociedade civil. Ainda que seja possível verificar uma articulação mais sistemática entre alguns segmentos da sociedade civil, a interlocução com a representação do governo, na busca de certos acordos e entendimentos, é perseguida e obtém alguns frutos positivos:

> Nós temos hoje uma articulação da sociedade civil, de um grupo da sociedade civil, bastante organizada, pensada, que atua sistematicamente. Agora, é evidente que o Conselho não é um bloco dividido entre sociedade civil e governo. A sociedade civil, num certo sentido, traz a parceria com representantes dos estados e municípios [...] e quase sempre nas nossas propostas, nas votações, eles votam mais com a sociedade civil, encaminham, discutem mais as nossas propostas. Mesmo no bloco do governo, você também tem parcerias... É claro que quando falo de parcerias, elas são pontuais. No bloco do governo, tem um ministério da atividade-fim, ao qual se vincula a SAS, com o qual temos várias parcerias para a construção de propostas comuns, porque a Secretaria, por uma questão até de sobrevivência, ela faz essa aliança com a sociedade civil. E temos construído uma aliança interessante com a representação do Ministério da Saúde e o do Trabalho, mas fazemos outras alianças parciais e pontuais (CFESS, suplente).

As relações do CNAS com a SAS merecem algumas considerações específicas.

Por ser o órgão técnico responsável pela coordenação da Política Nacional de Assistência Social, mantém vínculos mais estreitos com o Conselho. Essas relações são vistas pelos membros do CNAS como uma parceria a ser permanentemente construída, principalmente porque representa o *locus* institucional da assistência social, que foi possível conquistar, a partir do reordenamento institucional. Na fala de alguns conselheiros, está presente a convicção de que não interessa assumir uma posição de confronto que possa enfraquecer a Secretaria na sua relação com os demais órgãos governamentais.

Eu acho que não vale a pena enfraquecer essa Secretaria, porque de qualquer forma ela é o órgão responsável pela política, porque a Previdência não vai fazer isso. Se a Secretaria acabar, acabou a assistência social, porque o ministro [da Previdência e Assistência Social] aceita, dá força etc., mas entre o ministro e as pessoas que mandam, a cultura é completamente diferente, a gente sente, a gente percebe (Anasselba).

A posição da SAS na estrutura de poder do governo expressa também as fragilidades da área. Nas reuniões interministeriais e nas instâncias de articulação da política social do governo, por meio da Câmara de Política Social (coordenada pelo chefe da Casa Civil), a representação é do ministro da Previdência e Assistência Social. A Secretaria de Assistência Social participa, eventualmente, das reuniões do Comitê de Políticas Sociais, integrado pelos secretários executivos dos vários ministérios. Quando está na pauta alguma questão relativa à área de assistência social, a secretária Lúcia Vania é convidada a participar.

Trata-se, portanto, de uma representação indireta e mediada pelos escalões superiores do Ministério da Previdência e Assistência Social. E, como é corrente no jargão governamental, a assistência social é a "prima pobre" da seguridade social e, por isso, acaba sendo sub-representada nas diferentes esferas de poder.

Assim, as relações do CNAS com a SAS são complexas. Embora no cotidiano sejam cercadas por tensões e embates, há, em última instância, o reconhecimento da existência de objetivos comuns no sentido de fortalecer a política de assistência social no âmbito governamental, ainda que a partir de concepções e práticas que, em muitos momentos, se chocam.

Os conflitos, no mais das vezes, são temperados pela busca de certos consensos, sem o que seria impossível a consolidação da política. Como observa Potyara Pereira,[1] a política não é uma *alocação* autoritária de valores para a sociedade, mas é representação de interesses, em que o conflito é um elemento intrínseco.

A política não é só conflito, mas é também consenso, que procura acordos, entendimentos, nem que sejam parciais e temporários, dentro de uma estratégia que possa contemplar avanços em certa direção. Entretanto, a política busca muitas vezes o desarmamento do conflito, tentando porém não destruir as partes envolvidas.

Mas esse processo de desarmamento dos conflitos pode assumir diferentes expressões: desde o apelo a formas cooptadoras e manipuladoras, até a convivência com forças que buscam uma representação autônoma.

Retomando a análise de Schwartzman (1988), constatamos que o sistema político brasileiro tem se expressado historicamente pelo confronto entre formas autônomas de organização e participação políticas e formas de tutela e desarticulação dessas forças que o Estado, mas não apenas este, busca imprimir nas suas ações.

As relações entre CNAS e SAS podem ser analisadas nessa perspectiva. As articulações entre essas instâncias têm sido marcadas por tensões explicadas, entre outras razões, pela conjuntura que caracterizou a criação da SAS e as pressões quando da sua instalação, com exigências de toda ordem, oriundas tanto da antiga estrutura assistencial que havia sido desmontada quanto das novas demandas em termos da implantação da Loas e da formulação da política nacional em consonância com as diretrizes legais e políticas. O CNAS, por sua vez, permaneceu em funcionamento, apesar de todas as dificuldades iniciais e de não contar com a presença da representação governamental. Nesse processo, foi se organizando e buscan-

---

1. Incorporo aqui as reflexões de Potyara Pereira, a quem agradeço pelas importantes contribuições a este trabalho, feitas por ocasião do meu exame de qualificação.

do fortalecer os laços com a sociedade civil que, voltada para a luta pelo (auto)reconhecimento, encontrou um ponto de unidade para além dos interesses mais imediatos de cada segmento.

A SAS sofreu inúmeras pressões, principalmente das entidades assistenciais que se sentiam "órfãs" por não contar mais com o antigo aparato assistencial que lhes dava suporte, e inseguras diante dos novos arranjos institucionais, cuja forma que assumiriam não era ainda muito visível.

É possível verificar que os antigos procedimentos da LBA ainda estão muito presentes no funcionamento da SAS, principalmente no que se refere às relações com as entidades assistenciais, a forma como são estabelecidos os convênios, o atendimento de demandas particulares da esfera política.

> A SAS permanece um órgão isolado dentro do governo, porque, na concepção deles, a atividade da Secretaria é continuar a fazer o trabalho que a LBA fazia, ter os programinhas, os projetos, repassar recursos para as entidades, fazer aquele trabalho de balcão da assistência (MNMMR).

Por outro lado, também é verdade que a pauta do antigo CNSS ainda força muito as ações do CNAS. Se a SAS até agora não conseguiu fazer aprovar a proposta de política nacional para o setor,[2] o CNAS também continua se pautando pela antiga legislação para encaminhar seus pareceres e não conseguiu criar condições para desencadear um amplo processo de revisão do aparato jurídico, o

---

2. A SAS encaminhou para o CNAS, em julho de 1996, uma versão preliminar da Política Nacional de Assistência Social. O CNAS realizou debates com colaboradores convidados para assessorá-lo na tarefa de apreciação da proposta e na elaboração de sugestões de modificações que foram apresentadas para a SAS. As avaliações do CNAS sobre a proposta da SAS estão sistematizadas no capítulo I deste livro (p. 114-116).

que acaba aprisionando o Conselho na execução de tarefas sob a lógica cartorial.

Na relação entre o CNAS e a SAS, parece predominar, ainda, a lógica de personalização dos conflitos. O debate plural de ideias, a aceitação aberta do dissenso no interior da "cultura assistencial", não é algo consolidado. Não há uma cultura de publicização dos conflitos, de deslocamento das negociações para a esfera pública da transparência e do controle social. Muitas vezes, as críticas são tomadas como ataques pessoais e não como algo inerente ao processo democrático construído a partir de uma direção coletiva.

> Lá em Belo Horizonte, na reunião ampliada, a gente questionou muito a fala do governo, a questão que se privilegiou muito o Estado de Goiás,[3] e cobramos um monte de coisas. Chegou uma hora, a Alba Maria [coordenadora do processo de descentralização da SAS] falou: *Ah! Mas vocês estão sendo muito agressivos!* Eu fiquei muito preocupada com o jeito que ela falou, a reunião estava ficando muito tensa, as pessoas vieram de tão longe para ficar assistindo uma briga do CNAS e a SAS tentando desqualificar uma discussão que era política, não era uma coisa pessoal contra a Lúcia Vania, a questão não é essa! (CUT).

Como analisa Schwartzman (1988, p. 66), a tendência de quem está em posição inferior é a de ampliar o escopo do conflito político, trazendo mais atores à arena política, enquanto para os que desfrutam de posições de poder, ao contrário, a perspectiva é a de monopolizar a participação e as regras do jogo político, restringindo o campo de disputas aos atores tradicionais.

A tentativa de deslocar o político para o plano das relações pessoais é uma forma de neutralizar o conflito pela despolitização.

---

3. Estado de origem da secretária da SAS.

Quando o CNAS é acusado de ser um espaço de oposição ao governo, de estar aparelhado por interesses político-partidários ou
corporativistas, ou quando não se reconhecem as competências de
um órgão colegiado na fiscalização de uma política pública, é a
mesma lógica que se faz presente. Isso desqualifica a ação dos
sujeitos coletivos e funciona como mecanismo que se interpõe à
constituição da esfera pública.

> Quando a gente pede uma informação, ou ela não vem ou é parcial.
> Algumas vezes, a gente fica sabendo de dados da SAS em plena
> reunião ampliada, junto com todo mundo. Nas conferências estaduais
> de assistência social, nós participamos de várias, a gente chegava lá
> e a Lúcia Vania ficava anunciando uma série de coisas ali, em plena
> conferência, e eu que era do CNAS não sabia. [...] Então tem essa
> coisa de ficar desqualificando (CUT).

No entanto, a problemática central quanto à representação
governamental no espaço do CNAS, e nos conselhos em geral,
refere-se ao poder de decisão dessa esfera de representação. Todos
os depoimentos colhidos chamam a atenção para os limites da
representação governamental no processo de decisão.

> Agora, é claro que essa representação do Executivo é muito limitada
> [...] porque são pessoas de segundo ou terceiro escalão que repre-
> sentam o governo, que não têm muito poder de decisão dentro das
> áreas governamentais (CNBB).
> A representação governamental não tem tido um respaldo, quem
> vai para o Conselho é terceiro escalão. Então são pessoas que não
> têm poder de decisão, não têm autonomia. Na prática, a gente tem
> visto isso, são pessoas com quem a gente tem condições de fechar
> acordos, com certeza [...] só que é uma aliança frágil, porque você
> está se aliando com um técnico, não é ele quem decide no órgão [...]
> ela só acontece em questões menos complexas, menos políticas. [...]
> Tanto é que nos momentos mais cruciais, mais importantes, o gover-

no federal, através da Casa Civil, chama os representantes do governo e diz como eles têm que agir na questão da votação (CUT).

O representante do Ministério do Trabalho, ao expor sua posição sobre o caráter deliberativo do CNAS, não deixa dúvidas quanto à orientação na tomada de decisões:

> Primeiro, evidentemente, eu sou representante governamental no CNAS. Mas eu, por enquanto, estou muito à vontade para falar, porque em momento nenhum alguém veio me dizer que eu devia defender a posição que os conselhos não podiam ser deliberativos. Mas, se amanhã eu receber essa ordem, eu vou ter que defender essa posição, concordando com ela ou não.

Outro depoimento vai na mesma direção:

> A questão é a seguinte: quem participa desse conselho, pelo menos do CNAS, a não ser a Gilda Portugal, que aparece quando tem um assunto de interesse do governo, todos os outros não têm poder de decisão. Uns defendem mais o governo, outros defendem menos, outros não defendem de jeito nenhum. Mas eles são técnicos, e muitos deles, inclusive, fora da reunião, têm posições idênticas ou muito semelhantes às nossas (Anasselba).

Para além das questões que envolvem o enquadramento dos funcionários nas decisões que interessam ao Executivo, esse modo de encaminhar as decisões políticas pelo governo revela a inexistência de parâmetros que deem caráter orgânico à participação governamental nos diferentes espaços colegiados. Isso quer dizer que a regulação estatal no âmbito das políticas públicas continua sendo imediatista, emergencial, pouco estratégica, dentro da lógica de que "cada caso é um caso".

Como já vimos, a constituição de esferas públicas efetivamente democráticas pressupõe a qualificação e a legitimação dos atores sociais pelas suas instâncias representativas. No caso do CNAS, essa questão é plena de ambiguidades. De um lado, observa-se certa "soltura" dos representantes governamentais quanto às posições que adotam, dada a ausência de diretrizes norteadoras: esses representantes gozariam de autonomia para assumir suas posições. Mas, à medida que esses posicionamentos não ultrapassam a condição de mera opinião individual, qualquer postura que transcenda os estreitos limites de tolerância ao pensamento divergente pode ser imediatamente deslegitimada como não representativa da posição do governo. Instala-se então um processo ambíguo: quando não há uma condição orgânica na representação, aparentemente há um espaço possível no qual o representante pode mover-se com alguma independência, mas que é restringido quando se trata de matéria política de interesse do Executivo. Aí, passam a funcionar os mecanismos de enquadramento com base na hierarquia de posições e de poder.

Em relação a isso, vários entrevistados referiram-se a um fato curioso ocorrido numa das reuniões do CNAS, que contou com a presença da secretária responsável pela SAS. Após uma explanação sobre os projetos da Secretaria aos conselheiros, o representante do Ministério do Trabalho fez uso da palavra para tecer considerações sobre a conjuntura mundial no contexto do avanço da agenda neoliberal, apontando para as consequências dessa política em termos do aumento da exclusão social, se não forem adotadas medidas de combate ao desemprego e geração de renda. Depois da reunião, a secretária ligou para o ministro do Trabalho dizendo que o representante daquele Ministério no CNAS havia feito uma manifestação contra o governo e que, diante disso, solicitava seu afastamento do Conselho. Apesar de um certo *frisson* que este acontecimento despertou, o conselheiro foi mantido, porque, afinal, ele havia emitido apenas uma opinião pessoal que não expressava a posição nem do Ministério nem do governo. Além disso, no contexto democrático, é permitido a todos os cidadãos a livre expressão de suas posições, desde que não traduzam compromissos governamentais no nível das ações concretas a serem desenvolvidas.

Como se expressou o ministro da Previdência e da Assistência Social numa das reuniões ampliadas do CNAS, quando indagado sobre sua posição frente aos conselhos paritários e deliberativos: *"Tudo bem, desde que não atrapalhem!"*.

Para sintetizar estas reflexões sobre a representação governamental no CNAS e as questões envolvidas nos processos decisórios das políticas públicas, as análises de Boschi e Diniz (1978) fornecem algumas pistas interessantes.[4]

De um lado, observa-se, no funcionamento da burocracia brasileira, uma dinâmica fortemente centralizadora nas instâncias decisórias superiores, coexistindo com um processo de descentralização baseado na excessiva especialização de competências nos escalões intermediários. Essa combinação acaba produzindo a expansão e a fragmentação estrutural do aparelho burocrático, que se aprofunda pela ausência de parâmetros que possam dar unidade ao processo decisório. A dificuldade de coordenar políticas setoriais nesse quadro é, assim, potencializada. Se, por outro lado, a intervenção de quadros técnicos poderia significar a contribuição de profissionais mais distanciados do poder e, assim, funcionar como fator de correção das distorções apontadas, a reduzida autonomia dos profissionais, a busca de ascensão e/ou preservação de posições na estrutura de poder reduzem seu âmbito de atuação. No confronto de posições, a tendência é prevalecer a perspectiva de comando das posições hierarquicamente superiores.

---

4. Mesmo considerando que a base de análise dos autores foi a conjuntura de vigência do autoritarismo no Brasil, a comparação que realizam com os sistemas burocráticos dos países democráticos leva-os a admitir inúmeros padrões de semelhança do funcionamento das burocracias, seja em sistemas decisórios abertos ou fechados.

Qual seria a saída, então, diante deste quadro de constrangimentos que se interpõem nos processos decisórios das políticas públicas?

É óbvio que não existem respostas prontas, em se tratando da luta política. No entanto, qualquer alternativa a ser pensada no sentido de impedir a tendência de o poder burocrático monopolizar as esferas de decisão passa, sem dúvida, pelo estímulo à mobilização de apoio externo e pelo estreitamento dos vínculos com as organizações representativas do público-alvo das políticas públicas.

A composição governamental no CNAS é composta também pela representação dos municípios e estados.[5]

A representação dos municípios no Conselho foi encaminhada pelas cinco entidades municipalistas de âmbito nacional,[6] que delegaram a indicação da vaga para a Federação dos Municípios do Rio Grande do Sul (Famurs), à qual a representante no CNAS é vinculada. Segundo seu depoimento, a Famurs era a única federação de municípios de todo o Brasil que trabalhava técnica e politicamente no campo da assistência social, de forma mais abrangente e consistente.

> Desde 1989, no período pós-constitucional, nós começamos a acompanhar o processo de elaboração das leis orgânicas municipais e começamos a fazer um trabalho, que inclusive nos deu prêmios de direitos humanos, por incluir nas leis orgânicas do Rio Grande do

---

5. Não foi possível realizar entrevista com a representante dos estados no CNAS, que, na época, era Fernanda Bornhausen Sá, secretária de Desenvolvimento Social e da Família do Estado de Santa Catarina. Privilegiamos, assim, a entrevista com a representante dos municípios, que acumulava, no período de realização da pesquisa, a presidência do CNAS.

6. Estas entidades municipalistas, congregadas na Confederação Nacional de Municípios, são: Conselho Brasileiro de Integração Municipal (Cebim), Frente de Prefeitos (das capitais), Associação Brasileira de Municípios, Associação Brasileira de Prefeitos e a Federação dos Municípios do Rio Grande do Sul (Famurs).

Sul um capítulo sobre direitos sociais. Então, era a política municipal voltada para a criança e o adolescente, porque na época se faziam as discussões do Estatuto, da regulamentação do artigo 227 da Constituição. Também programas de moradia popular, programas voltados para a área de assistência social numa perspectiva mais emancipatória. Depois nos engajamos na municipalização da saúde. [...] Logo que começou a mobilização pela Loas, nós desmembramos a unidade da Famurs em saúde e meio ambiente e assistência social e cidadania, e começamos a nos mobilizar pela aprovação da lei. A nossa Federação sempre foi progressista e hoje é a vanguarda do movimento municipalista.

As estratégias de descentralização e municipalização no campo das políticas sociais são vistas pelo movimento municipalista

como a pedra angular da retomada da democracia, porque implicam a repartição do poder e a flexibilização da gestão da coisa pública e, portanto, o redimensionamento da própria relação povo — governo (representante dos municípios).

O discurso e a prática da descentralização e da participação do poder local têm sido revalorizados no contexto internacional desde a década de 1970, tendo em vista as mudanças que se processam nas relações entre Estado e sociedade, nas esferas produtivas, na estrutura da família e nas diferentes instâncias da vida social (Potyara Pereira, 1996, p. 76).

No âmbito da crise dos *Welfare States*, passam a ser valorizadas as práticas de autogestão, a ênfase na autonomia dos indivíduos e na liberdade de decisão ante a excessiva regulação do Estado sobre a diversidade das esferas da vida social, a crítica à institucionalização das regras que subordinam os indivíduos ao poder estatal e delegam grande poder de interferência das instâncias estatizadas sobre a vida privada dos indivíduos e grupos sociais.

São múltiplos os fatores que desencadeiam nas sociedades capitalistas contemporâneas processos que visam aumentar as possibilidades de participação da sociedade nas decisões que afetam a vida cotidiana. No campo das políticas públicas, reforçam-se os argumentos de que a descentralização do atendimento contribui para a otimização e a racionalização dos recursos, além de estimular a participação popular na formulação, gestão e controle de sua execução. Nesse processo, a municipalização é concebida como estratégia fundamental e condição imprescindível, embora nem sempre suficiente, para a democratização do Estado.

Não obstante as tendências variadas e até contrapostas, o discurso municipalista parte da premissa que o cidadão vive no município e é nessa esfera de poder que tem maiores possibilidades de participar das decisões que dizem respeito à sua vida cotidiana, de interferir nas prioridades de gestão da cidade e de realizar um controle social democrático a partir do fortalecimento da organização popular.

Todavia, não há uma relação necessária entre descentralização e democratização. Vários estudos têm demonstrado que as demandas por maior descentralização do poder no nível dos municípios podem éstar orientadas por pontos de vista distintos, dentro de um espectro que envolve tanto aqueles que defendem o Estado mínimo e a privatização dos serviços públicos quanto os que, ao contrário, lutam pela expansão das políticas sociais e maior responsabilização pública do Estado na garantia de sua implementação.[7] A partir do exame de experiências concretas, alguns estudiosos chamam a atenção para a existência, em determinados casos, de um "divórcio

---

7. A esse respeito, vale a pena consultar a pesquisa realizada em sete países da América Latina, entre os quais o Brasil, sobre governos locais em cidades médias no período de 1988 a 1993 (Rodríguez y Velásquez [orgs.], 1994).

entre a descentralização do Estado e a democratização da gestão pública", ao mesmo tempo em que "começam a perfilar-se práticas alternativas que incorporam a participação cidadã como componente central do processo".[8]

Para a representante municipal no CNAS, a municipalização deve ser diferenciada da *prefeiturização*, porque é muito mais ampla, não envolvendo apenas a figura do prefeito e as de seus assessores, mas, principalmente, o coletivo local, as instâncias da sociedade civil organizada. Para ela, o município oferece canais de participação, de fiscalização e de controle social efetivos, já que a cobrança na esfera municipal é muito mais direta,

> porque o cidadão atravessa a rua e cobra do prefeito na praça, cobra da primeira-dama, cobra do secretário municipal.

Mas se é verdade que o município é a unidade do poder político mais próxima do cidadão, também é nesse nível que a força das relações clientelistas e personalizadas se exerce de forma mais direta, que os mecanismos de manipulação e cooptação políticas se fazem mais presentes, reeditando-se e reatualizando-se de diferentes formas as tradicionais relações *coronelistas* tão profundamente enraizadas na cultura patrimonialista do país.

O Brasil, na sua história constitucional, alternou tendências centralizadoras e descentralizadoras. A Constituição Federal de 1988, mantendo a tradição de autonomia dos municípios e a competência legislativa nas questões de sua esfera específica, atribuiu aos municípios diversas prerrogativas, dentre as quais a elaboração

---

8. Estas são algumas das conclusões da pesquisa citada sobre governos locais em cidades da América Latina. Para maior aprofundamento, consultar especialmente o texto de Rodríguez y Velásquez (1994, p. 385, p. 396).

da Lei Orgânica Municipal e uma série de outros encargos que proporcionam grande margem de autonomia política local. Por outro lado, o processo histórico de constituição do poder político municipal no Brasil atribui aos prefeitos enorme concentração de poder, a despeito da independência formal dos poderes Executivo e Legislativo nesse âmbito.[9] É nesse sentido que os riscos de *prefeiturização* no processo de descentralização brasileiro e o reforço do poder das elites locais devem ser considerados, na discussão sobre as estratégias a serem adotadas.

No caso da Constituição de 1988, a representante dos municípios entende que a perspectiva descentralizadora assumida foi, também, resultado da crise fiscal do Estado brasileiro. Nesse contexto, a municipalização passa a ser uma estratégia de enfrentamento do *déficit* público por meio do repasse para estados e municípios de uma série de responsabilidades e atribuições no âmbito dos serviços sociais públicos, ao mesmo tempo em que concentra na esfera federal os recursos e as decisões. Assim, verifica-se mais a ocorrência do fenômeno da *desconcentração* do que propriamente da descentralização.

Segundo Potyara Pereira (1996, p. 78-79), a descentralização supõe partilha de poder, seja da esfera federal para a estadual e municipal, seja do âmbito do Estado para a sociedade civil. Estão implicados nesses processos, pois, tanto a transferência de competências quanto ao planejamento e à tomada de decisões, como a necessária compatibilização dos recursos para a implementação dos serviços que passam a ser assumidos nas diferentes esferas de poder.

---

9. Nunes (1994, p. 194), responsável pela pesquisa sobre as características da gestão local em cidades médias brasileiras (Marília e Piracicaba), faz essa afirmação nas conclusões da primeira parte do estudo de Rodríguez y Velásquez, citado na nota 7.

Nunes, ao referir-se ao processo de desconcentração, identifica-o

> mais como um mecanismo de controle e de mediação político-ideológico, formulado originalmente para realizar uma política global do Estado central de forma desconcentrada, do que como um processo real de transferência da gestão local ao município (1994, p. 187).

Apesar dos mitos e dificuldades que cercam os processos de descentralização e municipalização, a representante dos municípios no CNAS entende que o movimento municipalista brasileiro, embora heterogêneo e com particularidades regionais marcantes, tem assumido uma

> postura progressista e tem um compromisso com a população excluída, [...] porque eu acho que ele tem um comprometimento com o cidadão [...] que eu não vejo em outros movimentos políticos, e acho que tem esse compromisso porque representa uma parcela de governo onde a população está mais próxima.

Contudo, sua representação no CNAS não tem sido fácil, principalmente no que se refere às articulações com o governo federal. Como já foi exposto, as representações municipais e estaduais não são envolvidas nas discussões que buscam dar estrutura orgânica à representação governamental, restrita ao âmbito federal. A representante municipal anota que as reuniões coordenadas pela Casa Civil da Presidência da República com o objetivo de articular as posições dos conselheiros governamentais no CNAS não contam com a presença dos estados e municípios. Segundo ela,

> eles não nos reconheceram, eles entenderam que a representação governamental é o governo federal e ponto.

É possível constatar uma tensão entre as instâncias federal, estadual e municipal como esferas de poder representadas no CNAS. A argumentação da representante dos municípios reforça essa observação:

> O próprio Conselho de Saúde, o Conselho da Criança e do Adolescente, eles têm essa representação. [...] Nós temos um bloco de nove representantes do governo, sete do governo federal, um dos governos estaduais e um dos governos municipais. [...] Eu percebo que o governo federal também precisa aprender a se articular para poder ter um bloco de governo dentro do Conselho, porque em vez de não nos reconhecer como parceiros, ele precisa aprender a se articular, e essa é outra dificuldade que eu noto [...], que o governo federal ainda não se conscientizou de que ele também é conselho e que, portanto, também pode negociar no âmbito do próprio Conselho. É como se os governos vissem os conselhos como uma coisa assim que incomoda, que atrapalha, que atravanca, que impõem dificuldades [...] quando, na verdade, o governo, nas suas três instâncias, também tem representação nos conselhos, que vão justamente permitir essa articulação de uma outra forma, porque esse instrumento novo de participação está trazendo um aprendizado riquíssimo para todo mundo, não só para a sociedade civil, mas para o governo também.

Esse depoimento levanta múltiplos aspectos relacionados com o tema da descentralização do poder e das articulações entre as diferentes instâncias governamentais.

Fica evidente que o espaço do CNAS não é reconhecido pelo governo federal como um dos lugares em que se poderiam realizar articulações e entendimentos em nível intergovernamental no encaminhamento das questões que dizem respeito à política de assistência social. Certamente, essa instância não esgota nem substitui os diversos canais de interlocução entre os diferentes órgãos e esferas responsáveis pela condução da política nesta área. No entanto, no caso, são inúmeras as frentes em que se poderia avançar na direção de estabelecer estratégias de cooperação para a implantação do sistema descentralizado e participativo nas três esferas de governo. A questão dos convênios, os critérios de repasse de recursos para estados e municípios, a definição das competências quanto a novos benefícios sociais, o estabelecimento de procedimentos e diretrizes para a implantação dos conselhos, planos e fundos de assistência social, a definição de padrões de qualidade e de avaliação dos resultados dos programas, entre outros.

Por todas essas razões, a transferência de responsabilidades e encargos para estados e municípios pressupõe a elaboração de uma agenda de cooperação e acordos que defina, com clareza, papéis e competências nas três instâncias governamentais. Assim, o espaço do Conselho seria uma das estratégias a ser adotada para o enfrentamento das dificuldades de implantação de um sistema descentralizado e participativo dos serviços e programas que integram a política pública de assistência social. Poderia constituir-se em um fórum de interlocução e decisão, por meio do diálogo, da negociação e da corresponsabilização dos poderes governamentais e da sociedade civil, na efetivação da política de assistência social que incorporasse a descentralização e a participação democráticas como elementos centrais para sua realização.

A representação da sociedade civil

1. Os trabalhadores

As entidades representativas dos trabalhadores no CNAS, excetuando-se a CUT, são majoritariamente compostas por uma categoria profissional — os assistentes sociais.[10] Tanto o CFESS quanto a Anasselba são canais de representação de um profissional coletivo tradicionalmente identificado com a assistência social. Além disso, é curioso observar que, no total de conselheiros entrevistados (18) que compõem a representação governamental e não governamental, identificamos nove assistentes sociais. Tanto a presidência quanto a vice-presidência do CNAS eram exercidas por assistentes sociais, à época da pesquisa.[11]

Se o critério numérico não é indicativo de expressão qualitativa, os depoimentos colhidos apontam para a importância da participação dos profissionais de serviço social no âmbito das ações do CNAS.

> Há uma predominância dessa categoria, e eu ouso dizer que, por enquanto, essa categoria dá a direção da nossa luta, na construção das propostas, nos encaminhamentos, enfim, no trabalho do Conselho (CFESS, suplente).[12]

Embora o processo de organização política dos assistentes sociais remonte ao pré-64, quando foram criadas as primeiras entidades organizativas da profissão,[13] este movimento assumiu nova configuração a partir de finais da década de 1970 e início da de

---

10. Embora a representante da CUT no CNAS seja, também ela, assistente social.

11. Não significa que seja esta a composição atual do CNAS em termos de proporção numérica de assistentes sociais, uma vez que não entrevistamos a totalidade dos membros do Conselho, e que há hoje algumas alterações das representações, em função da última eleição da sociedade civil e também de mudanças na representação governamental.

12. A partir das informações da representante do CFESS, os dados indicam que essa presença majoritária de assistentes sociais se reproduzia também nos conselhos estaduais e municipais de assistência social.

13. A primeira Associação Brasileira de Assistentes Sociais (Abas) é fundada em 1946, no mesmo ano em que também é criada a Associação Brasileira de Escolas de Serviço Social (Abess).

1980. Com a rearticulação da sociedade civil, a partir das primeiras greves operárias no ABC paulista em 1977-78 e a emergência dos chamados novos movimentos sociais, os assistentes sociais retomaram seu processo organizativo, reativando ou criando novas associações profissionais de natureza pré-sindical.[14]

Em 1978, a estruturação da Comissão Executiva Nacional de Entidades Sindicais de Assistentes Sociais (Ceneas), que congregava as entidades em nível nacional, representou o impulso necessário à unidade do movimento organizativo que se expandia com intensidade, inserindo-o, ao mesmo tempo, nos quadros do denominado novo sindicalismo brasileiro.[15]

Essa articulação política nacional perdurou até 1983, quando foi criada a Associação Nacional dos Assistentes Sociais (Anas), na conjuntura de fundação da CUT, à qual se filiou em dezembro de 1985.[16] A extinção da Anas em 1994 inscreve-se na perspectiva política de integrar a organização dos assistentes sociais no interior dos sindicatos majoritários, organizados por ramo de atividade. Esse processo marca a conjuntura atual de reorganização

---

14. Um exemplo paradigmático, reproduzido em vários estados, foi o caso da Associação Profissional dos Assistentes Sociais de São Paulo (Apassp). Criada em 1955, manteve-se em intensa atividade política até início da década de 1970, quando foi desativada em função do golpe militar de 1964 e da repressão geral que se abateu sobre o conjunto das formas de organização e representação da sociedade civil. A partir de 1978, a Apassp foi reativada, no contexto de ascenso do movimento operário e popular, passando a assumir papel político estratégico no processo de organização coletiva da categoria dos assistentes sociais, articulando as pautas específicas com as lutas mais gerais da classe trabalhadora pela democratização do Estado e da sociedade brasileira.

15. Segundo Delgado (1981), em 1981 havia quase quarenta entidades representativas de assistentes sociais em todo o país, entre sindicatos (em número de cinco), associações profissionais e núcleos pró-associações.

16. Para uma ampla e circunstanciada reconstrução histórica do movimento sindical dos assistentes sociais em nível nacional e no âmbito do estado de São Paulo, no período 1978-1988, consultar Abramides e Cabral (1995). Recorremos a esse texto para extrair as informações sobre o período.

política dos assistentes sociais, o que, a exemplo do que ocorre com o conjunto do movimento sindical, vem desencadeando novas dificuldades a serem equacionadas, em função do contexto de desmobilização e enfraquecimento do movimento coletivo dos trabalhadores.

Esse breve retrospecto da organização dos assistentes sociais tem o objetivo de demarcar o giro político-ideológico da profissão de serviço social na década de 1980, momento em que as entidades sindicais da categoria começam a exercer um *protagonismo* e uma incidência que superam amplamente seus contornos corporativos e passam a assumir, juntamente com os organismos acadêmicos, papel de direção política e teórica nos espaços coletivos dos assistentes sociais.

O enfrentamento do conservadorismo profissional no âmbito do serviço social teve como mediadores ativos as entidades acadêmicas[17] e corporativas da profissão, que lutaram pela hegemonia política a partir de um arco de alianças à esquerda, estabelecendo um vetor de ruptura com o denominado serviço social tradicional, por meio dos esforços de construção de novas bases de legitimidade para a profissão junto às classes subalternas da sociedade.[18]

---

17. Representadas pela Associação Brasileira de Ensino em Serviço Social (Abess) e pelo Centro de Documentação e Pesquisa em Políticas Sociais e Serviço Social (Cedepss). A partir de dezembro de 1998, esses dois organismos foram extintos, dando lugar à entidade única que passou a denominar-se ABEPSS (Associação Brasileira de Ensino e Pesquisa em Serviço Social).

18. Como pondera Netto (1996, p. 108-112), isto não quer dizer que se tenha consolidado, na prática, uma nova legitimidade para o serviço social, uma vez que "o conservadorismo nos meios profissionais tem raízes profundas e se engana quem o supuser residual". É interessante a consulta ao texto de Netto (1996), em que realiza instigante análise sobre as tendências do serviço social na entrada da década de 1990, no contexto das transformações societárias no capitalismo tardio.

A partir de 1993, com a nova Lei de Regulamentação da Profissão, os antigos conselhos federal e regional de Serviço Social, criados em 1957, sofrem uma reformulação e passam a integrar o conjunto CFESS-Cress, por meio do qual assumem novo *protagonismo* ético-político junto à categoria profissional, realizando a crítica ao burocratismo e ao corporativismo na condução dessas entidades e buscando novas formas de inserção e intervenção democráticas junto à base profissional.[19]

É nesse contexto que é possível situar a participação do CFESS e dos Cress no processo de aprovação da Loas e, posteriormente, na luta pela implantação e afirmação do CNAS e dos conselhos estaduais e municipais de Assistência Social.

Essa nova perspectiva de intervenção político-profissional vem sendo assumida principalmente a partir das exigências introduzidas pela Constituição de 1988, relacionadas à regulamentação dos direitos sociais por ela consagrados.

A década de 1990, no entanto, representa um influxo nesse processo, na medida em que articula no mesmo movimento demandas contraditórias referidas, de um lado, às exigências de aprofundamento da democratização e da organização coletiva dos assistentes sociais na direção da extensão dos direitos sociais e, de outro, ao agravamento da crise social no quadro de fortalecimento do projeto neoliberal, que aponta para o retrocesso das conquistas sociais, repercutindo no enxugamento das políticas de proteção social. Em função disso, o conjunto CFESS/Cress passa a priorizar

19. Como pondera Netto (1996, p. 108-112), isto não quer dizer que se tenha consolidado, na prática, uma nova legitimidade para o serviço social, uma vez que "o conservadorismo nos meios profissionais tem raízes profundas e se engana quem o supuser residual". É interessante a consulta ao texto de Netto (1996), em que realiza instigante análise sobre as tendências do serviço social na entrada da década de 1990, no contexto das transformações societárias no capitalismo tardio.

como linha programática estratégica a participação dos assistentes sociais nos fóruns e conselhos de discussão, formulação e controle social das políticas públicas.

Em artigo no qual realiza um balanço da gestão 1993-1996, a diretoria do CFESS expressa os compromissos da entidade:

> cabe-nos articular os compromissos e as exigências postas aos assistentes sociais no seu cotidiano profissional *com* as exigências ético-políticas da sociedade brasileira em geral. São necessidades profissionais, assim, que dizem respeito ao acesso às condições de trabalho condignas e à garantia da qualidade dos serviços prestados à população (Conselho Federal de Serviço Social, 1996, p. 172-190).

A partir dessa prioridade, o CFESS buscou articular sua inserção nos diferentes fóruns e conselhos de gestão das políticas públicas, participando atualmente dos Conselhos Nacionais de Saúde (CNS), Criança e Adolescente (Conanda), Secretariado Nacional do Fórum de Direitos da Criança e do Adolescente (DCA), do Conselho Nacional de Assistência Social (CNAS), por meio de duas representações (titular e suplente), e de outras redes temáticas e organizativas no âmbito das políticas sociais públicas.

Essa participação, segundo o CFESS (1996),

> vem reforçar a opção estratégica de *luta pela democratização das políticas sociais públicas* e de resistência ao projeto neoliberal [na medida em que] esse é o novo território delineado pelas conquistas dos trabalhadores definidas no capítulo que trata da seguridade social, *presente* na Constituição de 1988 [grifos no texto].

A posição encampada pelos assistentes sociais no CNAS guarda estreita relação com a estratégia de ação do CFESS de inscrever a profissão no movimento de defesa das políticas sociais públicas. No interior desse processo, é retomada a temática da assistência social, após uma trajetória que historicamente buscou desvincular a prática profissional do serviço social das ações assistenciais.[20]

Embora a discussão sobre o significado da assistência social no bojo das práticas dos assistentes sociais seja continuamente objeto de polêmicas no interior da profissão, é certo que há um processo de acumulação crítica de saber profissional que tem avançado em dupla direção: do aprofundamento conceitual e sistematização de um arcabouço teórico sobre a temática e da sintonia com as demandas conjunturais para consolidar o novo estatuto da assistência social como política pública de seguridade social.

Mesmo que o universo da assistência social seja composto por variados atores, o protagonismo dos assistentes sociais é reconhecido por todos os entrevistados. Há até expectativa de que é a essa profissão, pela sua orgânica articulação com o campo da assistência social, que cabe uma contribuição qualificada para o enfrentamento dos desafios atuais.

No entanto, embora os assistentes sociais que representam os trabalhadores no CNAS reconheçam a centralidade da profissão e das suas entidades organizativas e acadêmicas no debate da assistência social, ocorre uma ação dirigida à construção de novas parcerias no âmbito da sociedade civil, que procura incorporar outras profissões e trabalhadores que atuam no largo espectro das entidades filantrópicas e assistenciais. Além disso, tem havido uma ampliação da participação das ONGs voltadas para a defesa de direitos, a partir da inclusão no CNAS de organizações como Ibase, Abong

---

20. O denominado Movimento de Reconceituação do Serviço Social, ao realizar uma crítica radical ao conservadorismo profissional, questionou as práticas assistencialistas que se desenvolviam no seu interior. A partir da década de 1980, o movimento renovador da profissão no Brasil retoma o debate sobre a assistência social dentro dos novos parâmetros da luta por direitos sociais no campo das políticas públicas, o que não implicou, no entanto, que tanto as posições tradicionais da assistência social, quanto os questionamentos críticos de re-significação dessa perspectiva tenham desaparecido do meio profissional.

e Inesc, que traduz a presença de atores cujo perfil não é imediatamente associado às ações de assistência social. Essa nova interlocução
tem forçado a rede de ONGs a incluir nas suas agendas o debate
sobre a assistência social como política afirmativa de direitos.[21]

A atuação dos representantes dos trabalhadores no CNAS vem
sendo respaldada por uma mobilização que se adensou desde as
primeiras elaborações da Loas, como já apontamos no capítulo II.
Os assistentes sociais participaram ativamente no processo de
formulação e aprovação da Loas, principalmente por meio do conjunto CFESS/Cress, que buscou apoiar-se no movimento coletivo
da categoria, articulando-se também com os grupos de reflexão
sobre assistência social organizados em núcleos de pesquisa nas
universidades:

> O CFESS está envolvido na regulamentação dessa política desde
> 1989, logo após o processo constituinte, quando começaram as pri-
> meiras iniciativas para a construção de propostas de projetos de lei
> complementar. Depois do veto do presidente Collor ao primeiro
> projeto, o Conselho Federal continuou a luta. [...] Tomamos posse
> no CFESS em 15 de maio de 1993, na época em que estávamos em
> plena negociação com o Ministério do Bem-Estar Social para conse-
> guir uma iniciativa do Executivo para a apresentação de um projeto
> de lei.[22] As discussões para a formulação da proposta se centraliza-
> vam aqui em Brasília, a partir de um grupo de assistentes sociais
> que, com a assessoria do Neppos (UnB) e do Núcleo de Seguridade

---

21. Um sinal expressivo do aprofundamento dessas parcerias é o fato de que, a partir
do segundo semestre de 1996, o representante da Abong assumiu a vice-presidência do
CNAS, cargo que deixou de ocupar a partir de abril de 1998, com as eleições que modificaram
as representações da sociedade civil no CNAS, realizadas em março de 1998.

22. É sabido que o Ministério Público teve de ameaçar o governo do presidente Itamar
Franco com uma ação judicial de inconstitucionalidade por omissão, para que o Executivo
tomasse a iniciativa de encaminhar novo projeto de lei da assistência social ao Congresso
Nacional, proposto por entidades da sociedade civil e representantes governamentais (cf.
Potyara Pereira, 1996, p. 94 e Teixeira, 1996, p. 11).

e Assistência Social (PUC-SP), trabalhava para elaborar as emendas para a relatoria do projeto de lei do Executivo (CFESS, suplente).

Segundo a vice-presidente do CNAS (representante titular do CFESS), o CFESS concentrou-se nesses últimos anos num trabalho, junto à categoria profissional, de (auto)reconhecimento da condição de trabalhadores da assistência social, com o objetivo de ampliar o debate e a mobilização em torno da efetivação da Loas. A entidade colocou como prioridade o estímulo à reconstrução crítica das concepções e práticas da assistência social, contribuindo para desfazer o equívoco de considerá-la como sinônimo de assistencialismo, no esforço para despojá-la dos preconceitos a ela associados.

Isso significa que as entidades organizativas e acadêmicas do serviço social, que trabalharam ao longo desses últimos anos nessa perspectiva, tiveram (e têm) de assumir essa luta pelo menos em duas frentes. A primeira, no interior da própria categoria dos assistentes sociais, em que predominava, e ainda permanece, uma visão restrita da assistência social, eivada de estigmas e preconceitos, apropriada pelos profissionais como "um mal necessário", reforçando-se a posição de subalternidade desses agentes no interior das próprias instituições em que atuam. A segunda, no âmbito do Legislativo e do Executivo, uma vez que se tratava de fazer aprovar o estatuto legal necessário à inclusão da assistência social no interior das políticas de proteção social sob responsabilidade do Estado.

No caso da Anasselba, seu envolvimento no processo de elaboração da Loas foi intenso, até porque estavam em jogo interesses corporativos dos funcionários da ex-LBA. As propostas de reordenamento institucional da assistência social que orientaram todos os projetos apresentados pressupunham o comando único em cada uma das esferas de governo, o que implicaria alterações na estrutura do aparato burocrático-institucional de suporte dos programas assistenciais. O principal alvo das mudanças era indiscutivelmente a LBA,[23] que representou, em toda a sua história, desde a fundação em 1942, o espaço institucional de atenção à pobreza, portadora da imagem da assistência social como sinônimo de assistencialismo, caracterizada por ações de ajuda com baixa efetividade social e de natureza "pública" pouco visível. Tais ações eram basicamente assentadas em parcerias com a rede de entidades assistenciais privadas mantidas por meio de convênios e subvenções do Estado, que mais repassavam recursos do que imprimiam diretrizes para a garantia da qualidade dos serviços e programas, além de prestarem-se às variadas formas de clientelismo e mesmo de corrupção.

O funcionário da LBA

> atuando num terreno pouco demarcado institucionalmente, [...] percebe sua ação flutuante ao sabor da conjuntura. Longe de ser visto como um especialista, ele aparece como um *parceiro de propósitos*, portanto sujeito às alianças construídas a cada conjuntura de poder (Sposati e Falcão, 1989, p. 10; grifo das autoras).

Pelo relato da representante da Anasselba, a entidade, no primeiro momento, envolveu-se ativamente no debate que se desenvolvia,

> apesar de ter participado com grande corporativismo, muito mais no sentido até de defender a própria LBA.

---

23. A LBA era a instituição governamental de âmbito nacional responsável, até sua desativação pelo governo Fernando Henrique, pelo atendimento de crianças, nutrizes, gestantes e idosos. Tendo as sucessivas primeiras-damas como presidentes de honra, transformou-se no campo emblemático da "caridade social", apresentando crescimento vertiginoso como agência estatal e desenvolvendo ação de grande capilaridade na maioria dos municípios brasileiros.

Essa tensão existente entre o aparato institucional instituído e as novas propostas da Loas são captadas pela representante (suplente) do CFESS para explicar as dificuldades que o CNAS teve no período da sua instalação, quando Leonor Franco assumiu o Ministério do Bem-Estar Social.

> Tivemos uma questão muito particular, que era um verdadeiro embate com o Ministério do Bem-Estar Social, porque recém havia entrado no lugar do ministro Juthay a ministra Leonor Franco, que vinha da LBA, tinha sido superintendente várias vezes. E havia um ranço, uma discussão que nós encontramos, uma dificuldade, porque se dizia que a Loas ia acabar com a LBA, que a Loas foi feita para desmontar a LBA e todo o processo de construção do projeto de lei de iniciativa do Ministério foi feito à revelia dos técnicos ou da assessoria da LBA, que teria havido uma articulação da sociedade civil dentro do gabinete do ministro Juthay Magalhães. [...] Daí vai presidir a LBA uma assistente social de carreira da própria instituição e era um verdadeiro embate, sempre a ideia que o CNAS estava acabando com a LBA, destruindo as entidades. [...] Então, a LBA era a aliada das entidades e o CNAS vinha para acabar com tudo isso.

Os depoimentos aqui transcritos revelam a trama dos interesses envolvidos no processo de constituição da política pública no campo da assistência social. Nosso objetivo, no entanto, não é reconstruir detalhadamente esses embates, mas apenas identificar os conflitos existentes na dinâmica do movimento dos trabalhadores, que criaram diferentes níveis de tensão para os seus representantes no âmbito do CNAS.

Ainda no aspecto da representação dos trabalhadores no CNAS, é importante situar a participação da CUT.

Sua representante relata que participou desde o início das discussões da Loas, por intermédio de duas entidades: a Associação Nacional dos Assistentes Sociais (Anas), hoje extinta, e o

Departamento Nacional de Trabalhadores em Seguridade Social da CUT, transformado em Confederação. Mas foi como dirigente da CUT do Distrito Federal que concorreu à representação dos trabalhadores no CNAS,

> a partir do acúmulo na temática da assistência social, já que eu vinha participando das discussões sobre a Loas desde as origens da luta pela sua formulação e aprovação.

O debate sobre a assistência social no movimento sindical é ainda pouco apropriado, como já lembramos. Os trabalhadores do setor têm tido pequeno peso político no interior do movimento sindical, além de se encontrarem dispersos em função da setorização existente no âmbito das políticas sociais. Acrescente-se a isso a polêmica em torno da participação da CUT em conselhos institucionais, que tem sido objeto de divergências internas, apesar de a posição majoritária ser a de defesa da ocupação desses espaços pelos representantes sindicais.

Segundo a entrevistada, o questionamento básico a essa participação parte da visão de que

> os conselhos representariam um espaço reformista, que compromete o movimento sindical com as ações do Estado, pois eles acabam reforçando decisões governamentais contrárias aos interesses dos trabalhadores. Eles [os grupos que criticam a participação] acham que, se a gente não tem controle de fato da gestão, do cumprimento das políticas, por que estar nesse espaço? [...] Segundo eles, só valeria a pena a gente participar se a gente for maioria e puder garantir o controle das decisões.

O contraponto a essa posição é colocado pela própria representante da CUT:

Eles não consideravam que, apesar dos limites institucionais [...] é possível conhecer a máquina do Estado, exercer um controle social, divulgar, ter acesso à informação para poder fazer dessa informação um processo organizativo, crítico, conscientizador. Os segmentos que defendem essa participação sabem que ela é limitada, mas que é um espaço importante para a politização, organização, democratização, na medida em que se influencie de alguma forma a máquina do Estado.

Além disso, a questão, para o campo dos trabalhadores, refere-se às estratégias mais adequadas para a busca de consenso dentro da pluralidade de interesses envolvidos, o que remete à luta pela hegemonia:

É lógico que a CUT e outros segmentos lutam para conseguir a hegemonia nesses espaços, e para isso a gente faz articulações para que as nossas propostas possam ser hegemônicas. Mas não é essa a nossa condição para participar, porque a gente sabe que a hegemonia se consolida com as alianças que a gente possa fazer. [...] É como a paridade, é importante ter a paridade garantida em lei, mas ela em si não garante nada, se a gente não conquistar a maioria na prática (CUT).

Apesar dessa polêmica, que suscita questões fundamentais para a análise da representação institucional, os elementos trazidos pela entrevistada indicam que a experiência de participação da CUT em múltiplos conselhos[24] vem contribuindo para uma revisão das posições divergentes. Observa-se, atualmente, uma postura mais consensual sobre o significado e as implicações da participação institucional. Mesmo porque, como observa a entrevistada:

Não participar deixaria a gente muito isolado na relação com outros movimentos sociais, e esse espaço é reconhecido pelos trabalhadores.

---

24. Segundo sua representante, a CUT participa de aproximadamente catorze conselhos.

[...] Então, é importante que a gente se coloque como interlocutor de um segmento, não no sentido corporativo da defesa dos trabalhadores organizados, mas de um segmento que não está tendo acesso àquela política.

Essa participação, segundo a avaliação da representante da CUT, está contribuindo para dar mais qualidade à ação sindical, porque acumula subsídios para o debate e qualifica a CUT para responder ao volume de demandas que recebe, já que está sendo constantemente desafiada a passar de uma posição de "ser contra" para uma postura propositiva, de elaboração de alternativas. A perspectiva é, pois, a do acompanhamento dessas experiências nos diferentes campos em que se desenvolvem, para provocar um acúmulo interno do movimento sindical que possa garantir que as representações dos sindicatos e da CUT não fiquem descoladas do conjunto das questões que estão sendo discutidas pelos trabalhadores.

2. As entidades

Dentro dos contornos que delineiam nosso estudo, interessa-nos sobretudo apreender as relações entre governo e sociedade civil, sob o ângulo da publicização dos processos de produção dos serviços sociais como direitos sociais. O que está em questão nesse processo são os mecanismos pelos quais o Estado vem (ou não) garantindo o acesso a esses direitos, o que, no campo da assistência social, implica considerar a relação entre o governo e as entidades assistenciais como âmbito distinto da esfera pública. Isso porque a implementação de bens e serviços assistenciais tem sido assentada no que se convencionou denominar de *rede de solidariedade da sociedade*, composta por um conjunto de entidades sociais

privadas (filantrópicas, assistenciais, beneficentes etc.) não lucrativas e não mercantis, que vêm exercendo historicamente a intermediação na prestação direta de serviços assistenciais aos setores
sociais mais pobres.

Esse processo estabeleceu-se a partir da adoção do princípio
de *subsidiariedade*, derivado da Doutrina Católica Romana exposto
na encíclica *Quadragesimo Anno* (1931), que tem como fundamento
a ideia de que

> se otorgue siempre prioridad en la provisión de transferencias y
> servicios a la más pequeña unidad social (familia, comunidad
> local, iglesia etc.), y que se recurra a formas de responsabilidad
> pública y colectiva sólo despues de haber alcanzado los límites de
> la potencialidad de esas *pequeñas unidades* (Offe, 1995, p. 88; grifo
> do autor).

Segundo Sposati (1994b), o Brasil não desenvolveu o modelo
assistencial comunitário adotado na Alemanha e em vários países
europeus, assentado na gestão paroquial da tradição anglo-saxã e
germânica. Aqui, a tradição das obras de misericórdia portuguesas
cunharam a marca da atenção aos pobres nas práticas da filantropia
e da benemerência, desde as origens das primeiras instituições
hospitalares e asilares, dentro de uma concepção elitista e paterna-
lista da ação da "boa sociedade" para com os "mais frágeis" e "mais
necessitados" (Sposati, 1988).

Durante séculos, a Igreja Católica praticamente monopolizou
as atividades assistenciais no país. Vigorou, até a aprovação da
primeira Constituição Republicana (1891), o regime de padroado,
que reduzia o clero à posição de funcionalismo civil, cujos proven-
tos eram pagos diretamente pelo Estado. No entanto, mesmo após
a separação oficial entre Igreja e Estado no Brasil e a proibição, pela
Carta de 1891, de subvenções do Estado às obras religiosas, a reação

violenta da hierarquia acabou viabilizando as chamadas subvenções indiretas, sob a rubrica de *ajuda a obras de beneficência*.[25]

Como assinala Offe (1995), a operacionalização do princípio de subsidiariedade, característico das relações entre governos e entidades assistenciais, sofre de uma certa circularidade, uma vez que para desenvolver ações de ajuda ou de prestação de serviços, as comunidades ou igrejas dependem das políticas e dos recursos públicos.

Assim, podemos constatar a longa tradição existente nas relações entre atividades assistenciais da Igreja Católica e o aparato estatal. No início do século, começam a proliferar as organizações beneficentes e filantrópicas privadas de caráter laico. Ampliam-se também as entidades confessionais vinculadas a outras igrejas e credos, notadamente protestantes e espíritas.

Mas é a partir de 1930 que são criados mecanismos facilitadores do acesso ao fundo público de uma gama heterogênea de organizações privadas, por meio da regulamentação do instrumento de *utilidade pública* (1935) e, principalmente, a partir da criação do Conselho Nacional de Serviço Social (CNSS) em 1938, com a competência de registrar e opinar sobre as subvenções às entidades assistenciais privadas. Este Conselho assume posteriormente (1943) a tarefa da atribuição de mérito na concessão de certificados de filantropia, como requisito ao acesso a subvenções e isenções fiscais às entidades sem fins lucrativos, num campo diversificado de atividades, como assistência social, educação, saúde, cultura e esporte.[26]

---

25. Para análise das relações Igreja-Estado no Brasil na óptica do movimento de reação católica e o papel da Igreja nas protoformas do serviço social, consultar Iamamoto e Carvalho (1982), Parte II, capítulos I e II.

26. Para amplo aprofundamento da análise sobre as entidades filantrópicas sem fins lucrativos e suas relações com o Estado, consultar Sposati (coord.), 1994, e Landim, 1993.

A articulação estatal-privado no campo da assistência social, que vem operando para além do vínculo Estado-mercado *stricto sensu*, traz como contrapartida a eliminação da esfera pública como espaço de explicitação de interesses e regulação de conflitos. As consequências desse processo para as políticas sociais são, como é previsível, o reforço do clientelismo e a dilapidação do fundo público, sujeito às várias formas de manipulação e barganha de interesses que, não sendo alvo de publicidade, certamente ocultam objetivos espúrios. Em síntese, consolida-se a apropriação do público pelo privado.

Ao mesmo tempo, essa associação estatal-privado, ao assumir tais características, funciona também como mecanismo de desresponsabilização pública do Estado ante os serviços sociais dirigidos aos segmentos vulneráveis, baseados no princípio de subsidiariedade, que transfere responsabilidades governamentais às organizações sociais, especialmente as de natureza filantrópico-beneficente.

A ausência de compromissos com padrões de qualidade e de avaliação de resultados e impactos das ações assistenciais junto a seus destinatários, a inexistência de formas de controle social com a participação da sociedade civil, a transformação cada vez maior de responsabilidades governamentais em relações de parceria baseadas em processos de pouca visibilidade social — tudo isso vem caracterizando o baixo nível de publicização da assistência social em nosso país.

A Constituição Federal de 1988, apesar de consagrar a assistência social como política pública, cuja primazia pela condução é conferida ao Estado, reforça a adoção da lógica da subsidiariedade, atribuindo ao governo um papel complementar e coadjuvante na proteção social aos segmentos pobres da classe trabalhadora. Assim,

a família é a primeira responsável pela atenção às necessidades na incapacidade do cidadão e só após a comunidade. O Estado ocupa, no caso, a *terceira* esfera de ação, que só comparece na suplementação das anteriores (Sposati, 1994b, p. 2).

Dentro dessa tradição, o governo, nas suas três esferas, tem transferido às entidades assistenciais privadas a atenção social aos segmentos empobrecidos, sobretudo mediante subsídios, certificações, isenções, transferências, auxílios e subvenções, sem, no entanto, a contrapartida de exercício do controle público e da garantia de um padrão de qualidade dentro de patamares considerados socialmente aceitáveis.[27]

Cumpre destacar que as entidades sem fins lucrativos compõem um universo extremamente heterogêneo, não sendo passível, portanto, de generalizações simplificadoras.[28] Não se trata aqui de discutir as propostas de classificação ou categorização dessas organizações, mas apenas de salientar que se trata de um campo que comporta múltiplas diferenciações, não só no âmbito do acesso ao fundo público, mas também quanto a concepções e práticas dos agentes envolvidos.[29]

---

27. A Constituição de 1988, ao definir a assistência social como direito de seguridade social, confere estatuto de universalidade a essa política. O financiamento das atividades assistenciais é oriundo do orçamento geral da seguridade social, que, no entanto, isenta as *entidades beneficentes* de contribuição à seguridade, assim como isenta também as *associações sem fins lucrativos* do pagamento de impostos sobre a renda, patrimônio ou serviço, segundo o que estabelece o artigo 150, inciso VI, alínea *c*.

28. Fernandes, adotando a denominação de Lester Salomon, refere-se à existência de um "terceiro setor" que agruparia esse campo heterogêneo de organizações, situadas entre o Estado e o mercado, um terceiro personagem *não governamental e não lucrativo*, composto de "a) organizações estruturadas; b) localizadas fora do aparato formal do Estado; c) que não são destinadas a distribuir lucros aferidos com suas atividades entre os seus diretores ou entre um conjunto de acionistas; d) autogovernadas; e) envolvendo indivíduos num significativo esforço voluntário" (L. Salomon *apud* Fernandes, 1994, p. 19).

29. Oliveira Neto (1991), utilizando uma abordagem impressionista, segundo seus termos, identifica três subconjuntos para caracterizar as entidades assistenciais. 1) As *instituições tradicionais de caridade*, que atuam no campo da emergência social, motivadas por sentimentos de compaixão, filantropia e misericórdia em relação aos pobres, possuem fortes

Por um lado, há um grande conjunto de entidades assistenciais, confessionais e laicas,[30] que possui larga tradição de atuação com as camadas pobres e discriminadas da sociedade, e mantém longa trajetória de dependência com o Estado e o financiamento governamental. Por outro, observa-se um movimento de multiplicação de associações civis de novo tipo, que vêm se constituindo desde a década de 1970, em estreita articulação com os movimentos populares no contexto de luta contra a ditadura e, por esse motivo, desenvolveram-se marcadas pela autonomia e oposição ao Estado, apoiadas pelo aporte financeiro das agências de cooperação internacional.[31] As entidades assistenciais, de assessoria, pesquisa e

---

traços assistencialistas e paternalistas e estreitos vínculos com os interesses imediatos da população. Articuladas às igrejas e setor privado, possuem acesso garantido ao fundo público e assumem papel complementar às políticas governamentais. 2) As *entidades de promoção do desenvolvimento* são um produto da dinâmica de renovação das concepções de assistência social das décadas de 1950 e 1960. Ainda que movidas por sentimentos filantrópicos e de caridade, incorporam práticas modernas de gerenciamento, administração e metodologias pedagógicas, com bom trânsito junto ao setor privado, a órgãos estatais e agências de cooperação internacional. Atuam em programas de geração de renda, microempresas, economia doméstica, saúde, educação etc. São pragmáticas em relação ao acesso ao fundo público e não assumem posições de confronto político nem com o Estado nem com as organizações populares, desempenhando com facilidade um papel de complementaridade da ação governamental. Embora não se constituam em atores críticos na esfera pública, não se colocam necessariamente como oposição aos processos públicos de negociação. 3) As *entidades de formação e manutenção de clientelas eleitorais* são espaços por excelência da prática clientelista e patrimonialista de grupos políticos. Apropriam-se de parte importante dos fundos públicos por meio da ocupação direta de cargos públicos que servem de instrumento para o uso privado dos recursos governamentais. Transferem recursos humanos e financeiros para instituições assistenciais apadrinhadas por políticos e cabos eleitorais, trocando favores por lealdades político-eleitorais.

30. Segundo levantamento de Landim (1993), tendo como principal fonte a Receita Federal, as organizações privadas sem fins lucrativos no Brasil totalizam quase 220.000 estabelecimentos, incluindo as filiais. Esse número engloba, segundo classificação da Receita, fundações, entidades religiosas, associações, sindicatos, federações e confederações. Desse total, as *entidades religiosas* representam 13% (cerca de 30 mil). No conjunto das *associações*, predominam as religiosas, beneficentes e assistenciais, atingindo 26,13% do total (mais de 49 mil).

31. Oliveira Neto (1991) identifica-as como *entidades de defesa de direitos e educação popular*, diferenciando-as em três subconjuntos: *entidades de defesa de interesses difusos, entidades a*

outras modalidades de ação social, que representam um dos segmentos da sociedade civil no CNAS situam-se neste amplo espectro das organizações não governamentais voltadas à produção de bens e serviços sociais a numerosos indivíduos, grupos e famílias dos setores populares.

Os depoimentos dos entrevistados revelam as dificuldades e os desafios a serem enfrentados por essas organizações, impelidas a redefinir conceitos, valores, comportamentos, alianças, diante da conjuntura de redimensionamento da assistência social como política pública no campo da cidadania.

A Igreja Católica detém no CNAS o monopólio da representação das entidades assistenciais confessionais, confirmando a larga tradição dessa instituição no campo das ações filantrópicas e de beneficência.[32]

O discurso do representante da CNBB expressa a existência de um processo de transição no interior das entidades assistenciais "tradicionais", mediante o novo marco legal definido pela Loas. Ao explicar a delegação que lhe foi atribuída no CNAS, pondera:

A CNBB tem longa ligação com entidades de assistência social, a Igreja Católica e enfim todas as obras de filantropia. [...] Então, nos candidatamos a uma vaga [...] não tanto por motivo de querer de-

---

serviço dos movimentos populares e entidades de promoção da cidadania. Segundo Landim (1993), essas ONGs que se organizaram desde a década de 1970 somam, numa avaliação aproximativa, cerca de 3 mil entidades.

32. Na primeira composição do CNAS, a Confederação Israelita do Brasil ocupou uma suplência até as eleições de março de 1996, quando foram renovadas algumas representações da sociedade civil. Interessante observar que, nas eleições de março de 1998, que renovaram as entidades integrantes do CNAS, a Confederação Israelita do Brasil passou a ocupar uma vaga de titular, bem como a Igreja Presbiteriana do Brasil integra nesse período o Conselho na qualidade de suplente. No entanto, a Igreja Católica, à época, permanece ocupando duas vagas através da Conferência dos Religiosos do Brasil, como titular, e da Pastoral da Criança, como suplente.

fender princípios corporativistas ou privilégios da Igreja. [...] mas de ajudar a sociedade civil, porque na verdade nós também somos representantes da sociedade civil, fomos eleitos pela sociedade civil, nesse processo de descentralização, de participação, de controle mais apurado dos recursos públicos na área de assistência social. [...] Então, eu acho que foi esse o sentido que a CNBB quis dar, pelo menos no meu entender, na medida em que me deram o voto de confiança, que eu pudesse realmente me sintonizar com os anseios de toda a sociedade e, ao mesmo tempo, ajudar as próprias entidades da Igreja, nesse momento de transição, a também se adequar à nova legislação, à nova situação de captação de recursos públicos na área de assistência social e, assim, poder dar uma contribuição significativa, eu diria, até moral, a esse processo.

A fala do representante da CNBB põe em evidência o movimento de continuidade-ruptura que vem marcando as relações das entidades assistenciais com os aparatos governamentais e com as demais organizações da sociedade civil.

Impregnadas de uma relação de intimidade com o Estado e com apadrinhados políticos, que fizeram esvanecer os limites entre o estatal e o privado, distantes da interlocução com os demais atores sociais em espaços coletivos de negociação, essas entidades têm sido submetidas a um aprendizado de convivência pública, diante da desativação do antigo complexo socioinstitucional que dava suporte às ações assistenciais.

O depoimento da representante da Cáritas Brasileira (organização assistencial vinculada à Igreja Católica) expressa com clareza o impacto que o novo cenário político da assistência social, a partir da implantação da Loas, trouxe para a vida organizativa dessas instituições, com a extinção do antigo CNSS, sua substituição pelo CNAS e o decorrente reordenamento institucional do setor no âmbito governamental.

A herança de uma quantidade enorme de processos que tinham de ter uma solução, porque as entidades não podem ser penalizadas pelo funcionamento melhor ou pior de um órgão público. [...] O CNAS recém assumia em 1994, no momento em que as coisas não estavam muito firmes em relação aos conselhos paritários [...], as novas atribuições que a Loas previa e que praticamente a sociedade não tinha ainda muito assimilado, como não tem até hoje, porque é uma lei nova. [...] Esse Conselho elege o próprio presidente, o que já é um susto no meio governamental, porque não é muito comum, não tem ministro, é eleito... Depois, começa a história da reestruturação dos órgãos de assistência social. [...] Então, as instituições são levadas a um certo tumulto interno, porque a LBA tinha presença em todo o país. [...] Elas ficam pensando: quem vai sobreviver e quem vai morrer? [...] Não é que as entidades estivessem batendo na porta, mas eram deputados que estavam sendo solicitados pelas entidades para darem uma solução, eram ministros que estavam sendo demandados enormemente, eram todas as vias que a sociedade podia se utilizar que estavam sendo pressionadas para que o Conselho desse uma vazão a esse material.

O contexto que marcou a transição da antiga estrutura burocrática da assistência social no país durante mais de 50 anos é revelador do modelo de institucionalização existente. Embora desconectado de uma política pública, o nível de capilaridade que a LBA e demais órgãos governamentais desenvolveram junto às instâncias subnacionais (estados e municípios), aliado à centralização das decisões e dependência da burocracia e da lógica cartorial, criam um cenário de incertezas quanto à continuidade das ações em curso. Na ausência de espaços públicos de intermediação e negociação, as entidades assistenciais buscam utilizar-se dos esquemas de pressão e *lobbies* tradicionalmente adotados nas suas relações com o Estado. A instalação do CNAS, nessa conjuntura, aparecia como ameaça desagregadora dos antigos procedimentos. Aos conflitos inevitáveis a serem enfrentados para a consolidação de práticas democratizadoras no interior do aparato governamental, somaram-se as resistências oriundas do seio da própria sociedade civil, fraturada em múltiplos interesses que naquele momento se confrontavam.

Nesse processo inicial de instalação, o CNAS, debatendo-se, ainda, pelo reconhecimento da sua própria identidade social, busca situar-se num espaço volátil e de baixa visibilidade pública. Trata-se, pois, de (re)conhecer os parceiros, definir procedimentos de trabalho coletivo, apropriar-se da problemática de cada segmento representado, socializar conhecimentos e experiências, definir prioridades, enfim, elaborar uma pauta estratégica de trabalho.

O segmento mais organizado e politizado da sociedade civil, representado pelas entidades dos trabalhadores, saído da mobilização pela aprovação da Loas, é confrontado com pressões e resistências que dificultam a tarefa de reconhecimento da conjuntura em que está inserido e as possibilidades de produção de respostas às inúmeras e complexas demandas.

A pesada herança cartorial recebida pelo CNAS do antigo CNSS representa uma dificuldade adicional. O CNAS, diferentemente dos demais conselhos, adquire dimensão executiva, uma vez que está sob sua responsabilidade a tramitação dos processos de registro e concessão de certificado de filantropia às entidades que buscam subvenções, isenções de taxas e impostos que a legislação arcaica das décadas de 1930-40 lhes faculta. Aliás, esse parece ser o móvel principal das tensões e pressões. É em torno dessa questão que as entidades se mobilizam: lutando para preservar o instituído, debilitam as possibilidades de exercitar o instituinte. Como observou o representante da CNBB,

queira ou não, o CNAS é ainda um pouco dessa cartorialidade das instituições.

Paradoxalmente, parece ser a existência dessa *cartorialidade* que garantiu ao CNAS a possibilidade de afirmar-se como um espaço de poder contra as tentativas de sua inviabilização inicial. Diz a representante do Ministério da Educação:

> No caso do CNAS, ele tem poder numa coisa, que aí é de governo, que é a questão do atestado de filantropia, que dá até despesa para o governo. Aí ele tem poder mesmo, porque é ele que examina e que concede o atestado. Então, aí ele é governo, num certo sentido, porque ele está dizendo onde o governo está concedendo isenção fiscal.

Outros depoimentos da sociedade civil chamam a atenção para esse aspecto.

> O CNAS tem um papel importante, e eu tenho de dizer que o papel dele é também importante porque ele herdou o entulho do outro. A parte cartorial e burocrática do CNAS, de expedição desses papéis, faz com que ele se relacione e, eventualmente, possa ter na sua composição entidades fortes, como a Confederação das Misericórdias, a Federação Brasileira das Instituições de Excepcionais (Febiex), a Federação das Apaes, a CNBB, por exemplo. Há quem diga que é o *filé mignon*, que ninguém está interessado na discussão, na construção das políticas ou das propostas, mas naqueles papéis que dão acesso a recursos públicos e, principalmente, à isenção da cota patronal do INSS ou de taxas de importação para as entidades filantrópicas, um recurso indireto, e eu tenho muita preocupação com isso. [...] É aí, contraditoriamente, eu já senti internamente, que vamos enfrentar dificuldades, *se é que vamos caminhar nessa direção*, porque algumas entidades, de fato, compreendem que o CNAS tem poder por causa disso (CFESS, suplente).

Para algumas entidades, pouco habituadas a espaços coletivos e democráticos de decisão, o acesso ao Conselho é visualizado como mecanismo que possibilitaria, de forma mais direta, o atendimento de demandas específicas e o equacionamento de pendências com órgãos governamentais.

> Eu acho que ainda subsiste dentro de algumas organizações a limitação do conhecimento do que é o Conselho. [...] Isso só vai se modificar no momento em que se tiver uma noção mais clara do que é a filantropia [...], porque muitas vezes as entidades se organizam para ir ao Conselho em função disso, porque tem certas exigências legais ou certos benefícios que passam por isso. [...] Muitas entidades que cuidam de excepcionais, por exemplo, tradicionalmente ligadas à filantropia, procuram muito, porque elas dependem dessa beneficência. Agora, no momento em que o Estado tenha uma política mais séria de atendimento continuado de todas essas excepcionalidades da vida humana [...] acho que também desaparecerá um pouco esse instinto de sobrevivência dessas organizações, que no fundo lutam por migalhas. [...] No momento em que isso desaparecer dentro desse processo de transição, eu acho que a representatividade do Conselho também vai mudar (CNBB).

Essa atribuição cartorial do CNAS é objeto de polêmica e debates em seu interior. Na visão do representante da SAS, órgão coordenador da política de assistência social, essa competência do Conselho é geradora de dependência com o Executivo, podendo retirar-lhe espaços de autonomia:

> Eu acho que o Conselho não devia ser um órgão executivo, porque isso implica atrelamento à área do Executivo, principalmente com o MPAS, criando uma certa dependência. Para funcionar nessa área de expedição de certificados e registros, o CNAS tende a criar uma estrutura um pouco pesada, precisa de secretaria executiva, de cargos, de pessoas que possam trabalhar em tempo integral, profissionalizar o pessoal, e isso não só em nível central, mas também nos estados e municípios. [...] Eu acho que esse tipo de poder contamina um pouco a atuação do Conselho. [...] É um pouco misturar as coisas,

porque na medida em que ele é concedente, ele já passou para o lado do governo, *né*? Além disso, vejo que essa atribuição não precisaria estar no nível federal [...]. Eu sinto uma contradição na legislação em termos dessa atribuição e a descentralização [...]. Até entendo, porque se refere fundamentalmente a renúncias fiscais do governo federal. [...] Mas acho que o processo todo poderia ser avaliado pelos conselhos estaduais e municipais, já que o município podia até fiscalizar melhor as entidades (SAS).

Essa discussão no âmbito do CNAS e da política de assistência social é extremamente complexa e exige a análise de uma multiplicidade de elementos envolvidos, o que não é o caso de aprofundar aqui. Vale destacar que uma série de gestões estão sendo encaminhadas na direção de redefinir competências e relações nesse âmbito. Há várias iniciativas da sociedade civil e do governo federal em torno da elaboração de propostas que definam novos mecanismos, mais transparentes e controlados socialmente, de acesso ao fundo público.[33] Em termos de mudança efetiva da regulação estatal na esfera das relações com a rede de entidades sem fins lucrativos, porém, muito pouco se caminhou até o momento.[34] A pauta do antigo CNSS continua ainda muito presente.

---

33. Mais recentemente, como resultado da polêmica que envolve o chamado marco legal que disciplina as relações do Estado com as organizações não governamentais sem fins lucrativos, foram aprovadas duas novas leis. A Lei n. 9.790, de 23/3/1999, que dispõe sobre a qualificação das ONGs como "Organizações da Sociedade Civil de Interesse Público" — OSCIP — e cria o Termo de Parceria. E a Lei n. 9.732, de 11/12/1998, conhecida como "nova lei da filantropia", que altera requisitos para fins de isenção da contribuição à Seguridade Social, dirigida às entidades filantrópicas. O processo que conduziu à aprovação dessas novas legislações despertou intenso debate, gerando críticas quanto ao formato que assumiram. Para aprofundamento e análise circunstanciada desse novo marco legal, consultar Gomes (1999).

34. Mais recentemente, como resultado da polêmica que envolve o chamado marco legal que disciplina as relações do Estado com as organizações não governamentais sem fins lucrativos, foram aprovadas duas novas leis. A Lei n. 9.790, de 23/3/1999, que dispõe sobre a qualificação das ONGs como "Organizações da Sociedade Civil de Interesse Público"

O segmento das entidades também é representado pela Associação Brasileira de Organizações não Governamentais (Abong),[35] cuja participação no CNAS percorre uma trajetória diferente. A Abong ingressou no CNAS como suplente do Ibase.

No processo de efetivação do Conselho, a Abong foi ganhando legitimidade.[36] Primeiro, porque, como associação que congrega ONGs, é mais representativa desse conjunto do que o Ibase, que é uma das suas filiadas. Segundo, porque o representante da Abong já vinha participando das discussões sobre reordenamento institucional da área de assistência social e sobre a Loas. Após sua aprovação, começa a haver mais engajamento para sua efetivação e, ao mesmo tempo, a configuração de novas parcerias dentro do leque de forças sociais e políticas integrantes do debate que se instalou.

O representante da Abong, atualmente vice-presidente do CNAS, relata as preocupações da entidade com as questões da assistência social e a origem da sua inserção mais orgânica nessa área:

> Porque a Abong estava preocupada com a assistência e estava pensando em formar internamente um GT para discutir uma proposta. E o presidente (na época, Jorge E. Durão, coordenador da

(OSCIP) e cria o Termo de Parceria. E a Lei n. 9.732, de 11/12/1998, conhecida como "nova lei da filantropia", que altera requisitos para fins de isenção da contribuição à Seguridade Social, dirigida às entidades filantrópicas. O processo que conduziu à aprovação dessas novas legislações despertou intenso debate, gerando críticas quanto ao formato que assumiram. Para aprofundamento e análise circunstanciada desse novo marco legal, consultar Gomes (1999).

35. Entidade de âmbito nacional, congrega atualmente cerca de 230 ONGs que desenvolvem uma gama diversificada de atividades, entre as quais assessoria, capacitação, educação popular, educação política, pesquisas, campanhas. O público atingido é bastante amplo, destacando-se crianças e adolescentes, movimentos urbanos, associações de moradores, mulheres, trabalhadores rurais. Para conhecimento do perfil das entidades filiadas à Abong, consultar o cadastro organizado por Landim e Cotrim (1996).

36. No CNAS, os suplentes são convocados para participar de todas as atividades, com direito a voz e, no caso da ausência do titular, a voto.

Fase) foi convidado para participar de um encontro nacional da assistência social e voltou muito feliz, dizendo que já havia um processo em andamento, uma discussão acumulada, com gente militando nessa área e o que a Abong podia fazer era se engajar nesse processo.

Apesar do pouco acúmulo da Abong na temática e no universo das entidades assistenciais, tendo em vista a tradicional polarização entre organizações de defesa de direitos e de assistência social, sua incorporação ao CNAS representa a abertura para novas interlocuções, não apenas no seu interior, mas também com a rede de ONGs associadas, que passam a acompanhar o debate com grande poder multiplicador. Ao mesmo tempo, verifica-se um movimento de maior aproximação entre ONGs e entidades de assistência social, num processo de mútuo reconhecimento e influência recíprocos.

A constatação de Landim e Cotrim corrobora essa tendência. As autoras observam

> aproximam-se do universo das ONGs várias entidades que se dedicam a trabalhos considerados pelo senso comum como assistenciais, as quais por suas origens e alianças distanciavam-se desse conjunto mais "politizado": os discursos e os objetivos da ação social tradicional também vêm se *transformando* no sentido da busca de cidadania e justiça social (1996, p. xvi).

As ONGs também compõem um universo heterogêneo, marcado por diferentes visões políticas, capacidade técnica e organizacional, especializações, abrangendo uma diversidade de atividades e temáticas sociais. Ademais, o mundo das ONGs encontra-se em intensa mutação. Organizadas em oposição ao Estado ditatorial na década de 1970, à margem dos recursos nacionais e tendo como interlocutores privilegiados os movimentos populares, essas organizações sofrem profundo impacto a partir das décadas de 1980-90, que ameaça a sobrevivência de muitas e as obriga a redefinições profundas. O avanço do ideário neoliberal e os processos de ajuste estrutural em muitos países europeus e nos Estados Unidos fazem recuar o financiamento internacional, além da retração da cooperação de grupos civis que, mais intenso no período da ditadura militar, se volta agora para outros países e regiões.

Dessa forma, as relações entre ONGs e governos nacionais tende a sofrer uma inflexão. As parcerias com governos locais, notadamente municipais, vêm se intensificando. A questão do acesso a fundos públicos nacionais está em debate, polarizando-se as posições no interior da Abong e gerando intensa polêmica.[37]

Dentro desse panorama, a participação da Abong no CNAS traz novos atores sociais para o debate da política de assistência social. Portadores de um leque diversificado de experiências no campo popular vêm contribuindo para a ampliação do arco de alianças plurais dentro do chamado campo progressista.

Pela sua história de distanciamento do Estado, algumas ONGs estão menos marcadas por relações clientelistas e de dependência do Estado, o que, no entanto, não implica ausência de intermediação de interesses específicos nos espaços de representação.

_____

37. Um levantamento sobre fundos públicos e ONGs realizado pela Abong junto a suas associadas, no segundo semestre de 1995, constatou, a partir de uma amostra de 28,4% do universo total, que 70% têm ou já tiveram algum tipo de acesso a recursos públicos via convênios, contratos ou prestação de serviços com as três esferas de governo, com pequena predominância do nível federal. Embora esses recursos representem um pequeno percentual no orçamento dessas organizações (para cerca de 40%, representa até 10% do orçamento), há uma dinâmica em curso que parece indicar um giro nas relações entre Estado e ONGs. Sinal disso, aliás, são as tentativas recentes de articulação do governo FHC com a Abong no sentido do estreitamento dessas relações. O perfil das ONGs filiadas à Abong realizado por Landim e Cotrim em 1994 destaca que somente 19,3% possuíam registro no CNAS e apenas 9,7% tinham registro de Utilidade Pública Federal, aumentando no caso deste último para 24% no âmbito estadual e 31% no municipal (Landim e Cotrim, 1996).

O representante da Abong chama atenção para a natureza da sua representação no CNAS:

Talvez tenha sido para a Abong uma experiência diferente. A sua posição não é a de defender o seu segmento — as ONGs. Ela não está voltada para o seu público interno, que são as ONGs, ela é uma associação de entidades, então ela não tem uma prática política de beneficiar os seus sócios, as suas entidades.

Certamente, os objetivos de cada um dos segmentos representados no CNAS estão em jogo. Mas não se trata da anulação das particularidades e diferenças. Ao contrário, trata-se de explicitá-las na cena política coletiva.

O que está em apreço, neste momento, é a consolidação de parâmetros e critérios públicos que orientem as relações entre Estado e sociedade civil, direcionados ao atendimento das necessidades sociais do usuário da assistência social como portador de direitos de cidadania. É um processo cercado de conflitos e tensões. A tradição dos acordos sigilosos, da regulação *ad hoc*, da resistência ao enquadramento a critérios transparentes e definidos coletivamente são elementos arraigados na "cultura assistencial".

O relato de vários entrevistados acerca da reunião do CNAS que deliberou pela não aprovação de um pedido de excepcionalidade no repasse de verbas para a Pastoral da Criança[38] é ilustrativo

---

38. A Pastoral da Criança é uma entidade de abrangência nacional, vinculada à CNBB, gozando de grande respeitabilidade no país. Opera em mais de 17 mil comunidades em todos os estados brasileiros, por meio da ação de 56 mil voluntários que desenvolvem um conjunto de programas e atividades junto à família, especialmente crianças e mulheres. A reunião que deliberou a matéria em questão foi realizada em 28/5/1996, em sessão ordinária que teve lugar em Brasília. Tive a oportunidade de acompanhar o debate como observadora da reunião. O tratamento mais minucioso dessa questão assume relevância, pelo seu caráter paradigmático, ante o objeto de nossa análise.

dos embates e confrontos que se colocam nos caminhos de construção da publicização no âmbito da política de assistência social.

A solicitação justificava-se em função do término do convênio entre a Pastoral da Criança e o governo federal (pela SAS) e a decorrente situação de vácuo legal que impedia o acesso a recursos, até que pudesse tramitar a assinatura de um outro convênio dentro dos novos critérios de descentralização que deveriam passar a vigorar. A Pastoral solicitou ao CNAS, então, que autorizasse o presidente da República a realizar o repasse direto de uma verba emergencial (aproximadamente R$ 1,5 milhão), possibilidade prevista na regulamentação do Fundo Nacional de Assistência Social.[39] Para proceder ao exame da questão, o CNAS solicitou à SAS, responsável pela assinatura do convênio, que, como órgão técnico encarregado da execução da Política Nacional de Assistência Social, encaminhasse ao Conselho os critérios gerais de repasse de verbas em caráter de excepcionalidade, uma vez que o decreto do FNAS não contém nenhuma especificação para esse procedimento. O objetivo do CNAS era encaminhar a deliberação da situação específica da Pastoral, com base em procedimentos gerais aprovados nessa instância, à luz dos quais seriam apreciados quaisquer outros pedidos da mesma natureza que chegassem ao Conselho.

Transcrevemos o longo depoimento do representante da CNBB sobre os impasses criados no encaminhamento dessa matéria:

> Foi a primeira vez que o CNAS debruçou-se sobre um caso de excepcionalidade. [...] A Pastoral da Criança já havia sido alertada da

---

39. O Decreto n. 1.065, de 25/8/1995, que regulamenta o FNAS, no parágrafo único do artigo 5º, define: "Excepcionalmente, o Presidente da República poderá autorizar a aplicação de recursos do FNAS na realização direta, por parte da União, de serviços e programas de assistência social *aprovados pelo Conselho Nacional de Assistência Social — CNAS*" (grifo nosso).

importância de que procedesse à sua descentralização e que passas-
se a organizar o trabalho de forma diferente. Mas não se estava ali
julgando o mérito do trabalho, apesar de ser questionável a maneira como estão organizados no quadro nacional, de forma muito
centralizada. [...] Agora, na verdade, eles foram usados como uma
espécie de pretexto para manter um tipo de política centralizadora
que, inclusive, dentro de alguns órgãos de governo ainda permanece, por interesses políticos ou por privilégio. Então, o que estava em
jogo ali, no fundo, era uma disputa entre o CNAS e a SAS, que pela
lei deveria encaminhar os critérios, uma vez que o Decreto n. 1.065
regula a excepcionalidade, mas não diz sob que critérios, qual a
fonte dos recursos, sob que forma, quais os prazos etc. E o CNAS já
havia solicitado isso à SAS em reunião anterior, quando esse assunto foi levado meio intempestivamente e nada foi encaminhado.

A discussão da matéria no CNAS ocorreu em clima de tensão.
Em poucas oportunidades verificou-se a presença de quórum tão
expressivo para tratar uma questão de pauta. Chamava a atenção
o grande comparecimento da representação governamental, além
da presença dos próprios interessados, uma vez que lhes foi facul-
tada a argumentação direta.

O representante da CNBB continua seu relato, dizendo das
fortes pressões de que foi alvo durante os dias que antecederam a
reunião.

> Esse caso da Pastoral da Criança foi um caso típico de um primeiro
> confronto que tem os seus desdobramentos, eu estou consciente
> disso. [...] Eu estou sofrendo pressões, mas enquanto eu tiver clare-
> za de que foi um voto consciente, difícil de ser dado... Mas eu inclu-
> sive expliquei à presidência da CNBB, através de um documento,
> mostrando a eles que a solicitação não poderia ser aprovada daque-
> la forma. Eu, inclusive, deixei bem claro, se não quiserem que eu fico
> eu saio, mas também tenho o direito de explicar ao Conselho porque
> eu saí. [...] Agora, durante a reunião, as pressões ficaram claras. Só

o fato do Conselho ter admitido a presença dos representantes da Pastoral já foi uma grande exceção. E, não sei se você percebeu, que a todo momento eles queriam jogar a discussão para o mérito da questão e não se tratava disso naquele momento. Chantagearam de todas as maneiras e inclusive trouxeram toda a equipe do governo que estava com eles, principalmente a representante do MEC, que comandou o bloco em termos de pressão. Ela nunca aparece, só aparece nessas horas para fazer pressão, e certamente tem recado da Casa Civil, à qual ela é muito ligada.

A solicitação da Pastoral não foi aprovada,[40] até com o voto contrário do representante da CNBB, o que surpreendeu a muitos que esperavam o apoio a um projeto que, para além da sua expressão social, é respaldado diretamente pela Igreja Católica. A reflexão do representante da CNBB vai diretamente aos aspectos centrais:

De duas, uma: ou nós definíamos um privilégio ou ficávamos contra a sociedade civil e desmoralizaríamos todo o trabalho que o próprio Conselho faz com a sociedade civil [...]. Então o nosso voto foi muito mais no sentido não de ir contra a Pastoral, apesar de que parecia que eles queriam evidenciar isso. [...] O que estava em jogo é que a SAS deveria ter insistido com eles antes de que haveria prazos, critérios. A Secretaria não mandou os critérios solicitados pelo Conselho. Quando resolveram mandar, era um documento quase que dizendo "vocês têm que aprovar que é bom, é bom porque eles têm razões", e em cima da bucha, porque o documento chegou na manhã da reunião, sem dar oportunidade de os conselheiros lerem com atenção. Se abríssemos uma exceção nesse momento de transição, estaríamos criando casuísmos dentro do Conselho. [...] Votar a favor naquele momento seria praticamente decretar o fim do CNAS, porque daí para a frente valia tudo, qualquer entidade que chegasse na

---

40. Todos os representantes da sociedade civil presentes (8) votaram contra e os do governo (6) votaram a favor.

SAS pedindo uma excepcionalidade, um deputado que viesse pedir para a sua instituição ia conseguir. O Conselho teria que aprovar tudo, porque aprovou um.

Essa situação parece-nos exemplar para a problematização dos impasses da publicização de uma política social que, historicamente, se desenvolveu no campo dos arranjos clientelistas e corporativistas do espaço privado de poucos atores sociais, à base das regulações *ad hoc*, dependendo dos grupos e interesses representados em cada conjuntura política. Nesse *mix* entre "razões do Estado" e interesses de grupos particulares desaparece a esfera pública como arena de disputa e de formação de consensos.

O grande ausente é, sobretudo, o sujeito social alvo das políticas públicas. Novamente aqui ele comparece por intermédio do discurso da carência, da fragilidade, da ausência.

> O que está claro é o seguinte: nós não vamos defender o privilégio, e a exceção, no fundo, é um privilégio, se não tiver uma norma precisa, mesmo que argumentem que as criancinhas não vão ter o leite, isso é meio chantagem, não é por aí que a gente argumenta as coisas! (CNBB).

A consolidação de espaços públicos no campo das políticas sociais põe em evidência responsabilidades públicas. A decisão do CNAS no episódio da Pastoral da Criança é significativa, pois, apesar da forte pressão, marcou-se posição contra encaminhamentos casuísticos e particularistas da solução caso a caso.

A posição da CNBB, nessa discussão, foi fundamental e demonstrou a viabilidade da formação de consensos no interior da sociedade civil, para além de interesses corporativistas. Quanto à representação governamental, prevaleceu o enquadramento pela intimidação e pela pressão, confirmando-se a tendência de centralização da decisão nas instâncias hierárquicas superiores, quando o que está em pauta é matéria de interesse político do grupo que está no poder.

3. Os usuários

A representação dos usuários no CNAS é composta por entidades que congregam idosos — a Associação Nacional de Gerontologia (ANG) —, pessoas portadoras de deficiência — a Organização Nacional de Deficientes Físicos (Onedef) — e crianças e adolescentes — o Movimento Nacional de Meninos e Meninas de Rua (MNMMR). Na definição dos objetivos da assistência social (artigo 1º da Loas), dá-se prioridade à política de atendimento a esses segmentos sociais.

A Constituição de 1988, pela primeira vez, definiu o acesso a uma renda mínima para os grupos de maior vulnerabilidade social. Mas ao fazê-lo selecionou os grupos a serem beneficiados, reduzindo-os aos idosos e pessoas portadoras de deficiência sem renda própria. A regulamentação do benefício de prestação continuada operou maior redução quando estabeleceu o corte de renda para um quarto do salário mínimo, como vimos, e adotou um conceito de deficiência restritivo, aplicando-o apenas aos casos de anomalias e lesões irreversíveis que incapacitem seu portador para a vida independente e para o trabalho. Dessa forma, embora a Constituição incorpore a dimensão universalista na prestação dos serviços sociais, os benefícios e serviços implementados pela política de assistência social revestem-se de alto grau de seletividade, tanto na escolha e na identificação dos beneficiários quanto na adoção de rígidos mecanismos de elegibilidade. Tal quadro suscita o debate em torno da clássica questão relacionada com os modelos de proteção social, que opõem concepções universalistas das políticas sociais a esquemas focalizados e seletivos de programas dirigidos aos mais vulneráveis.

Assim, muito embora a Constituição consagre e amplie o reconhecimento do direito social, apontando para sua universalização, o crescente agravamento dos níveis de pobreza no país e a simultânea redução do gasto social contribuem para a adoção de critérios cada vez mais seletivos, sob a argumentação de que as camadas mais pobres e vulneráveis é que devem merecer atenção prioritária. Dessa forma, o critério de universalidade vê-se afetado pela adoção de políticas de caráter compensatório e residual, contrapostas à concepção consagrada pela Loas, que prevê o atendimento dos *mínimos sociais* e a universalização dos direitos sociais.

No entanto, como aponta Potyara Pereira (1996, p. 53), uma das características da política de assistência social *lato sensu* é a de ser "genérica na atenção e específica nos destinatários, ao contrário das políticas setoriais, que são genéricas nos destinatários e específicas ou especializadas na atenção". Ou seja: desloca-se a polaridade seletividade/universalização para um contexto mais amplo, pois, isolada das demais políticas sociais, a assistência social não pode realizar sua principal vocação, que é a de universalização do acesso de seus destinatários ao campo de atenção do conjunto das políticas sociais. Seu baixo nível de setorização, muitas vezes tomado como sinal de fragilidade, indica as potencialidades envolvidas na política de assistência social. Embora defina como seus destinatários as camadas mais excluídas do acesso à riqueza, serviços e direitos,

> o seu alvo de atenção é muito mais a privação relativa, que tem como parâmetro a desigualdade e não a pobreza extrema ou a miséria, o que justifica a sua existência tanto nos chamados países centrais como nos periféricos (Potyara Pereira, 1996, p. 54).

Não foi essa perspectiva que prevaleceu nos textos legais, na medida em que se incorporou uma concepção de assistência social restritiva, vinculada à pobreza absoluta, e circunscrita, assim, à atenção residual aos indivíduos ameaçados em seus mínimos vitais. Foi essa visão que acabou definindo os grupos destinatários dos benefícios da assistência social e o corte de renda vergonhoso que acabou prevalecendo.

Como o sistema de carências ou de necessidades sociais não é algo estático ou abstrato, mas referido a um conjunto de valores e modos de vida compartilhados por uma sociedade determinada, sob certas condições históricas, decorre daí que o que é considerado "normal" ou padrão básico para uma vida digna a todos os cidadãos é necessariamente objeto da luta política. Assim considerada, a luta pela expansão de direitos sociais está diretamente relacionada com a ampliação desse debate na esfera pública, em que a sociedade civil possa estar amplamente representada e, principalmente, os principais interessados possam se autorrepresentar por intermédio de sua organização coletiva.

No entanto, como já destacamos, a carência também se expressa pela ausência dos sujeitos que a experimentam nos espaços públicos de participação e representação. Muito já se escreveu sobre as dificuldades de organização dos segmentos sociais usuários dos serviços de assistência social, principalmente daqueles grupos mais vulneráveis, dentre os quais sobressaem as crianças, os idosos e as pessoas deficientes.

É em função desse quadro que, no campo da representação coletiva dos interesses desses segmentos, vem ocorrendo o que Francisco de Oliveira (1990, p. 64) identificou como *superexposição* ou *super-representação* das classes médias na esfera política, uma vez que atuariam como uma espécie de *alter* desses grupos marginalizados, absolutamente dependentes da mediação estatal e do acesso aos fundos públicos para o atendimento de suas necessidades básicas. Haveria, pois, nos termos de Oliveira, uma espécie de *substituísmo* ou *ventriloquismo* desempenhado por quadros *mezzo-a-mezzo* técnicos e políticos, tanto no âmbito do aparelho de Estado quanto nos movimentos sociais e nas organizações da sociedade civil (Oliveira, 1990, p. 63).

No caso da representação dos usuários no CNAS, é possível identificar a presença deste fenômeno, que se exprime em graus e formas variados, dependendo da capacidade de organização e mobilização de cada um desses segmentos.

No que se refere aos idosos, sua trajetória de organização, além de recente, é ainda frágil.[41] Talvez um dos elementos presentes seja o fato de que, na hierarquização das vulnerabilidades sociais, os idosos não sejam vistos como segmento prioritário, diante do percentual ainda reduzido que representam no conjunto da população e ante a enorme carência de outros grupos sociais, como crianças e adolescentes. O que não quer dizer que, por isso, o atendimento a estes últimos esteja ganhando prioridade.

A vulnerabilidade social dos idosos é agravada, ainda mais, pelo nível de discriminação social de que são alvo, na família, na sociedade e, principalmente, no mercado de trabalho, em que a acirrada competição expulsa cada vez mais precocemente levas de adultos que dificilmente voltarão a integrar-se ao mercado formal, cada vez mais exigente e seletivo. Ao mesmo tempo, o novo padrão demográfico da sociedade brasileira aponta crescente

---

41. O dado novo nesse panorama foi a mobilização dos aposentados em torno dos 147% de reajuste no valor das aposentadorias, o que impulsionou conjunturalmente sua auto-organização, levando até a maior exposição desse grupo na mídia. No entanto, segundo dados do PNUD (1996), aproximadamente 31% dos idosos não recebem nenhum auxílio previdenciário e, entre os idosos pobres, 20% não têm acesso a nenhum benefício.

e veloz tendência de aumento das taxas de envelhecimento da população,[42] o que agrega novos desafios às políticas sociais voltadas para a terceira idade.

E esses desafios são muito maiores para os idosos pobres, pois o impacto das alterações na estrutura familiar e a precariedade dos sistemas públicos de proteção social a este grupo social são bastante diferenciados, a partir do recorte de classe.

Portanto, embora a sociedade como um todo deva se preparar para acolher a cada vez mais numerosa população de idosos, no âmbito das políticas públicas, especialmente da política de assistência social, não existem apenas idosos em geral, mas idosos pobres. E essa é uma questão desafiadora quando se trata das entidades representativas dos idosos no CNAS.

O discurso da ANG é o do idoso em geral. Ao questionar o corte de idade (70 anos) e o corte de renda (um quarto do salário mínimo) para a concessão do benefício de prestação continuada, a representante desse segmento expõe a sua linha de raciocínio.

> Então, de início, eu acho que nenhuma lei poderia fazer desigualdade com ninguém. Eu posso ser morto de rico, mas eu tenho o direito, eu sou cidadão. [...] Porque o idoso rico tem mil e um problemas diferentes e mais pesados existencialmente do que uma pessoa idosa pobre. O idoso pobre já sofreu tanto no Nordeste, ele acha que a velhice é um tiquinho, e um tiquinho já não significa tanto. Já passou a vida toda sofrendo, com falta de escola, com falta de alimentação sadia, sem ter acesso a políticas públicas. Envelhecer, para ele, é uma desgraça menor, que não vai pesar tanto. Mas o idoso rico,

---

42. Os dados apresentados pelo PNUD (1996) indicam aumento da população idosa no Brasil. Entre 1970 e 1991, o percentual das pessoas entre 15 e 65 anos aumentou de 54% para 60%, e as de idade igual ou superior a 65 anos cresceu de 3% para 5%. Em termos de projeção, estima-se que, entre 1990 e 2020, a proporção de pessoas idosas no Brasil aumentará de 5% para 8%.

que já teve esse poder de comando, teve uma situação melhor, às vezes o abandono, a solidão pesam muito mais. A falta de direitos também... Porque, às vezes, ele fica esclerosado, vê na televisão a aposentadoria aos 70 anos e ele tem 72, ele se julga com direito àquilo, e se ele for barrado ao pedir algo dessa política, para ele é uma discriminação, uma desigualdade... Aí, dizem para ele deixar para os mais pobres. Mas ele também tem direito!

Essa argumentação evidencia uma lógica perversa e ardilosa. O discurso genérico de *a todos os mesmos direitos* faz tábula rasa da imensa fratura que separa as possibilidades de enfrentamento das iniquidades da idade e da vida para uma família pobre e para uma família de classe média ou burguesa. A argumentação em defesa do princípio da universalidade, aqui apresentada, não reconhece as clivagens de classe na avaliação das necessidades sociais dos indivíduos idosos. Ou melhor, ao reconhecê-las, opera uma inversão de prioridades com base numa visão ideologizada.

É certo que determinadas medidas públicas de acesso a serviços e equipamentos coletivos indispensáveis à vida urbana são democratizadoras da qualidade de vida para todos os cidadãos e devem ser saudadas como iniciativas civilizatórias, dentro de um patamar de convivência social nas cidades. Algumas destas medidas, como o rebaixamento de guias nas ruas, a construção de rampas, o rebaixamento dos degraus de acesso nos transportes coletivos, a prioridade no atendimento nas agências bancárias etc., embora ainda muito tímidas em nossa realidade, são iniciativas baseadas na perspectiva da equidade dirigidas indiscriminadamente a todos os cidadãos.

Mas quando se trata de políticas sociais públicas, e dentre estas, da política de assistência social, estamos considerando aqueles segmentos sociais excluídos do conjunto da riqueza, bens, serviços, direitos, para os quais o campo de incertezas e de insegurança social agrava-se infinitamente na velhice e nas demais situações de vulnerabilidade social. Neste caso, portanto, não cabe um discurso genérico e abstrato diante das vicissitudes da vida, mas trata-se de levar em conta o conjunto de carências de direitos de que são alvo os trabalhadores pobres do país.

Além disso, nas entrelinhas do discurso da representante da ANG, há elementos de naturalização e banalização da pobreza dos indivíduos que experimentam as contingências da velhice. Ou seja, para quem nunca teve direitos, o impacto da exclusão social nessa fase da vida *é uma desgraça menor*. Assim, para quem viveu a vida toda como sujeito de carências e não de direitos, até que receber um pobre benefício já é *um tiquinho a mais* diante da *pobre vida vivida*.

Diante dessas considerações, a problematização em torno do que se denomina política de ação afirmativa, embora polêmica, adquire significado relevante.

A ação afirmativa é uma política de discriminação positiva. Como analisa Benevides (1994, p. 15), "é uma política de compensação (*affirmative acction*) [que] passa por um princípio democrático radicalíssimo, que coloca que igualdade é tratar desigualmente aqueles que são desiguais".[43] Trata-se de uma política que busca compensar desigualdades iniciais, por meio de um conjunto de

43. Tal política já vigora em alguns países desde a década de 1960, como nos Estados Unidos, implementada mediante cotas reservadas aos grupos socialmente discriminados, como as mulheres, os negros e outros, como garantia de acesso a cargos públicos, por exemplo. No Brasil, essa questão começa a ser debatida e foi experimentada, ainda que no limite da ação político-parlamentar, nas eleições para vereadores de 1996, quando foi definida a cota de 20% reservada às mulheres na lista de inscrição dos candidatos de todos os partidos. Marta Suplicy, em artigo na *Folha de S.Paulo* (14/2/1997, p. 3) intitulado "A África do Sul, as mulheres e FHC", observa que a adoção das cotas obrigatórias em 1996, apesar da pequena mobilização, dobrou o percentual de vereadoras de 3,5% para 7%.

atenções diferenciadas que visam responder às necessidades desiguais dos sujeitos numa sociedade de classes.[44]

Pensando-se numa sociedade como a brasileira, cujos índices de desigualdade social e de má distribuição de renda são os mais altos do mundo, essa proposta pode significar um avanço em direção ao fortalecimento de uma política de direitos no âmbito da assistência social. Para caminhar nessa direção, porém, é preciso aprofundar a discussão sobre o conteúdo da política de assistência social, avançando no debate sobre os chamados *mínimos sociais* ou do padrão social básico, numa linguagem não minimalista. Torna-se necessário inscrever no escopo da política não apenas programas e serviços, mas, principalmente, direitos. No caso do idoso pobre, quais são os direitos que uma política de assistência social deve garantir, em estreita interface com as demais políticas sociais? Muito pouco se avançou nesse debate.

Sem dúvida, essa discussão remete às possibilidades de organização coletiva desses sujeitos e, nesse sentido, a questão da sua representação no CNAS deve ser objeto de maior problematização.

Vários depoimentos dos entrevistados referiram-se a esse aspecto como um dos grandes desafios a serem enfrentados:

> As organizações dos idosos que disputam o CNAS não necessariamente são entidades que representam o público da assistência social,

---

44. Campos (1994, p. 104), ao analisar a política de assistência social pública na gestão petista da Secretaria de Bem-Estar do Município de São Paulo, relata a adoção de critérios preferenciais às crianças de famílias de baixa renda, como mecanismo de garantia do acesso dos mais pobres à rede de creches da Prefeitura. Refere-se a autora a um processo que buscou enfrentar o que denomina de *hipocrisia da universalização do direito*, com a utilização de procedimentos seletivos que discriminassem positivamente o acesso a serviços públicos gratuitos e de boa qualidade às populações mais pobres. Observa que, na ausência desses procedimentos, as famílias mais pobres acabariam sendo preteridas por segmentos das classes médias que não conseguem mais manter suas crianças na rede privada de creches devido ao seu alto custo.

são organizações dos idosos em geral, que tratam com classe média, classe média baixa, que tratam com pessoas que não se enquadrariam como público beneficiário da assistência social. Elas trabalham com esse público também, mas eu diria que não é a marca principal. [...] Dos portadores de deficiência, a situação é também muito parecida. Então, se se fizer uma leitura de classe, são poucas as que resistem a um enquadramento de fato dentro da assistência social. [...] Mas quais são as entidades que existem em nível nacional que congregam especificamente os usuários da assistência social? Então, as condições do público usuário da assistência são muito mais de desorganização do que de organização. Talvez a Loas possa trabalhar na perspectiva de organizá-los, já que eles vão começar a ter direitos, mas não é esta a marca atualmente (Abong).

Como afirma Oliveira,

ao contrário de outras categorias e grupos sociais vulneráveis, que vêm encontrando na sua auto-organização os *meios* para pressiona-rem o poder público e formarem parte ativa da sociedade civil, os idosos não chegaram ainda a esse ponto, o que torna a sua situação e sua luta mais precárias e mais débeis no contexto de uma sociedade civil que se ativa extraordinariamente e de um Estado que se liquefaz dramaticamente (1995d, p. 16).

Muitas das reflexões aqui presentes em relação aos idosos podem ser estendidas para a situação das *pessoas portadoras de deficiência*. Trata-se de um grupo social que sofre historicamente o estigma da segregação e do preconceito.

Embora seja uma categoria social heterogênea no seu interior, composta por deficientes físicos, mentais, auditivos, visuais, que, em função disso, possuem diferentes possibilidades de inserção social, a sociedade em geral os discrimina indistintamente. É bem verdade que, em termos de mercado de trabalho, se observa um nível de absorção de certos grupos de deficientes,

RAQUEL RAICHELIS

dependendo das tarefas a serem executadas. Por exemplo: no mundo informatizado, em tese, um portador de deficiência de locomoção não deveria ser impedido de trabalhar. No entanto, há uma série de fatores, nem sempre passíveis de avaliação objetiva, que interagem e restringem as possibilidades de inclusão social dessa categoria.

Diferentemente dos idosos, as pessoas portadoras de deficiência apresentam nível maior de auto-organização coletiva. A Onedef,[45] segundo sua representante, tem presença atuante no interior das organizações da sociedade civil de defesa de direitos e procura articular-se, desde sua criação, com as lutas mais gerais da sociedade pela expansão da cidadania no país.

Esse movimento mobilizou-se para intervir nos trabalhos constituintes, bem como no processo de elaboração da Loas, procurando inscrever suas propostas, que, entretanto, não foram incorporadas:

Nós participamos ativamente e a nossa grande decepção foi quando alguns pontos que a gente defendia com muita clareza não foram aprovados. Na proposta original do segmento portador de deficiência, seria a de um seguro-reabilitação, que garantisse que as pessoas portadoras de deficiência fossem integradas à reabilitação e à profissionalização e tivessem uma preparação para sair desse seguro e irem trabalhar como qualquer outro cidadão, que não precisassem depender desse benefício. Mas aí veio dessa forma, com um corte de pobreza muito difícil e com um conceito de deficiência equivocado. Tentamos mudar essa situação [...] mas nós não conseguimos. O Congresso não mexeu na proposta que veio do Executivo e nós não conseguimos. Agora, nós estamos trabalhando para mudar a

---

45. A Onedef é uma entidade de âmbito nacional fundada em 1984, que congrega atualmente 57 organizações filiadas, com representação em cerca de 90% dos estados brasileiros.

forma que está colocada a questão do benefício, que é um absurdo desvincular da reabilitação (Onedef).

Não é o caso, aqui, de entrar no mérito de aspectos específicos implicados nessa discussão. Importa salientar que a meta que orienta o trabalho dessa organização relaciona-se às formas de integração da pessoa portadora de deficiência ao mercado de trabalho. Daí, a grande preocupação em viabilizar o acesso dessas pessoas a programas de reabilitação, habilitação e profissionalização que devem fazer parte de uma proposta integrada de políticas públicas de atenção a esse segmento.

O questionamento básico refere-se ao Decreto n. 1.744, que regulamentou o benefício, e não propriamente à Loas, uma vez que esta, no artigo 2º, inciso IV, define como um dos objetivos "a habilitação e reabilitação das pessoas portadoras de deficiências e a promoção de sua integração à vida comunitária", além da integração ao mercado de trabalho. Já no Decreto a concepção que prevaleceu é a da pessoa "incapacitada para a vida independente e para o trabalho". Pondera a entrevistada:

> Está tão absurda essa redação, que eu até costumo brincar que, se uma família pobre, que tem um filho na reabilitação, conseguir ter acesso ao benefício de prestação continuada, quando começar a perceber os efeitos da reabilitação, pela forma como é colocado o conceito de deficiência, a família é capaz de tirá-lo da reabilitação para que ele permaneça no benefício. [...] Isto já está acontecendo no meu Estado [Paraíba] com o deficiente visual. As famílias estão dizendo: *não vou levar meu filho para a reabilitação porque assim ele vai ter direito ao benefício, que lá em casa vai ajudar a comprar comida, não só para ele mas também para os outros irmãos* (Onedef).

Esse conjunto de questões sinaliza a complexidade das dimensões envolvidas na discussão da política de assistência social. Cada um dos segmentos sociais traz uma trajetória e um acúmulo dos aspectos que deveriam estar contemplados no âmbito de uma política de proteção social. O grande desafio do CNAS é conseguir articular as questões específicas com a política geral, garantindo unidade e caráter orgânico a essa política, além da articulação com as demais políticas sociais. Admite-se que as organizações representativas dos usuários trazem para o âmbito do Conselho uma problematização fundamental relativa à temática específica à qual estão vinculadas, mas há dificuldade para inseri-la no âmbito de uma política pública de assistência social.

É possível observar, também, que algumas representações expressam preconceitos em relação à assistência social, por terem incorporado uma visão de que qualquer benefício nessa área gera dependência. Nesses termos, há uma cisão entre serviços assistenciais e direitos. Assim, a assistência social produz serviços que não são transmutados em direitos. Daí seu caráter descontínuo e fragmentário. Se não forem consagrados direitos garantidos pelo Estado, que possam também ser reclamados na esfera jurídica, não há garantias de permanência das ações, para além das eventualidades a serem atendidas casuisticamente, dependendo da correlação de forças políticas e de demandas conjunturais.

No caso das crianças e dos adolescentes, sua representação no CNAS é realizada pelo Movimento Nacional dos Meninos e Meninas de Rua (MNMMR). Trata-se de uma organização de expressão nacional, que ganhou visibilidade pública por sua atuação junto a esses segmentos dentro de estratégias que buscam mobilizar a participação ativa dos sujeitos, estimulando sua auto-organização.

> O movimento tem basicamente dois agentes sociais: os educadores adultos, militantes do movimento, e os próprios meninos e meninas organizados dentro do movimento. Cada um destes agentes políticos tem suas próprias estruturas, suas instâncias de organização. [...]

Então, o movimento, diferente de outras organizações que representam crianças e adolescentes, que é mais o adulto defendendo o interesse da criança, nós também temos isso, mas no nosso corpo tem a participação direta deles (MNMMR).

As crianças e adolescentes, por questões legais relativas à idade, não podem se autorrepresentar no Conselho. No entanto, o MNMMR possui grande capilaridade nos estados e municípios e um acúmulo organizativo oriundo da luta pela implantação do Estatuto da Criança e do Adolescente (ECA) e dos conselhos tutelares e de direitos em todo o país. Mas a criança e o adolescente precisam do adulto para fazer essa mediação, configurando-se, assim, um processo de participação indireta.

A prioridade do movimento sempre foi a luta por direitos e o espaço privilegiado de participação e representação são os Conselhos dos Direitos da Criança e do Adolescente. A inserção do movimento no CNAS, segundo o entrevistado, deu-se a partir do entendimento de que todo menino e toda menina de rua são potencialmente usuários dos programas de assistência social, embora as necessidades sociais desses grupos exijam a atenção de políticas sociais integradas e articuladas que ultrapassem o nível de setorização e fragmentação que as têm caracterizado.

O representante do movimento explica o processo que o levou à sua eleição para o CNAS:

O movimento entrou na discussão da assistência por compreender o momento histórico dessa questão no país, esse momento de construir a assistência enquanto política pública e, nesse sentido, tirar o caráter assistencial, voluntarista, não profissional. Então, o movimento também incorporou a questão da luta pela assistência, pela Loas, mas não como seu eixo principal. O eixo principal do movimento é a luta por direitos, que se manifesta principalmente através da atuação nos conselhos de direitos da criança e do adolescente e nos conselhos tutelares.

Para o entrevistado, esse momento é particularmente importante por estar inserido no processo de construção democrática dos conselhos como espaços públicos e, como o movimento tem uma reflexão acumulada sobre isso,

> a gente achou que seria interessante dar essa contribuição, além do fato de que a categoria de usuários na área da criança conta com poucas organizações em nível nacional.

Para avançar na construção desses espaços públicos, conforme seu depoimento, é preciso criar mecanismos de comunicação e articulação com a própria sociedade civil, uma vez que não é possível supor que a representação não governamental no CNAS, por si só, possa representar todos os interesses sociais. O movimento, diz ele, também não representa todos os meninos, mas apenas os que estão mais organizados. Em sua visão, os conselhos são espaços essencialmente políticos e estão dentro de nova concepção de democracia:

> E essa nova concepção não é uma coisa formalista, que basta ter uma lei, mas a gente tem que mexer numa cultura, porque assim como o Estado brasileiro é autoritário, a nossa sociedade também é autoritária, os indivíduos também são autoritários. Então, a gente tem que fazer uma mudança de cultura mesmo, de valores. Acho que esse trabalho que os conselhos podem fazer, um trabalho aberto, mais direto com a população, acho que é muito interessante, porque está criando uma nova cultura de relação com o público.

Suas concepções sobre o papel do CNAS em relação ao usuário da assistência social reforçam a necessidade da criação de novos

canais de comunicação com uma população que não está organizada e não se sente representada pelas organizações. Suas preocupações expressam a experiência do trabalho com meninos e meninas
de rua, que desafiam o movimento na busca de mecanismos mais
criativos e desburocratizados, que possam chegar mais perto dos
anseios e necessidades desses grupos.

> Então, eu acho que, com o tempo, os conselheiros vão ter de se abrir
> para que nos conselhos se tenha uma forma de democracia mais
> direta, porque senão não é uma democracia participativa, vai conti-
> nuar sendo uma democracia representativa e que está em crise. Não
> é só no Congresso, todas as formas de representação estão em crise.
> Para a gente superar essa fase de crise da democracia representativa,
> só tem dois caminhos: um, que é a ditadura, que a gente não quer,
> e o outro é radicalizar a democracia participativa.

Quanto à política de assistência social, defende ele a necessidade de ampliação da Loas para outras categorias não contempladas, como os portadores de doenças terminais, o que as
Conferências Nacionais de Assistência Social já deliberaram.
Entende que a assistência social deve ser uma política pública
articulada à busca de qualidade de vida para os seus usuários.
Nesse sentido,

> a discussão dos mínimos sociais precisa ser enfrentada, porque, não
> sendo uma coisa definida, é algo que tem de ir evoluindo conforme
> a civilização vá tendo acesso maior à tecnologia.

Para o representante do MNMMR, a assistência social tem um
papel importante de

> processar ou garantir que esses cidadãos tenham acesso às outras
> políticas.

E ele explicita sua concepção de assistência social, entenden-do-a como

> algo transitório, cuja eficiência se mede por quanto menos o cidadão precisar da assistência [...] porque tem a questão da autonomia do cidadão [...]. A assistência tem de trabalhar com questões culturais, não só conjunturais, mas de estrutura mesmo da sociedade. Romper a visão que se tem do pobre, essa visão preconceituosa de que pobre é o que não trabalha, não quer ter emprego.

A experiência trazida por este representante indica a importância dessa participação para as tarefas a serem enfrentadas pelo CNAS. Sua contribuição ao debate da política de assistência social é fundamental, em função da óptica com que o movimento tem trabalhado as necessidades das crianças e adolescentes pobres em nosso país. Suas observações revelam a experiência de um movimento que, embora tenha alcançado um nível de institucionalização necessário para sua permanência, tem mantido interlocução com as forças sociais organizadas e ocupado importantes espaços públicos representados pelos conselhos de direitos e tutelares.

Não cabe aqui particularizar esse processo, rico e complexo, da instalação desses conselhos em todo o território nacional, e os problemas recentes enfrentados pelo Conanda diante de uma grave crise interna que chegou a ameaçar a sua própria continuidade.[46] O que vale ressaltar é que a experiência acumulada pelo movimento traz aportes valiosos para um espaço de representação da sociedade civil. Acostumados à interlocução com diferentes organizações da sociedade civil e com instâncias do aparato estatal, essa partici-

---

46. Para uma análise circunstanciada dos conselhos na área da criança e do adolescente, consultar o texto de Fortes (1996).

pação no âmbito do CNAS pode deslocar sua pauta em direção ao núcleo substantivo da política de assistência social, ou seja, a inclusão de novos direitos e novos *protagonismos* coletivos. Mais do que a defesa de uma organização ou entidade, a participação do MNMMR tem sido a de forçar a inscrição na agenda do Estado de necessidades que gerem direitos aos meninos e meninas de rua. Assim, sua presença obriga também o CNAS a pensar em estratégias de articulação com as demais políticas públicas que fazem interface com a política de assistência social.

E mais: o debate do CNAS em relação à própria concepção de assistência social é urgente e necessário. Aí reside talvez uma das suas fragilidades. O discurso genérico da afirmação do caráter público da política de assistência social, quando matizado pelos depoimentos dos atores sociais, deixa transparecer ópticas que caminham em várias direções, algumas opostas.

Por exemplo: que significa a afirmação de que a política de assistência social deve ser transitória, se uma das características básicas da política é sua continuidade e permanência? Quais as implicações, para as ações políticas do CNAS, da visão de que os benefícios da assistência social geram dependência nos seus destinatários, desestimulando-os para o trabalho? Quais as relações entre direito e serviços nas representações dos sujeitos? São algumas das questões que precisam ser mais bem trabalhadas.

Um dado novo, observado por diferentes conselheiros, que indica um caminho promissor, é a recente aproximação entre o CNAS e o Conanda, com o objetivo de estabelecer uma agenda de trabalho para o encaminhamento conjunto de tópicos que digam respeito à criança e ao adolescente dentro da política de assistência social, o que pode abrir um espaço para a articulação interconselhos nas diferentes áreas das políticas públicas.

Observa uma das conselheiras:

Essa é uma iniciativa inédita do CNAS, que acho muito interessante. Quer dizer, a gente está inovando em muitas coisas, a gente
inovou na realização das reuniões ampliadas com os conselhos estaduais e municipais de todo o país, que o próprio Conanda agora
vai passar a adotar também. A gente está propondo esse protocolo
de trabalho conjunto com o Conanda. Então, nós estamos procurando criar formas diferentes de fazer o conselho andar (CUT).

Não obstante, todas essas questões remetem, ao mesmo tempo,
para a importância da participação desses novos demandantes de
direitos nos espaços públicos, nos quais possam ser reconhecidos
e representados.

O depoimento da representante da Anasselba faz uma ponderação interessante quanto à representação dos usuários nos conselhos:

Na questão dos usuários, a gente deve ter entidades representativas
dos usuários, mas dos usuários mesmos, aquele indivíduo que busca a assistência social, que é beneficiado pela assistência social.
Ainda não chegamos nesse nível, realmente... É uma clientela dis-
persa e que ainda não está organizada. Suas próprias organizações
— como, por exemplo, associações de moradores — muitas vezes
não representam a visão mais avançada mesmo da assistência social.
[...] Mas eu acho que a gente não deve temer isso, se tiver organizações de usuários com condições de participar, acho que vai ser por
aí. Aliás, é assim que as pessoas se formam, vão aprendendo... No
caso dos trabalhadores, cabe a nós uma responsabilidade muito
grande de tentar organizar esse setor, é o que a gente está tateando
através dos conselhos. Agora, por exemplo, os conselhos municipais:
às vezes, o pessoal restringe muito. [...] Aparece uma associação de
moradores, não é a mais avançada, e daí? É participando que eles
vão começar a se organizar. Então, tem que abrir muito os olhos para
isso! (Anasselba).

Essa reflexão é importante porque, para além da constatação das dificuldades de organização dos segmentos sociais geralmente abrangidos pelos programas assistenciais, aponta para a análise dos fatores que produzem e reforçam a fragilidade da sua auto--organização.

Podemos ampliar a análise, observando que as tradicionais organizações da classe trabalhadora, como os sindicatos e os partidos de esquerda, também não vêm contribuindo, por diferentes fatores, para ampliar tal organização mediante a inclusão de pautas que atendam às necessidades dessas categorias sociais — na sua maioria homens e mulheres trabalhadores do mercado informal, subempregados, trabalhadores eventuais, *precarizados*, desempregados, além dos jovens, idosos e pessoas portadoras de deficiência, cuja rejeição pela sociedade e pelo mercado de trabalho só vem se agravando na conjuntura atual. Portanto, a dispersão e a dificuldade de organização política desses grupos são também socialmente produzidas pela prática de outros agentes sociais, o que adiciona à análise da vulnerabilidade social um componente político que não pode ser desprezado.

Na reflexão de Francisco de Oliveira,

> os grupos sociais vulneráveis não o são como portadores de atributos que, no conjunto da sociedade, os distinguiriam. Eles se tornam vulneráveis, melhor dizendo, discriminados, pela *ação* de outros agentes sociais. Isto é importante não apenas porque os retira da condição passiva de vulneráveis, mas porque identifica processos de produção da discriminação social, e aponta para sua anulação (1995d, p. 10).

Nesse sentido, um dos grandes desafios a serem enfrentados quando trabalhamos com instâncias de representação, como os conselhos, consiste no enfrentamento das dificuldades de generalização das práticas de participação, representação e negociação que envolvam indivíduos e grupos dispersos e pouco organizados, assim considerados se tomarmos como referência os espaços e as formas tradicionais de organização e representação da classe trabalhadora (Telles, 1994c). Por outro lado, é empiricamente observável que as experiências mais bem-sucedidas de ampliação de direitos e da cidadania no Brasil aconteceram exatamente a partir das situações nas quais os grupos sociais mais vulneráveis, mais discriminados e explorados conseguiram autoidentificar-se, organizar-se e participar ativamente como protagonistas na criação de novos direitos e de uma nova sociedade civil (Oliveira, 1995d, p. 18).

A política de assistência social deve exercer uma função democratizadora e universalizante no campo da seguridade social, fazendo estender o padrão de cobertura social aos segmentos sociais não contributivos, através das interfaces com as outras políticas setoriais, tendo em vista equacionar as necessidades sociais dos segmentos mais vulneráveis.

Nesse sentido, como advoga Sposati,[47] no momento em que a política de assistência social se afirma como tal, deve ter conteúdo e escopo próprios. Ao mesmo tempo, as demais políticas sociais — saúde, previdência social, educação, habitação etc. — têm de ser postas à prova, o que exige profunda reformulação no desenho institucional do conjunto das políticas sociais que, mais ainda, precisam capacitar-se para incluir necessidades sociais de novos sujeitos demandantes de serviços e direitos.

Assim, as questões de fundo, que dão substância à assistência social, são aquelas que trazem para a cena pública o debate sobre

---

47. Valho-me das contribuições de Aldaíza Sposati, durante meu exame de qualificação, a quem agradeço.

as necessidades sociais que uma política pública de assistência social deve garantir. Quais são os direitos que essa política deve reconhecer? O que são padrões básicos de vida referidos a essa política? Se essas questões devem estar definidas no interior da política de assistência social, sua explicitação extrapola esses limites e remete ao debate ético-político a ser enfrentado pela sociedade mediante forças sociais organizadas.

Por tudo o que foi analisado, apesar dos avanços contidos na Constituição Federal, que tendem a ser objeto de revisão conservadora pelo Congresso Nacional, se não houver intensa mobilização da sociedade civil organizada, a amplitude da definição dos direitos inscritos na agenda do Estado no âmbito da política de assistência social permanecerá restrita. Torna-se, assim, fundamental alargar as alianças e os consensos em torno dos quais seja possível assumir a defesa de um conjunto de direitos sociais a serem reconhecidos e garantidos. Para que isso seja possível, é necessário que a sociedade civil incorpore essa exigência como um avanço civilizatório da convivência social em nossa realidade. Trata-se, porém, de um processo inscrito na luta pela hegemonia das classes subalternas, que, embora se refira às transformações estruturais da sociedade de classes, possa contemplar os elementos formadores de uma *nova cultura política* a ser construída no movimento de consolidação de esferas públicas democráticas nas diferentes dimensões da vida social.

O CNAS tem papel importante a cumprir nessa direção. Inscrever direitos na agenda pública implica publicizar o debate sobre o conteúdo das políticas sociais e os meios para sua viabilização. Significa imprimir uma face pública aos espaços coletivos de formulação e de gestão das políticas sociais, fazendo-os transitar do espaço privado de administração das urgências e carências para o espaço público da afirmação de direitos.

No entanto,

sem a auto-organização desses grupos [*os denominados vulneráveis*], no bojo de uma redefinição das relações da sociedade civil com o Estado, capazes de assegurar a passagem de suas próprias vulnera-bilidades do estatuto de carências para o estatuto dos direitos mais amplos, a vulnerabilidade *permanecerá* vulnerável às relações de poder nesta sociedade tão desigual. (Oliveira, 1995d, p. 19)

Essa advertência não é mero jogo de palavras. Longe disso, nela está contido o desafio maior!

CAPÍTULO V

Assistência social —
impasses e perspectivas para constituir-se como política e realizar-se como pública

No percurso deste livro, expusemos várias considerações e conclusões parciais, mediante as indagações que a análise da temática suscitou. Neste capítulo final, vamos indicar possíveis desdobramentos para o aprofundamento de aspectos que, embora sinalizados, não foram abordados nas suas múltiplas implicações — o que certamente demandaria a realização de novos estudos e pesquisas.

Afirmamos, na introdução deste livro, que a assistência social enfrenta um duplo movimento: o de constituir-se como política e o de realizar-se como pública.

Ao longo do processo investigativo, buscamos estudar as transformações em curso que caracterizam os impasses para a consolidação de esferas públicas democráticas na sociedade brasileira, e procuramos explicitar suas vinculações com o processo de configuração das políticas de proteção social, no contexto das transformações do Estado e da sociedade civil. Ao final dessa trajetória, as ideias diretrizes que nortearam nossa análise encontram-se enriquecidas pelo processo de reconstrução do objeto, agora iluminado pela explicitação de um conjunto de determinações estruturais e conjunturais, teóricas e empíricas, sociais e políticas que foram sendo apreendidas na análise do real.

Reafirmamos nossa ideia inicial de que os conselhos criados a partir da Constituição de 1988 representam uma inovação democrática em relação às experiências das décadas de 1970-80 e aos atuais conselhos meramente consultivos. No entanto, a partir dos desdobramentos analíticos, é possível matizar os contornos daquela afirmação.

A conjuntura política da década de 1970 marcou o princípio da organização dos movimentos populares no ambiente da ditadura, em que os canais de participação estavam totalmente bloqueados. Eram os movimentos "de costas para o Estado", que traziam como novidade a afirmação de sua autonomia, não apenas em relação ao Estado, mas a todas as formas de representação institucional, como partidos, sindicatos etc.

Na década de 1980, com a transição democrática, começa a se destacar a questão da participação institucional, sobretudo a partir das eleições estaduais de 1982, que inauguram as experiências dos vários conselhos organizados no período. Tal participação é problemática e, em muitos casos, meramente ritualística. Desencadeiam-se conflitos e disputas em função dos processos de cooptação e manipulação que caracterizavam relações entre grupos populares e governos. No final da década, inicia-se a experiência dos conselhos criados a partir da nova Constituição, para onde convergira o processo acumulado até então. O tema da institucionalização da participação torna a ser apresentado, só que agora em novas bases e num contexto sociopolítico moldado pelas alterações peculiares dos primeiros anos da década de 1990.

Novo cenário econômico, político e cultural é desenhado e novos parâmetros para a ação coletiva passam a ser propostos. A multiplicação de atores e espaços de aglutinação de interesses é aspecto típico do período, circunscrito pelas transformações do Estado, que já recebe mais intensamente os influxos do ideário neoliberal.

Nesse novo contexto societário, os movimentos populares e a organização coletiva passam a ser interpelados, o que os obrigou a redefinir concepções e práticas adotadas. A criação de novos fóruns de participação da sociedade civil no âmbito das políticas públicas é impulsionada pelo movimento associativo que mobiliza novas organizações e sujeitos sociais. Trata-se agora de penetrar na institucionalidade estatal para inscrever conquistas e direitos e interferir na própria definição e gestão das políticas sociais e redimensionar, ao mesmo tempo, o padrão de regulação das relações entre Estado e sociedade civil.

A implantação de inúmeros conselhos em diferentes setores e as experiências que estão se desenvolvendo em vários níveis revela que está em funcionamento certo "modelo" de participação da sociedade civil na gestão pública, forjado pela dinâmica das lutas sociais das últimas décadas, que busca redefinir os laços entre o espaço institucional e as práticas societárias, não como polaridades que se excluem, mas como processos conflituosos que se antagonizam e se complementam, pondo em relevo a luta pela inscrição de conquistas sociais na institucionalidade democrática.

O exercício da participação da sociedade civil nos conselhos vem exigindo, assim, a discussão e a formulação de propostas alternativas que introduzam nova qualidade nas respostas às necessidades sociais, amplificadas a partir do impacto das medidas de ajuste econômico que agravam as condições de vida, emprego e renda de amplos setores da população trabalhadora, ao mesmo tempo em que tornam cada vez mais precários os serviços sociais públicos diante da crise econômica e política do Estado brasileiro. Essas experiências demonstram que não se questiona apenas a forma como são tomadas as decisões no interior do Estado, mas os modos de relação entre Estado e sociedade civil, no campo das políticas públicas. Contudo, apesar da importância a ser atribuída à experiência atual dos conselhos, esses espaços não podem ser considerados como os únicos condutos de participação política. Nem é possível fazer dessas experiências exemplos modelares de uma sociedade civil ativa e organizada.

Certamente, a nova dinâmica social submete à tensão as formas de representação política existentes, no quadro de desarticulação dos movimentos populares e de enfraquecimento das organizações sindicais, em meio à crise social e econômica. Ao mesmo tempo, revela um outro estágio de inserção dos movimentos sociais na institucionalidade democrática. A abertura de novos canais de participação, fruto da luta e da conquista de diferentes movimentos coletivos que se organizaram no processo constituinte, desenhou um formato inédito para os conselhos, que viram suas competências ampliadas e inscritas no plano jurídico-institucional.

Tais espaços são ocupados hoje por diferentes forças sociais organizadas que, não obstante, devem recompor suas referências, refazer alianças e assumir postura mais propositiva no campo das políticas sociais. Exemplo dessa nova dinâmica é a redefinição que se processa atualmente nas relações entre ONGs "históricas" e movimentos populares, na medida em que as próprias ONGs transformam-se em novos sujeitos políticos: se, nas décadas de 1970 e 1980, atuavam na retaguarda dos movimentos populares como assessorias, hoje disputam lugares e reconhecimento públicos, ao lado dos movimentos sociais e dos outros atores que integram o cenário político.

As reflexões desenvolvidas na trajetória deste estudo sinalizaram, também, a urgência de conferir maior qualificação a certos conceitos que desafiam analistas e políticos envolvidos com as tarefas de instauração do público no âmbito das políticas sociais. Uma das questões refere-se ao conceito de esfera pública não estatal, que vem sendo incorporado à literatura como concepção relativa às estratégias de fortalecimento da sociedade civil. Além das distintas e conflitantes interpretações que o termo envolve, parece-nos relevante rever seu emprego por conter ambiguidades teóricas e políticas e equívocos em sua formulação.

O emprego da negativa "não estatal" supõe que o público seja uma construção exclusiva da sociedade civil contraposta ao Estado. No entanto, como procuramos demonstrar ao longo deste livro, a esfera pública é uma construção histórica tecida no interior das relações entre sociedade política e sociedade civil, que visa ultrapassar a dicotomia estatal — privado com a instauração de uma nova esfera capaz de introduzir transformações, nos âmbitos estatatizados e privados da vida social, resultando daí um novo processo de interlocução pública.

Parece-nos, assim, que a expressão *público não estatal* pode induzir a uma visão errônea, além de insuficiente, para abarcar a complexidade desse movimento de enraizamento do público nas práticas sociais. Como esclarece Habermas (1981), a partir das transformações da esfera pública burguesa, o mandato da esfera pública estende-se para além dos órgãos estatais e envolve o conjunto das organizações sociais que mantêm relações com o Estado, sem excluí-lo, porém, uma vez que a dimensão pública deve penetrar a institucionalidade estatal para aí inscrever os interesses coletivos das classes não proprietárias e não burguesas. Portanto, parece-nos que o conceito de público não estatal deve ser reavaliado à luz desses parâmetros. Seu tratamento mais aprofundado, todavia, exige a continuidade das reflexões, a partir do estabelecimento de novas interlocuções e pesquisas, com atento acompanhamento das experiências em curso nos diferentes níveis em que o Estado é ativado pela participação organizada da sociedade civil.

A análise de um conselho específico, o Conselho Nacional de Assistência Social, embora com as particularidades que envolvem os condicionantes da política de assistência social, traz à tona, sem dúvida, questões que desafiam a forma assumida pelos vários conselhos no âmbito das demais políticas sociais. Não cabe generalizar tal análise para todo o universo dos conselhos, mas situar o CNAS no campo mais amplo das determinações conjunturais e estruturais, procurando captar sua especificidade no quadro de uma política pública setorial.

A conformação jurídico-institucional tomada pelo CNAS, a partir dos balizamentos da Constituição e da Lei Orgânica de Assistência Social, expressa uma inovação democrática no campo da assistência social. Sua constituição paritária e deliberativa adquire relevância ante as experiências anteriores dos conselhos e, mais ainda, se considerarmos a experiência do antigo Conselho Nacional de Serviço Social, eivado de clientelismo, cartorialismo e corrupção.

As atribuições do CNAS, nos termos definidos pela Loas, representam um avanço democrático nas formas de controle social sobre as decisões políticas no setor da assistência social. Ao CNAS incumbe deliberar sobre a política e os recursos públicos, fiscalizando sua execução e imprimindo mecanismos publicizadores e democratizadores na gestão pública. Isso é absolutamente inusitado na assistência social. Mas não é possível imaginar que o reconhecimento formal da assistência social como política pública encerre a luta por sua consolidação como política de expansão de direitos aos segmentos sociais mais empobrecidos.

Os limites impostos à participação e ao controle efetivos da sociedade civil sobre as decisões políticas são grandes, principalmente no que se refere às definições do conteúdo da política de assistência social e ao financiamento e fiscalização da aplicação dos recursos públicos. Além das dificuldades no financiamento já referidas no desenvolvimento deste estudo, a fixação dos recursos da assistência social esbarra em sua fluidez e sua flexibilidade, propícios à acomodação e à barganha de interesses políticos. Tão propícios quanto a sistemática de desenvolver ações eventuais e sem caráter orgânico, que atende mais diretamente às injunções políticas voltadas para respostas pontuais e conjunturais.

São fundamentais os esforços — inclusive articulações com a esfera parlamentar — que o CNAS está envidando no sentido de exercer controle mais qualificado sobre o financiamento, não apenas para exercer fiscalização mais eficaz e conferir visibilidade às informações sobre a alocação dos recursos e sua aplicação, mas também para subsidiar a luta pela fixação de um percentual para o financiamento da assistência social, a exemplo do que ocorre na educação. Aliás, esta deliberação já foi consagrada pela I Conferência Nacional de Assistência Social em 1995, e reafirmada pela II Conferência Nacional em 1997, mas pouco se avançou nessa direção.

Da mesma forma, é inconcebível que o benefício de prestação continuada a idosos e a pessoas portadoras de deficiência, fixado em um salário mínimo pela Constituição Federal (artigo 203), venha sofrendo aplicação tão restritiva. O vergonhoso corte de renda familiar de um quarto do salário mínimo *per capita*, incluído o benefício recebido por algum membro no cálculo da renda familiar, e os constrangedores testes de elegibilidade para viabilizar o seu acesso constituem procedimentos que ferem preceitos consagrados pela Constituição Federal.

Este aspecto da questão carece ser inscrito no debate atual sobre a garantia de renda mínima a ser assegurada a todos os cidadãos, dentro do que a sociedade considera como patamar civilizatório a ser conquistado. A permanecer como está, o benefício de prestação continuada a idosos e pessoas portadoras de deficiência aparece mais como garantia de *renda mínima insuficiente*, como pondera Gorz (1996), do que como acesso a um padrão básico de existência a todos os cidadãos, independentemente dos vínculos com o mercado de trabalho.

Quanto aos limites do poder de decisão do CNAS, concorrem também as características da representação governamental. Como a pesquisa revelou, os técnicos designados pelos ministérios ao Conselho, na maioria das vezes, possuem reduzido poder decisório e não são investidos de representatividade das posições governamentais, o que dificulta as margens de negociação entre os interlocutores.

Há outro aspecto a salientar, que decorre da fluidez da política de assistência social e da sua frágil institucionalização, atrelada, no mais das vezes, à personalização da sua condução. Embora essa seja uma característica mais geral da política brasileira, encontra no âmbito da assistência social um caldo de cultura favorável. As práticas da burocracia governamental no campo da política de assistência social são condicionadas, não apenas pelos mecanismos de lealdade ao poder dirigente e pelo empenho na manutenção de certas posições na estrutura hierárquica, mas também pelo caráter provisório e personalizado da política. Esta, por apresentar frágil enraizamento em instituições públicas e débeis mediações sociopolíticas, conduz os técnicos a se comprometerem mais com as pessoas que encarnam o poder do que com o empenho pela institucionalização da própria política. Parece haver aqui certa descrença na permanência da política, para além da rotatividade dos grupos que estão no poder.

Um outro ponto que rebate de modo singular no campo da assistência social é a multiplicação de novos atores sociais, para além dos seus protagonistas tradicionais representados pelos assistentes sociais e pelas entidades assistenciais de corte confessional, aglutinados fundamentalmente em torno da Igreja Católica. Esse alargamento da interlocução política no campo da assistência social é impulsionado pela Loas e pela instalação dos conselhos. Mas, ao mesmo tempo, é estimulado, também, pelo apelo às relações de parceria entre governo e diferentes segmentos da sociedade civil, que reforça o discurso abstrato da solidariedade e do engajamento de *todos* nas tarefas de enfrentamento da pobreza, num quadro de desresponsabilização do Estado e de fragilidade das políticas públicas.

O discurso da solidariedade associa-se, simultaneamente, à tendência de crescimento das demandas no campo das políticas sociais e, em particular, da assistência social, em virtude da clara insuficiência das medidas neoliberais para o enfrentamento (que dirá para o equacionamento!) das sequelas da questão social. Nesse sentido, o discurso da solidariedade e o estímulo às iniciativas autônomas da sociedade civil nas ações de enfrentamento à pobreza tendem a aumentar, colocando em risco o projeto estratégico que animou os esforços reformadores da assistência social. A perspectiva assumida por este projeto, inscrita nos textos legais, afirma a primazia do Estado na condução da política de assistência social, em cada esfera de governo. Na prática, porém, consolida-se o caráter subsidiário das ações governamentais nesse campo. O apelo às ações de parceria e à participação autônoma da sociedade civil precisa ser mais bem qualificado no âmbito da política de assistência social, para que não se reforcem práticas de desrespon-sabilização governamental em nome do fortalecimento da socie-dade civil.

O CNAS insere-se nessa conjuntura contraditória. Se, por um lado, é expressão da conquista democrática e dos esforços publici-zadores de segmentos progressistas da sociedade civil, incluída aí parcela dos assistentes sociais que imprimiu direção política e cultural a esse processo, por outro, os impasses interpostos pela dinâmica societária são enormes.

Como um de nossos entrevistados salientou, o CNAS encontra--se na contramão das tendências sociopolíticas, que se esboçaram no final da década de 1980 e ganharam densidade na conjuntura atual, avessas à ampliação do sistema de proteção social e à afir-mação da responsabilidade pública pela sua condução. A consoli-dação da seguridade social como política pública, e da assistência social no seu interior, mesmo considerando-se os limites de sua formulação na Constituição Federal, exige a redefinição, o aperfei-çoamento e a ampliação da política de proteção social e do supor-te institucional que lhe dá sustentação, na direção oposta a que vem sendo imprimida às políticas sociais, no quadro de *minimalização* do Estado e das formas de regulação social e econômica.

O CNAS, por outro lado, conseguiu consolidar-se nesses pri-meiros anos de seu funcionamento e obteve certa unidade das forças sociais que o integram, em função dos esforços que teve de mobilizar para garantir sua própria existência, ante as dificuldades que cercaram seu reconhecimento. O exame mais acurado que este estudo possibilitou indica, no entanto, que os desafios a serem enfrentados agora serão de outro nível e podem ameaçar a frágil unidade e as alianças estabelecidas.

Dizemos isso porque, no processo de luta que o CNAS foi obrigado a conduzir pela sua afirmação, avolumaram-se tarefas substantivas voltadas para a definição do conteúdo da política de assistência social e para a reformulação do suporte legal e institucional que a sustenta. O entulho autoritário-cartorial que estabelece o marco legal das relações entre governo e entidades assistenciais sem fins lucrativos não foi removido. O processo de descentralização em curso parece não ter atingido ainda as grandes organizações assistenciais, as quais continuam pressionando o Executivo para a manutenção do velho estilo dos acordos *ad hoc*, que procuram tangenciar o controle social do CNAS, conforme analisamos no decorrer deste trabalho. Aprofundar este debate no interior do CNAS vai implicar, certamente, o enfrentamento de conflitos que serão desencadeados pelo confronto dos interesses particulares ali representados. A partir daí, as negociações e os consensos poderão ser dificultados. Até onde o CNAS caminhará nessa direção é uma das indagações que permanecem. No entanto, esse enfrentamento é intrínseco à natureza da esfera pública: é nesta que os projetos políticos se explicitam e confrontam, que as diferenças podem ganhar visibilidade, não para serem anuladas, mas para serem reconhecidas e submetidas ao escrutínio público e à correlação das forças políticas em jogo. Ao não enfrentar essa tarefa, o CNAS corre o risco de enredar-se na trama da burocratização e cartorialismo que vem caracterizando as práticas no campo da assistência social, reproduzindo, dessa forma, a lógica institucional dominante.

A acumulação de tarefas executivas no âmbito do CNAS, diferença marcante em relação aos outros conselhos setoriais, é outra faceta a ser aprofundada. Os critérios para a expedição de certificados de filantropia e outras formas de subvenção e isenção às organizações sem fins lucrativos precisam ser expostos ao controle social, mas, se não forem reformuladas as regras vigentes no sentido de conferir caráter público a esse procedimento, não basta que o CNAS assuma esse trabalho para garantir a mudança da lógica subjacente: isso servirá apenas para ampliar sua dimensão burocrática e desviá-lo das tarefas políticas que lhe cabe desempenhar. O desafio é estabelecer a gestão pública do fundo público, no âmbito da política de assistência social.

No entanto, o CNAS, assim como os demais conselhos institucionais, assume um caráter ambivalente. Inscritos na administração governamental, mas constituídos por representações autônomas da sociedade civil, os conselhos acabam configurando uma espécie de híbrido institucional que precisa ser mais bem equacionado. No caso do CNAS, essa ambiguidade é potencializada pela dimensão executiva que incorporou em suas tarefas e que pode, em certo nível, comprometer sua autonomia.

Há outros elementos definidores da esfera pública que precisam ser considerados. A multiplicação dos sujeitos sociais no âmbito da assistência social aumentou a complexidade da interlocução na esfera pública. A incorporação da linguagem da assistência social por novos sujeitos exige a qualificação das concepções e práticas, sob pena de certo esvaziamento do significado estratégico da assistência social como política de ampliação e consolidação de direitos. Apenas opor assistência a assistencialismo não ajuda a equacionar a questão. A pesquisa revelou que, para além de um discurso homogeneizador, repousam concepções distintas e até antagônicas da assistência social, do caráter do Estado nesse âmbito e das formas de incorporação da sociedade civil na implementação da política.

A contribuição do serviço social para fazer avançar essa qualificação é irrecusável, mas a profissão também sofre os impactos da interlocução e apropriação do discurso e da prática da assistência social por novos atores sociais. Os assistentes sociais, por meio das suas entidades representativas e mediante a participação de alguns dos mais expressivos pesquisadores, vêm exercendo papel de direção política, teórica e cultural, confirmado por esta pesquisa. Ao mesmo tempo, esse processo introduz novos desafios. Os assistentes sociais, apesar de estabelecerem uma relação historicamente ambígua, de afirmação e recusa, da assistência social, reconhecem as ações de assistência social como uma das principais mediações da prática profissional — e são reconhecidos socialmente por estas ações. No entanto, a partir da dinâmica instalada, defrontam-se, agora, com a multiplicidade de novos atores sociais que incorporam a prática da assistência social, reatualizam seu discurso, atribuindo-lhe novos significados, a exemplo das fundações empresariais, que reciclam e convertem a assistência social e a filantropia para a linguagem empresarial.

A profissão de serviço social, organicamente vinculada à assistência social, encontra múltiplos obstáculos para contribuir na consolidação da assistência social como política pública, sob a direção social estratégica que impulsionou seus esforços reformadores. Por isso, é fundamental promover a necessária publicização da assistência social no âmbito da própria categoria profissional dos assistentes sociais, que precisa alcançar seu coletivo mais amplo. Nossa pesquisa revelou a predominância dos assistentes sociais nos conselhos de Assistência Social, nas três esferas de governo em que estão se instalando. Isso exige nova capacitação teórica e técnica, mas sobretudo ético-política, dos profissionais, para atuar nesses fóruns na perspectiva de consolidar posições progressistas e democráticas, comprometidas com a afirmação de direitos e com o reconhecimento das responsabilidades públicas. Isso se faz mais premente ainda no plano municipal, em que a velocidade de criação dos conselhos e fundos de Assistência Social nem sempre é sinal de avanço de posturas democráticas dos Executivos e forças sociais locais, ligando-se, em muitos casos, ao cumprimento formal de exigências para viabilização do recebimento dos recursos estaduais e federais.

Assim, impõe-se aos assistentes sociais participação cada vez mais qualificada na definição da política de assistência social e nos esforços para sua implantação. Para tanto, é fundamental o acervo teórico e a produção científica nesse campo, enriquecidos pelas experiências em curso, mas capazes, ao mesmo tempo, de antecipar tendências societárias que sinalizem os possíveis desafios a serem enfrentados. Decorre daí uma dupla tarefa: impulsionar e ampliar o movimento social que se organiza em torno da defesa da política de assistência social, propondo novas estratégias para enfrentamento das situações conjunturais, e, ao mesmo tempo, ampliar a produção teórica articulada à análise de tendências e projeções macrossocietárias, que iluminem estrategicamente os rumos a serem seguidos.

A questão da representação dos usuários no CNAS é, como a pesquisa revelou, complexa e multifacetada. A rigor, é possível constatar um vazio da representação dos grupos populares por meio de suas próprias organizações e formas de associação. As classes médias continuam atuando por uma espécie de *substituísmo*, como Francisco de Oliveira (1990) identificou, dos segmentos que são alvo das políticas de assistência social. Ou seja, os principais interessados não conseguem se autorrepresentar nos espaços instituintes da esfera pública, o que se reproduz no CNAS.

Isso remete às formas de associação e às dificuldades de organização coletiva dos grupos mais empobrecidos, tradicionais alvos da política de assistência social. Evidentemente, esse aspecto não é gerado nem pode ser equacionado apenas no âmbito interno da assistência social. Como observamos no decorrer do trabalho, a dispersão desses segmentos sociais e a individualização das suas demandas sociais precisam ser entendidas a partir da dinâmica societária que produz a acumulação da riqueza e da pobreza em nossa sociedade.

Assim, de um lado, a situação material que aprisiona os setores sociais empobrecidos na luta cotidiana e imediata pela vida leva-os a adotar diferentes estratégias de sobrevivência, entre as quais, a de submeter-se a ações de ajuda e tutela reprodutoras da subalternidade. De outro, os chamados grupos vulneráveis tornam-se ainda mais vulneráveis com as práticas de outros agentes sociais e institucionais, num amplo espectro de mediadores governamentais e privados, incapazes de reconhecer suas formas próprias de associação e resgatar daí as possibilidades de estimular seu (auto-)reconhecimento social como sujeitos portadores de direitos e não apenas receptáculos das benesses da caridade estatal ou privada. O que caracteriza grande parcela desses segmentos, em sua ampla heterogeneidade, é que, "situados nas bordas da 'sociedade oficial', eles se veem e são vistos como uma 'não sociedade' ou uma 'contrassociedade' — e assim interatuam com a ordem" (Netto, 1996).

Este processo, é claro, não se cria no interior das práticas da assistência social, já que suas conexões devem ser buscadas nas formas como as relações sociais escravistas e patrimonialistas cunharam a face de um capitalismo perverso no país — instituindo a política do favor na trama do tecido social, percorrendo não apenas as relações entre ricos e pobres, mas as relações entre ricos e poderosos, como tão bem expôs José de Souza Martins (1994), o que gerou peculiar simbiose entre o privado e o público na sociedade brasileira.

Entretanto, o campo da assistência social representa um caldo de cultura para a reprodução da *subalternização* dos pobres. A *cultura do assistencial*, amplamente disseminada na sociedade, penetra e se reproduz de modo particular no âmbito das práticas da assistência

RAQUEL RAICHELIS

social, tanto estatais quanto privadas. Parece-nos, assim, que a sub--representação dos usuários no CNAS guarda relações com toda essa dinâmica societária, que acaba por atribuir às camadas mais pobres um estatuto de *menoridade* civil.

O autoritarismo social, tão entranhado em todas as esferas da vida social brasileira (na família, na escola, nas igrejas, no trabalho, na cultura), não cunhou nas relações sociais a ideia de direitos e de igualdade jurídica dos cidadãos. "A forma autoritária da relação é mascarada por aquilo mesmo que a realiza e a conserva: as relações de favor, tutela e clientela" (Chauí, 1994, p. 27). Assim, uma das consequências mais perversas do autoritarismo social é a impossibilidade de instituir-se a esfera pública fundada nas ideias de cidadania e representação. No caso dos segmentos sociais pobres, que constituem a "clientela" por excelência dos serviços assistenciais, essa questão assume relevância ainda maior. Sua presença na cena pública faz-se pela carência e não pelo direito, a figuração da pobreza em nosso país faz-se pelo negativo, pela ausência, como aclara Telles (1992), de modo contundente.

Para os segmentos sociais pobres e *subalternizados*, não há apenas a negação dos direitos sociais, supondo-se como assentados os direitos civis e políticos. A eles são sonegados os próprios vínculos civis da cidadania, que contemplem o mais elementar direito de existir como indivíduos sociais, que se reconheçam e sejam reconhecidos como cidadãos. Até mesmo a referência de identidade básica, como o registro civil, lhes é sonegada, aprofundando-se a imensa fratura que separa cidadãos dos não cidadãos, que estrutura um *Estado sem cidadãos* (Fleury, 1994), configurando o que Telles (1992) denomina de *pobreza incivil*. A ideia do *direito a ter direito*, no âmbito da assistência social, não pode ser uma frase retórica esvaziada de seu conteúdo mais substantivo: o reconhecimento do direito dos trabalhadores pobres de pertencimento à coletividade, erigido dentro das regras básicas de civilidade e equidade que devem presidir a vida em sociedade.

A par dos inúmeros desafios a serem enfrentados pelo CNAS para instituir a esfera pública no campo da assistência social, a incorporação da representação dos usuários da assistência social apresenta-se como central. Como vimos ao longo de todo este livro, não pode existir esfera pública sem representação de interesses coletivos, mas são os interesses dos trabalhadores pauperizados e discriminados que devem orientar as ações e práticas dos sujeitos na esfera pública da assistência social. Nesse sentido, é junto a esses grupos sociais que a política de assistência social precisa construir uma nova legitimidade.

No entanto, para que isso seja possível, o CNAS precisa extrapolar seus próprios limites, estimulando a mobilização de forças sociais mais amplas. É preciso criar novos mecanismos de articulação com a sociedade civil que dinamizem formas de reconhecimento e organização, sobretudo dos segmentos não atingidos pelos condutos tradicionais de representação política. O grande desafio consiste, assim, em consolidar os conselhos não só como um espaço político aberto, de comunicação mais direta com os grupos e entidades que já se encontram representados, mas como canais de ativação da presença daqueles em nome dos quais o discurso da assistência social busca seu reconhecimento. A importância da criação de sistemas de articulação, comunicação e informação horizontalizadas junto aos conselhos, fóruns e forças sociais nos estados e municípios adquire hoje importância estratégica de publicização das práticas no âmbito da política de assistência social.

Ao CNAS cabe, desta forma, a importante tarefa de consolidar uma *direção social estratégica para a política de assistência social* capaz de contrapor-se ao que Evaldo Vieira (1997) denominou de *política social sem direitos sociais*, que caracteriza a atual etapa de desenvolvimento das formas de proteção social no Brasil. Segundo suas palavras,

> em nenhum momento histórico da República brasileira [...], os direitos sociais sofrem tão *clara e sinceramente* ataques da classe dirigente do Estado e dos donos da vida em geral, como depois de 1995 (Vieira, 1997, p. 68; grifos do autor).

A ação afirmativa de direitos da política social brasileira caminha, desta forma, na contracorrente do projeto político de expansão da cidadania às classes não proprietárias e não burguesas da sociedade. Por essa razão, é imperioso que o CNAS se enraíze nas práticas sociais dos segmentos organizados da sociedade civil e participe da criação de mecanismos que possam induzir novas modalidades de ação coletiva ativadoras da participação dos grupos populares, não como meros "usuários" ou "beneficiários" dos serviços assistenciais, mas como sujeitos portadores de direitos legítimos que encontram no espaço público um lugar de reconhecimento, pertencimento e expressão de demandas sociais. É preciso, assim, reforçar a sintonia do CNAS, não apenas com os grupos que lhe dão suporte, mas principalmente com os setores sociais excluídos, que devem ser mais amplos do que os atualmente alcançados pela política de assistência social.

Nos termos de Francisco de Oliveira,

> a conjugação de procedimentos publicizados, que na luta contra um Estado autoritário os movimentos sociais transpuseram para o plano da ética, é a Revolução dos Zés. Ela é a garantia de que a democratização não se esgote num invólucro formal, mas que desça e irrigue os processos do cotidiano, as relações ao rés do chão (1994b).

Para que se possa consolidar a esfera pública democrática no campo da política de assistência social, é imperioso que os *Zés* estejam representados. Esta é a verdadeira revolução do *público* a incidir nas modalidades de efetivação das estratégias de enfrentamento das desigualdades sociais no país.

É a devolução da palavra e da ação a quem a história sonegou o direito de constituir-se como sujeitos na sociedade brasileira.

CORTEZ
EDITORA

—— **POSFÁCIO À 7ª EDIÇÃO** ——

Desafios do controle social — notas sobre o papel dos conselhos na atualidade

Este livro foi originalmente publicado em 1998, portanto há quase duas décadas. Escrito a partir da tese de doutorado que defendi no Programa de Estudos Pós-Graduados em Serviço Social da PUC-SP em 1997, as reflexões que o animaram emergiram da complexa conjuntura política dos anos de 1980, em meio à crise social daquela década e aos movimentos sociais que lutaram contra a ditadura e a autocracia burguesa, impulsionando os esforços democratizadores da sociedade e do Estado brasileiro, cujo marco pode ser localizado nos processos sociopolíticos que deram corpo à CF-1988.

Portanto uma observação preliminar a ser anotada é que um livro sempre se inscreve num contexto histórico determinado e sua (re)leitura, decorrido um largo lapso temporal, impõe ao autor algumas breves considerações, uma vez que não se trata aqui de realizar quaisquer revisões ou reelaborações[1] que certamente seriam necessárias a partir das transformações societárias e dos debates que ele ensejou.[2]

Naquele momento, buscamos estudar as transformações em curso que caracterizam os impasses para a consolidação de esferas públicas democráticas no Brasil, e procuramos explicitar suas vinculações com o processo de configuração das políticas de proteção social no contexto das transformações do Estado e da sociedade civil.

Embora a direção política daquele movimento fosse a reconstrução do Estado Democrático de Direito e o funcionamento dos institutos clássicos da democracia representativa — Parlamento, eleições, partidos políticos etc., uma perspectiva mais ampla de controle público da sociedade sobre o Estado foi inscrita na Constituição Federal de 1988 e incorporada posteriormente nas regulamentações infraconstitucionais, nos marcos legais e normativos das políticas públicas.

Uma inovação que decorreu desse vigoroso cenário *movimentista,* que não era homogêneo, foi justamente a possibilidade de renovação dos espaços e dos sujeitos da luta política, e de articulação de diversos grupos e organizações de esquerda que foram excluídos da política pela repressão, na luta pela democracia e em torno de um *novo modo de fazer política* que articulasse democracia representativa e democracia de base, na perspectiva de um projeto *democrático-popular.*

---

1. Realizei atualizações pontuais por ocasião da 2ª edição do livro, sem contudo alterar o texto original.

2. Notadamente o capítulo I mereceria algumas precisões analíticas, especialmente no que se refere à maior explicitação das conceituações de sociedade civil e esfera pública.

Animava-nos a perspectiva da criação de novos fóruns de participação de segmentos organizados da sociedade civil no âmbito das políticas sociais, impulsionados pelas lutas sociais das décadas de 1970/1980, que buscava redefinir os laços entre o espaço institucional e as práticas societárias, não como polaridades que se excluem, mas como processos conflituosos que se antagonizam e se complementam, na luta pela inscrição de conquistas sociais na institucionalidade democrática.

Como procuramos demonstrar em nosso estudo, a esfera pública é construção histórica tecida no interior das relações entre sociedade política e sociedade civil, lugar de visibilidade e explicitação de conflitos e dos antagonismos dos projetos políticos em disputa, onde se travam as lutas que visam transformar simultânea e contraditoriamente os âmbitos estatizados e privatizados da vida social. Assim, a questão do controle social sobre as decisões políticas que afetam a vida das maiorias é peça-chave no processo de constituição da esfera pública democrática.

Nos termos de Rancière (2007, p. 81):[3]

> Ampliar la esfera pública no significa, como lo pretende el llamado discurso liberal, demandar el avance creciente del Estado sobre la sociedad. Significa luchar contra un reparto de lo público y lo privado que le asegura a la oligarquia una dominación doble: en el Estado y en la sociedad.

Considero, portanto, que a ausência ou fragilidade da esfera pública no Brasil implica na regulação casuística do fundo público onde predominam os interesses do capital sobre o trabalho, na inexistência de controle social sobre as decisões políticas que impe-

---

3. RANCIÈRE, Jacques. *El odio a la democracia*. Buenos Aires: Amorrortu, 2007.

dem a constituição de alteridades que imponham clivagens por onde passam os antagonismos entre as classes sociais.

Os desafios envolvidos na construção da esfera pública no Brasil e, em especial, no campo das políticas sociais, sofrem o impacto da agenda neoliberal, da mundialização e financeirização do capital, da privatização do Estado e dos serviços públicos, do agravamento sem precedentes da crise social. A desregulamentação econômica e social atua como fator desagregador da esfera pública, enfraquecendo os parâmetros públicos e estreitando as possibilidades de radicalização democrática.

A hegemonia neoliberal desloca os espaços de representação coletiva e controle socializado sobre o Estado para a ação de grupos de pressão e de *lobbies*, pulverizando a força da organização coletiva das classes e grupos sociais subalternos, reduzindo-a à expressão de interesses corporativos invariavelmente desqualificados e despolitizados.

Tendência que vem acompanhada de uma sistemática anulação da política, da supressão dos conflitos que lhe são próprios, do desentendimento, que para Rancière[4] expressa o dissenso estabelecido no momento em que o povo, a plebe, "aqueles que não têm parcela" resolvem estabelecer a política do litígio, produzindo o escândalo de querer falar, de cobrar a sua parcela.

Nessas condições, instala-se o confronto entre formas de cooptação política e formas autônomas de representação, decorrendo daí que as tendências integradoras e cooptadoras minem, frequentemente, as possibilidades de fortalecimento dos espaços de controle social como os conselhos.

Para a pesquisa sobre os caminhos recentes da truncada construção da esfera pública no Brasil, que dá base ao livro, escolhi como

---

4. Rancière, Jacques. *O desentendimento:* política e filosofia. São Paulo: Editora 34, 1996.

unidade empírica de análise, o Conselho Nacional de Assistência Social (CNAS) que se instalou oficialmente em 4 de fevereiro de 1994, num contexto marcado por embates e conflitos que se expressaram no governo FHC, que chegou a ameaçar sua própria constituição, como analisamos detalhadamente no capítulo II desta obra.

Mesmo considerando as particularidades que envolvem os condicionantes da política de assistência social no âmbito da seguridade social brasileira, o exame do processo de criação do CNAS no contexto da luta mais ampla pela democratização do Estado e da gestão pública, trouxe à tona questões que desafiavam a forma assumida pelos vários conselhos das demais políticas sociais, e é nessa perspectiva que pretendo indicar algumas notas sobre o papel dos conselhos e do controle social na atualidade.

Naquele contexto apenas esboçava-se a tendência, hoje plenamente consolidada e expandida, de criação de conselhos em diferentes setores das políticas públicas, que puseram em funcionamento uma nova *arquitetura* da participação social nos espaços institucionais de deliberação e gestão de políticas e de defesa de direitos sociais.

Situa-se aí o debate sobre as relações entre democratização e representação dos interesses populares na esfera pública, em que *novos movimentos sociais* experimentavam novas formas de organização, expressão e luta social e política.

O assim denominado *projeto democrático-popular* é marcado, então, desde as suas origens, por uma *aposta política* (tomo a expressão de Feltran, 2006).[5] Esta aposta vai se expressar ao longo

---

5. Cf. FELTRAN, Gabriel de Santis. Deslocamentos – trajetórias individuais, relações entre sociedade civil e Estado no Brasil. In: DAGNINO, Evelina et al. (Orgs.). *A disputa pela construção democrática na América Latina*. São Paulo: Paz e Terra/Unicamp, 2006. Na mesma publicação, consultar também DAGNINO, E. Para uma outra leitura da disputa pela construção democrática na América Latina, op. cit.

dos anos 1980 e meados dos 1990, e se traduz na possibilidade de que demandas sociais e reivindicações dos movimentos sociais, no contexto da luta democrática de finais dos anos de 1970, pudessem penetrar o espaço estatal retirando do Estado o monopólio das decisões sobre a "coisa pública".

Em tal perspectiva, a discussão das políticas públicas assume relevância por seu caráter de mediação entre as demandas sociais e o modo como são incorporadas e processadas pelo aparato governamental. Vai ganhando força a ideia de que os espaços de construção e gestão das políticas sociais devem ser alargados para abrigar a presença ativa de novos sujeitos sociais. A perspectiva era não apenas participar da definição e do controle social das políticas públicas, mas também interferir nas decisões sobre prioridades, conteúdos e direção política que deveriam assumir.

Esse projeto *apostou* nas possibilidades de democratização conjunta do Estado e da sociedade civil, pela articulação entre as dimensões societária e institucional. Dada a tradição autoritária da sociedade e do Estado brasileiro, tratou-se de um projeto de grande envergadura, nem um pouco trivial, considerando a nossa cultura política patrimonialista, autoritária, patriarcal, familista e clientelista.

De qualquer forma, foi esse o contexto que possibilitou a experimentação de novo desenho institucional na gestão de políticas sociais, como a saúde, assistência social, criança e adolescente, bem como a implementação de nova *arquitetura* da participação, particularmente em âmbito municipal, por meio dos conselhos de políticas e de direitos, do orçamento participativo, de fóruns, audiências públicas, enfim, de um conjunto de mecanismos de controle social postos em execução.

Essas práticas participativas foram se institucionalizando ao longo dos anos 1990, entre as quais os conselhos que ganharam primazia, e tivemos inegavelmente grandes avanços, o que não significa deixar de reconhecer os limites e o caráter restrito que assumiram em grande parte dessas experiências.

O tripé "conselho, conferência, fundo" espalhou-se pela institucionalidade política brasileira e passou a constituir a "ossatura" participativa de um conjunto amplo e diversificado de políticas públicas.

A dinâmica política desencadeada e os números disponíveis atestam que se trata de um processo consolidado; os conselhos não são mais uma aposta, mas traduzem um conjunto de conquistas inegáveis na institucionalidade democrática, que movimentam um grande número de sujeitos e organizações nas três esferas de poder.

Dados apontam a existência de mais de 30.000 conselhos municipais, com mais de 90% dos municípios brasileiros com conselhos nas diferentes áreas (saúde, assistência social, criança e adolescente, idoso, mulher, pessoa com deficiência, cidades, igualdade racial, cultura, desenvolvimento agrário, entre muitos outros). Existem atualmente mais de 70 conselhos nacionais, e só na primeira década deste século foram realizadas 74 conferências nacionais que movimentaram cerca de 5 milhões de pessoas.

Apesar do significado político desse movimento que se espalhou por todo o país e disseminou intenso debate e farta produção teórica sobre essa inovação democrática, o acompanhamento das experiências concretas e os inúmeros estudos e pesquisas demonstram reiteradamente os limites e os imensos desafios que impedem o aprofundamento e a radicalização democrática que deveriam impulsionar.

Almeida e Tatagiba (2012, p. 71)[6] apontam o paradoxo dessa conjuntura:

---

6. ALMEIDA, Carla; TATAGIBA, Luciana. Os conselhos gestores sob o crivo da política: balanços e perspectivas. *Serviço Social & Sociedade*, São Paulo, n. 109, p. 68-92, 2012.

A vitalidade do modelo conselho/conferência/fundo e o seu peso no redesenho das políticas setoriais parece vir acompanhada de sua baixa capacidade para incidir nas correlações de força que conformam o jogo político em suas áreas específicas.

Sabemos que esse movimento de construção democrática no Brasil foi atropelado pela agenda neoliberal a partir dos anos 1990, de reestruturação produtiva e contrarreforma do Estado, observando-se nesse contexto a implosão da subjetividade pública com a exacerbação do individualismo, da cultura privatista, da aparente desnecessidade do público, nos termos de Francisco de Oliveira, o que complexifica ainda mais a construção da esfera pública democrática no Brasil.

Portanto, se hoje os conselhos são instâncias consolidadas no cenário institucional das políticas públicas, a ampla produção bibliográfica sobre o assunto já evidenciou os inúmeros limites relacionados aos desafios da luta por um projeto hegemônico no campo popular, as resistências dos governos em partilhar seu poder de decisão, o controle da agenda por parte dos executivos, a burocratização do seu funcionamento, a fragmentação que acompanha a setorização das políticas sociais, os desafios da representação de sujeitos coletivos, as dificuldades nas relações entre representantes e bases sociais, a frágil formação política dos conselheiros etc. Contudo, é preciso considerar outras questões que incidem no debate atual sobre os conselhos.

Vários autores (cf. Feltran, 2006) e sujeitos políticos vêm afirmando que o cenário sociopolítico contemporâneo traz um paradoxo que polariza o debate atual em torno de, pelo menos, duas grandes tendências, que trabalhando com os mesmos temas enfatizam óticas opostas.

De um lado, uma tendência que identifica a existência de uma profunda crise da política que impede que os grupos sociais subalternos se apresentem nos espaços públicos como sujeitos legítimos e sejam reconhecidos em suas demandas e direitos. Considera que a partir do desmanche neoliberal, esses espaços foram totalmente capturados pelo Estado do qual dependem para seu funcionamento, dominados pela burocratização, pelo pragmatismo, pela lógica gestionária, pela privatização, que impedem que os conflitos se manifestem e o dissenso se estabeleça, provocando a implosão dos fundamentos que viabilizaram essa alternativa democratizante. Por isso, muitos defendem o abandono desses espaços pelos movimentos sociais e forças combativas e o redirecionamento da luta política para espaços societários mais amplos e não institucionalizados.

Ao mesmo tempo, observamos outra tendência que, mesmo reconhecendo a crescente hegemonização desses espaços por forças conservadoras e os limites e desafios existentes, propõe o seu tensionamento para fazer avançar o movimento democratizador, considerando que os conselhos e outros espaços participativos expressam correlações de forças existentes na sociedade, não estando acima nem imunes aos conflitos de interesses, à cooptação, às disputas pela direção social das políticas públicas e dos projetos societários em disputa na luta social.

Trata-se de uma perspectiva que vem buscando problematizar as tensões que se colocam na relação Estado/sociedade civil, apostando na importância política estratégica da ocupação desses espaços pelos movimentos sociais e segmentos organizados, embora reconhecendo a correlação de forças desfavoráveis ao campo popular na conjuntura atual. Entende, contudo, que essa luta pela radicalização democrática no Brasil amplia a noção de política, tira do Estado o monopólio do seu exercício e pode instituir a esfera pública conflitiva de luta pela hegemonia, que não é resultado de um movimento linear e progressivo.

Bravo e Correia (2012, p. 135)[7] em artigo que analisa o controle social na política de saúde, afirmam que em 2005, os conselhos de saúde implantados em todos os municípios brasileiros abrangiam um contingente de cerca de 70 mil conselheiros, sendo 35 mil representantes dos usuários do SUS, tornando o conselho de saúde a mais abrangente rede de instâncias participativas do país. O mesmo poder-se-ia afirmar em relação aos conselhos de assistência social, de criança e adolescente, de idosos, de mulheres, de cidade, mesmo considerando as suas diferenças, especialmente no que se refere à representação dos usuários. Temos então a expressão de uma práxis social com capilaridade inédita no país.

Portanto, junto com as autoras é necessário indagar: O que fazer? Ignorar a existência desses espaços ou tensioná-los?

Não se tratando de posicionamentos excludentes, e não sendo nossa perspectiva tratar essas duas tendências de modo dicotômico, nem muito menos como blocos homogêneos, é oportuno destacar que ambas levantam questões relevantes que precisam ser problematizadas e submetidas ao debate político coletivo. Nesses termos, vou pontuar alguns desafios das práticas conselhistas na atualidade, sem pretender esgotar a complexidade de questões envolvidas.

1. *O primeiro desafio* é reconhecer os avanços conquistados por essa institucionalidade participativa, que hoje não pode ser desconsiderada por nenhum governo, inclusive pelas competências legais conquistadas (aprovação de planos, orçamentos, programas), mesmo considerando sua baixa incidência nas decisões sobre as políticas setoriais específicas.

São também espaços de debate e aprendizagem democrática para os representantes governamentais e da sociedade civil, que vêm exigindo maior qualificação tanto do Estado (transparência,

---

7. BRAVO, Maria Inês de Souza; CORREIA, Maria Valéria Costa. Desafios do controle social na atualidade. *Serviço Social & Sociedade*, São Paulo, n. 109, p. 126-150, 2012.

apresentação de propostas fundamentadas para submetê-las ao crivo do debate e deliberação coletiva, informações fidedignas do orçamento, alocação de recursos e execução financeira etc.); quanto da sociedade civil (capacitação para o debate público e confronto de projetos, superação de interesses particularistas e corporativistas, construção de alianças na defesa de políticas sociais universalistas e de direitos coletivos etc.).

Nesses termos, é preciso criar novas alianças no âmbito das representações da sociedade civil e da representação governamental, avançar no debate com as demais políticas públicas, inclusive para aumentar a representação dos trabalhadores e dos usuários nos conselhos.

Em algumas áreas específicas, permanece o grande desafio de fortalecimento da representação coletiva dos usuários, como apontávamos em nosso texto original, sendo necessário investir mais fortemente nas articulações com organizações populares e movimentos sociais, colaborar para estimular a representação autônoma dos usuários, considerando que estes permanecem sub-representados em muitos casos, a exemplo dos conselhos de assistência social.

Como temos analisados reiteradamente, os segmentos populares têm dificuldades ainda maiores de se engajar na rotina das reuniões, de arcar com os custos de deslocamentos, ausência no trabalho etc. Nesse sentido, é preciso criar condições políticas e materiais que garantam condições efetivas de participação da representação dos usuários nos conselhos.

O fortalecimento da representação dos usuários passa também pela necessidade de reconhecimento e legitimação das suas associações e formas de organização que frequentemente não conseguem cumprir com as exigências formais de inscrição em processos eleitorais, como diretoria formalmente constituída, estatutos registrados etc. No âmbito da política de assistência social, em muitos estados e municípios, esses requisitos continuam a ser exigidos, mesmo após resolução específica do CNAS que flexibiliza as exigências para a inscrição das associações de usuários.

2. *O segundo desafio* é o de desenvolver capacidades para reconhecer os projetos em disputa, que muitas vezes não se apresentam claramente, nem são logicamente estruturados. Isso exige a desmontagem crítica de um discurso aparentemente homogêneo e consensual, que mais esconde do que revela concepções e posições presentes.

E essa não tem sido tarefa fácil em função da expansão do assim denominado *associativismo civil*, constituído por um conjunto amplo e heterogêneo de entidades sociais, ONGs, organizações empresariais, associações comunitárias que disputam o acesso ao fundo público para execução de projetos, serviços e programas nas diferentes políticas sociais, na maior parte das vezes em uma perspectiva de substituição/minimização do Estado e não de cobrança/fortalecimento de suas responsabilidades públicas.

Isso implica romper com a polaridade Estado x sociedade, a necessidade de reconhecer interesses heterogêneos e contraditórios, tanto no interior do Estado quanto da sociedade, considerando que a sociedade civil não é o polo das virtualidades em contraposição a um suposto Estado "satanizado".

Nesse contexto, a presença de uma visão *comunitarista* de sociedade civil como sinônimo de "terceiro setor" atualiza o *mito da comunidade* harmônica voltada ao "bem-comum", disseminando um discurso aparentemente consensual de defesa da democracia, da cidadania e dos direitos sociais, que não considera a polissemia dessas noções, passando por cima dos interesses das classes, dos projetos políticos em disputa, das clivagens étnicas, raciais, geracionais, de gênero presentes na esfera política.

Como resultado, a sociedade civil, espaço do conflito social, perde o sentido da crítica (Dagnino, 2006), contribuindo para despolitizar a questão social, as relações entre as classes sociais e destas com o Estado. Esse processo de *transformismo* da sociedade civil desfaz a aposta transformadora dos movimentos sociais, ao mesmo tempo em que lança a questão social para o marco discursivo da pobreza, da solidariedade e da filantropia.

Trata-se de uma dinâmica sociopolítica que coloca sérias dificuldades para a intervenção política comprometida com os interesses das classes e grupos sociais subalternos, impondo-se a criação de estratégias para a construção de alianças táticas, mesmo que parciais e provisórias, dentro e fora dos conselhos. Nesse contexto, é preciso enfrentar o desafio do debate público diante dos novos interlocutores que se apresentam e disputam legitimação na esfera pública, especialmente as forças conservadoras que "descobriram" a potência desses espaços institucionais e buscam hegemonizá-los para a viabilização de seus interesses particularistas em todas as áreas. Isso exige dos sujeitos sociais investidos da representação nova capacitação teórica e técnica, mas sobretudo ético-política, para realizar o embate politizador desses espaços.

3. *O terceiro desafio* é considerar o conselho *um* dos espaços de exercício do controle social, não o único, nem o mais importante, como pontuamos nas conclusões do livro. No processo de implantação dos conselhos gerou-se uma enorme expectativa frente ao seu potencial transformador, obliterando-se os limites próprios da natureza institucional de suas atribuições. Em muitas áreas, como na assistência social, assistimos a desativação dos fóruns setoriais na medida em que os conselhos municipais e estaduais foram sendo criados, o que significou um equívoco estratégico, pois os conselhos precisam ser ativados a partir de fora de seus limites, complementados e articulados com outras formas de mobilização social e de organização política. Reiteramos assim que, embora os conselhos

sejam espaços de controle social, eles também têm de ser objeto de controle democrático da sociedade e das bases sociais que neles devem estar representadas.

Nesse sentido, é fundamental buscar a legitimidade dos conselhos para além das representações que o integram, ampliando a interlocução com bases sociais mais amplas, com movimentos sociais e coletivos populares, desprivatizando-os, "abrindo suas portas", tornando efetivamente públicas suas reuniões, facilitando o acesso às atas, criando canais de comunicação e de prestação de contas, divulgando publicamente suas deliberações e resoluções, considerando que vários estudos atestam o quanto os conselhos são desconhecidos para além das representações e das organizações que os integram.

Também é preciso acionar estratégias frente à multiplicidade de conselhos que reproduz a lógica de setorização das políticas sociais. A multiplicação acelerada de conselhos, a dinâmica própria de funcionamento de cada um e o envolvimento com pautas específicas contribuem, mesmo que involuntariamente, para manter a fragmentação e a segmentação das políticas sociais. É nesse contexto que se coloca a importância de mecanismos de articulação entre os conselhos, mais ainda quando se considera a natureza transversal de muitas políticas, como as voltadas para a criança, o adolescente e a juventude, mulher, idoso, pessoa com deficiência, igualdade racial, entre outras.

As estratégias participativas como o Fórum de Reforma Urbana e a Frente Nacional contra a Privatização da Saúde são dois bons exemplos de espaços mais amplos e menos institucionalizados a serem acionados e fortalecidos, que podem tensionar os conselhos e suas representações cobrando compromissos, fiscalizando orçamentos e programas, impulsionando avanços, denunciando arranjos espúrios, rompendo o imobilismo e a burocratização. Há inúmeras avaliações que demonstram avanços políticos relevantes quando se combinam ações nos espaços institucionalizados com outras modalidades de mobilização e luta política que acontecem fora dos limites dos conselhos, necessárias muitas vezes para fazer cumprir pactuações e decisões que não estão sendo implementadas.

4. *O quarto desafio* relaciona-se com a função deliberativa dos conselhos, em muitos casos definidas em norma específica. Apoiando-me em importante discussão de Almeida e Tatagiba (2012) sobre essa questão, cabe lembrar que o caráter deliberativo dos conselhos tem sido um dos principais pontos da luta pela democratização das políticas sociais e, ao mesmo tempo, a incapacidade de exercer a deliberação nas questões substantivas tem sido uma das principais frustrações nas expectativas políticas de que os conselhos possam, de fato, decidir sobre a justa distribuição dos recursos públicos, inverter prioridades e ampliar direitos dos grupos subalternos.

Contudo, a questão que precisa ser considerada é a própria noção construída sobre a função deliberativa dos conselhos, que não pode ser confundida com uma suposta *autonomia político-institucional,* como ponderam as autoras.

> Essa confusão nubla o reconhecimento da especificidade do tipo de luta política que pode ser travada via conselhos. Eles são estratégias de lutas por dentro do Estado, visando sua democratização, e não sobre ou paralelamente a essa instituição. Reconhecer esta especificidade é fundamental para superar as avaliações marcadas por frustrações decorrentes de expectativas que os conselhos não podem cumprir, o que gera imobilismo político (Almeida e Tatagiba, 2012, p. 82).

As autoras chamam atenção para a multiplicidade e diversidade de instituições que participam da rede estatal de produção das políticas públicas. Na política de assistência social, bem como em várias outras, além dos órgãos gestores federais, estaduais, do Distrito Federal e dos municípios, e dos seus órgãos de controle interno, que são instâncias do executivo, atuam também os tribunais de contas nas distintas esferas de poder, os órgãos do legislativo, os órgãos do judiciário como os MP, as defensorias públicas, que têm competências específicas e obrigações legais em relação à fiscalização e controle das políticas públicas no cumprimento de metas e na utilização dos recursos públicos, que muitas vezes se sobrepõem de modo conflitivo às prerrogativas dos conselhos e mesmo dos executivos.

Um exemplo emblemático são as *emendas parlamentares* na política de assistência social, situação em que os parlamentares podem transferir recursos diretamente para uma entidade social de sua base eleitoral, conflitando com as prioridades de redistribuição de recursos definidas nos Planos de Assistência Social e aprovadas pelos conselhos, o que constrange sua competência deliberativa.

Também outras instâncias que integram o sistema participativo podem disputar lugares de reconhecimento e legitimidade de certas competências dos conselhos. Um exemplo são as *Comissões Intergestores Tripartites e Bipartites* que funcionam nas políticas de saúde e de assistência social, decorrentes do pacto federativo. Vários estudos, e mesmo o acompanhamento direto desse processo, revelam que essas instâncias tornaram-se arenas privilegiadas pelos gestores e entidades socioassistenciais nos processos de tomada de decisão, esvaziando e secundarizando os conselhos como fóruns de deliberação legítimos sobre questões substantivas que incidem nessas políticas.

Portanto, é preciso reconhecer que a função deliberativa dos conselhos precisa ser pensada no âmbito da malha institucional que compõe o aparelho de Estado, que não confere aos conselhos soberania decisória sobre a política. Por isso é fundamental, na agenda política dos conselhos, identificar em cada uma das políticas específicas, as diferentes instâncias que têm competência legal para incidir sobre sua produção e definir estratégias para que possam constituir-se interlocutores reconhecidos na luta pela legitimidade política por dentro do Estado e de seus inúmeros órgãos de controle.

5. *O quinto desafio* é o de ampliar as esferas participativas para o âmbito dos espaços restritos e *ocultos* onde se definem os rumos da política macroeconômica em nosso país. Como analisamos em outro texto, historicamente o discurso participativo busca um elemento de legitimação de medidas macroestruturais que favorecem os interesses do capital, por meio do estímulo à participação popular, o que é atestado pelo discurso político das agências internacionais de revalorização do lugar da *sociedade civil* na gestão pública e na *governabilidade* democrática.

> Mesmo que não ultrapasse a mera aparência de participar em atividades e processos sem o poder de influenciar decisões, o chamado à população para tomar parte em algum momento da construção de uma política ou serviço público é mais necessário ao sistema capitalista quanto maior o estágio de desenvolvimento das forças produtivas, sempre com o intuito de reduzir custos de serviços públicos. (Ribeiro e Raichelis, 2012, p. 64)[8]

De forma provocativa, Maricato (2009, p. 291)[9] afirma que *nunca fomos tão participativos*, no entanto, a autora ressalta os resultados pífios dessa *febre* participativa.

---

8. RIBEIRO Natalina; RAICHELIS, Raquel. Revisitando as influências das agências internacionais na origem dos conselhos de políticas públicas. *Serviço Social & Sociedade,* São Paulo, n. 109, p. 45-67, 2012.

9. MARICATO, Ermínia. Informalidade urbana no Brasil: a lógica da cidade fraturada. In: WANDERLEY, Luiz E.; RAICHELIS, Raquel (Orgs.). *A cidade de São Paulo*: relações internacionais e gestão pública. São Paulo: Educ, 2009. p. 269-294).

Essa febre participativa não se restringe ao Brasil. Do Banco Mundial, passando pelas corporações multinacionais aos movimentos mais radicais, a palavra de ordem do mundo é o processo participativo. *A política, que ferve de participação, não arranha a economia*. A globalização reformulou a esfera da política, os partidos diminuíram de importância e a própria democracia burguesa entrou em crise (grifos meus).

A respeito dessa questão, recentemente acompanhamos a violenta reação ao Decreto n. 8.243, de 23 de maio de 2014, do governo Dilma Rousseff, que institui a Política Nacional de Participação Social e o Sistema Nacional de Participação Social.

Não é o caso aqui de tecer considerações sobre o projeto, mas apenas salientar a resposta incisiva que ele provocou por parte de certos parlamentares e os editoriais irados publicados pela imprensa conservadora, como o jornal *O Estado de S. Paulo*, que afirmou que a instituição de conselhos populares "abriria o risco de criação de um poder político paralelo no país". Dando amplo espaço a juristas conservadores que seguem sua linha editorial, um ministro do STF (Gilmar Mendes) chamou o decreto de "autoritário" e um ex-ministro (Carlos Velloso) classificou a iniciativa de "uma coisa bolivariana, com aparência de legalidade". As críticas do jornal chegaram a sugerir que o objetivo do governo seria "criar uma espécie de *sovietes* para acabar com o Parlamento".[10]

Tudo isso, mesmo considerando que o decreto não propôs a criação de nenhum novo conselho ou fórum colegiado, mas pretendeu conferir organicidade ao sistema participativo existente, nos termos definidos na CF-1988, o que envolve o debate sobre a

---

10. Frente à ameaça de derrubada do decreto federal, juristas, professores e pesquisadores de diferentes tendências políticas lançaram um manifesto público de apoio ao decreto que instituiu a Política Nacional de Participação Social.

ampliação de fóruns participativos para todas as esferas das políticas públicas, sejam elas econômicas ou sociais.

Manifestações como essas reafirmam a sociedade civil como o terreno da luta social e de disputa de projetos políticos, que expressam uma dada correlação de forças nas relações com o Estado e na direção que assumem as políticas públicas.

Diante dessa complexa conjuntura política atual, são muitas as questões que nos interpelam e precisariam ser aprofundadas no exame dos intrincados meandros dos processos de democratização e o papel dos conselhos, e não foi nossa pretensão esgotá-las neste *Posfácio* à 7ª edição do livro.

No entanto, estou convencida que estamos no momento oportuno de realizar um balanço crítico da experiência conselhista de controle democrático das políticas públicas, que já tem mais de duas décadas se tomamos como referência a política de saúde, que começou a implantar o sistema descentralizado e participativo no início dos anos de 1990.

Trata-se de problematizar o caminho percorrido para repensar e redefinir estratégias, considerando a importância do amplo movimento sociopolítico que comprometeu um conjunto significativo de sujeitos políticos, incluindo aí as organizações profissionais de assistentes sociais, pesquisadores e militantes da luta pela construção democrática brasileira, ampliando o debate para um conjunto de outras *apostas* políticas, por dentro da institucionalidade e nas ruas, dentro e fora dos espaços dos conselhos, sem desconsiderar a relevância que esses assumiram.

Após as jornadas de junho de 2013, e frente aos desconcertantes primeiros passos do segundo governo de Dilma Rousseff, que evidenciam os limites da disputa político-eleitoral e apontam para profundos retrocessos políticos, econômicos e sociais diante da coalização conservadora que o sustenta, estamos sendo interpelados a refundar a política como esfera da crítica, do dissenso, do debate público, da luta contra-hegemônica, da criação e universalização de direitos rumo a uma nova ordem societária.

Concluo estas breves notas com uma citação de Edmundo Dias (1999, p. 75-76), importante intelectual marxista, que sintetiza com brilhantismo a intencionalidade da minha reflexão:

> A legalidade burguesa, apesar do ocultamento do seu caráter classista, pode e deve, na sua contraditoriedade, ser um espaço de luta, no qual se constroem, ou podem ser construídas as identidades de classe, os projetos de hegemonia. A democracia, mesmo a mais limitada, interessa mais aos trabalhadores do que a ditadura mais esclarecida do capital.[11]

Raquel Raichelis
No verão (quente) de janeiro de 2015

---

11. Dias, Edmundo Fernandes. *A liberdade (im)possível na ordem do capital*: reestruturação produtiva e passivização. 2. ed. n. 29, set. 1999. Campinas: Gráfica do IFCH/Unicamp. (Textos Didáticos.)

REFERÊNCIAS

Obras e artigos de revistas

ABRAMIDES, Maria Beatriz; CABRAL, M. do Socorro R. *O novo sindicalismo e o Serviço Social*. São Paulo: Cortez, 1995.

ABRANCHES, Sérgio H. *Os despossuídos*: crescimento e pobreza no país do milagre. Rio de Janeiro: Zahar, 1985.

ABREU, Haroldo. A trajetória e o significado das políticas públicas: um desafio democrático. *Proposta*, Rio de Janeiro, Fase, n. 59, p. 3-5, dez. 1993.

ADORNO, Sérgio. A gestão filantrópica da pobreza urbana. *São Paulo em Perspectiva*, São Paulo, Fundação Seade, v. 4, n. 2, p. 9-17, abr./jun. de 1990.

ALTVATER, Elmar. A crise de 1929 e o debate marxista sobre a teoria da crise. In: HOBSBAWM, Eric J. (Org.). *História do marxismo*. Rio de Janeiro: Paz e Terra, 1987a. v. 8, p. 79-133.

_____. O capitalismo se organiza: o debate marxista desde a guerra mundial até a crise de 1929. In: HOBSBAWM, Eric J. (Org.). *História do marxismo*. Rio de Janeiro: Paz e Terra, 1987b. v. 8, p. 11-77.

ANTUNES, Ricardo. *Adeus ao trabalho?* Ensaio sobre as metamorfoses e a centralidade do mundo do trabalho. São Paulo: Cortez/Unicamp, 1995.

ARENDT, Hannah. *Origens do totalitarismo*. São Paulo: Companhia das Letras, 1990.

_____. *A condição humana*. 5. ed. Rio de Janeiro: Forense, 1991.

AURELIANO, Liana e DRAIBE, Sonia M. A especificidade do *Welfare State* brasileiro. *Projeto A Política Social em Tempo de Crise*: articulação institucional e descentralização. Brasília: MPAS/Cepal, 1989. v. 1, p. 85-177.

AVRITZER, Leonardo. Além da dicotomia Estado/mercado (Habermas, Cohen e Arato). *Novos Estudos Cebrap*, São Paulo, Cebrap, n. 36, p. 213-222, jul. 1993.

BEHRING, Elaine R. *Política social e capitalismo contemporâneo*: um balanço crítico-bibliográfico. Dissertação (Mestrado) — UFRJ, Rio de Janeiro, 1993. (Mimeo.)

BENEVIDES, Maria Victória. *A cidadania ativa*. Tese (Livre-docência) — Faculdade de Educação, Universidade de São Paulo, São Paulo, 1990. (Mimeo.)

_____. Cidadania e democracia. *Lua Nova*, São Paulo, Cedec, n. 33, p. 5-16, 1994a.

_____. Mínimos de cidadania. *Mínimos de Cidadania*: Ações afirmativas de enfrentamento da exclusão social, cadernos do Núcleo de Seguridade e Assistência Social, São Paulo, PUC, n. 4, p. 13-19, 1994b.

BOBBIO, Norberto. *O conceito de sociedade civil*. Rio de Janeiro: Graal, 1982.

_____. *O futuro da democracia*: uma defesa das regras do jogo. Rio de Janeiro: Paz e Terra, 1986.

_____. *Estado, governo e sociedade*: para uma teoria geral da política. Rio de Janeiro: Paz e Terra, 1987.

_____. *A era dos direitos*. Rio de Janeiro: Campus, 1992.

_____. *Direita e Esquerda*: razões e significados de uma distinção política. São Paulo: Unesp, 1995.

BONDUKI, Nabil. *Habitação e autogestão*: construindo territórios de utopia. Rio de Janeiro: Fase, 1992.

BORÓN, Atílio A. *Estado, capitalismo e democracia na América Latina*. Rio de Janeiro: Paz e Terra, 1994.

_____. A sociedade civil depois do dilúvio neoliberal. In: SADER, Emir; GENTILI, Pablo (Orgs.). *Pós-neoliberalismo*: as políticas sociais e o Estado democrático. Rio de Janeiro: Paz e Terra, 1995. p. 63-137.

BOSCHI, Renato R. (Org.). *Corporativismo e desigualdade: a construção do espaço público no Brasil*. Rio de Janeiro: Iuperj/Rio Fundo, 1991.

_____; DINIZ, Eli. Burocracia, clientela e relações de poder. *Dados*, Rio de Janeiro, n. 17, p. 97-116, 1978.

BRESSER PEREIRA, Luiz Carlos. A cultura entre o Estado e o mercado. *Folha de S.Paulo*, 1º set. 1996, p. 5-12, caderno Mais!

_____. *Crise econômica e reforma do Estado no Brasil*: para uma nova interpretação da América Latina. São Paulo: Editora 34, 1996b.

BRUNHOFF, Suzanne. *A hora do mercado*: crítica do liberalismo. São Paulo: Unesp, 1991.

CAMPOS, Marta S. A Assistência Social pública: uma experiência da Secretaria Municipal do Bem-Estar Social de São Paulo (1989-1992). *Serviço Social & Sociedade*, São Paulo, ano XV, n. 45, p. 77-107, ago. 1994.

CARDOSO, Ruth Corrêa L. A trajetória dos movimentos sociais. In: DAGNINO, Evelina (Org.). *Anos 90*: política e sociedade no Brasil. São Paulo: Brasiliense, 1994. p. 81-90.

CARVALHO, Antonio Ivo. *Conselhos de Saúde no Brasil*: participação cidadã e controle social. Rio de Janeiro, Fase/Ibam, 1995.

CARVALHO, Maria do Carmo. Assistência Social: uma política pública convocada e moldada para constituir-se em "governo paralelo da pobreza". *Serviço Social & Sociedade*, São Paulo, ano XV, n. 46, dez. de 1994, p. 86-103.

CASTEL, Robert. Les pièges de l'exclusion. In: Y a-t-il vraiment des exclus? L'exclusion en débat. *Lien Social et Politiques*, Paris, Riac, n. 34, p. 13-21, out. 1995.

CASTRO, Maria Helena G.; FARIA, Vilmar E. Política social e consolidação democrática no Brasil. In: MOURA, Alexandrina S. de (Org.). *O Estado e as políticas públicas na transição democrática*. São Paulo: Vértice/Revista dos Tribunais; Recife: Fundação Joaquim Nabuco, 1989. p. 194-218.

CERQUEIRA FILHO, Gisálio. *A questão social no Brasil*: crítica do discurso político. Rio de Janeiro: Civilização Brasileira, 1982.

CHAUI, Marilena. *Cultura e democracia*. São Paulo: Cortez, 1989.

_____. Raízes teológicas do populismo no Brasil: teocracia dos dominantes, messianismo dos dominados. In: DAGNINO, Evelina (Org.). *Anos 90*: política e sociedade no Brasil. São Paulo: Brasiliense, 1994a, p. 19-30.

_____. De alianças, atrasos e intelectuais. *Folha de S.Paulo*, p. 6-8, 1994b, caderno Mais!

CLARK, Simon. Crise do fordismo ou crise da social-democracia? *Lua Nova*, São Paulo, Cedec, n. 24, p. 117-150, 1991.

COMIN, Alvaro; NOVAES, Carlos Alberto M. Negociar é preciso. Entrevista de Luis Inácio Lula da Silva. *Novos Estudos Cebrap*, São Paulo, Cebrap, n. 36, p. 63-86, 1993.

CONIL, Eleonor M. et al. Políticas públicas e estratégias urbanas: o potencial político dos Conselhos de Saúde na construção de uma esfera pública democrática. *Serviço Social & Sociedade*, São Paulo, ano XVI, n. 49, p. 98-116, nov. 1995.

COSTA, Sérgio. Esfera pública, redescoberta da sociedade civil e movimentos sociais no Brasil. *Novos Estudos Cebrap*, São Paulo, Cebrap, n. 38, p. 38-52, mar. 1994.

COUTINHO, Carlos Nelson. *Gramsci*. Porto Alegre: L&PM, 1981.

_____. *Democracia e socialismo*. São Paulo: Cortez/Autores Associados, 1992. (Col. Polêmicas do Nosso Tempo.)

_____. *Marxismo e política*: a dualidade de poderes e outros ensaios. São Paulo: Cortez, 1994.

DAGNINO, Evelina (Org.). *Anos 90*: política e sociedade no Brasil. São Paulo: Brasiliense, 1994.

DAIN, Sulamis. O real e a política. In: SADER, Emir et al. *O Brasil do Real*. Rio de Janeiro: UERJ, 1996. p. 39-54.

DELGADO, Maria Berenice G. A organização política dos assistentes sociais. *Serviço Social & Sociedade*, São Paulo, n. 5, p. 39-43, 1981.

DINIZ, Eli (Org.). *O Brasil no rastro da crise*. São Paulo: Anpocs/Ipea/Hucitec, 1994.

DRAIBE, Sônia M. As políticas sociais e o neoliberalismo. Dossiê Liberalismo/Neoliberalismo. *Revista USP*, Coordenadoria de Comissão Social (CCS), n. 17, p. 86-101, mar./maio 1993.

DRAIBE, Sonia M.; HENRIQUE, Wilnês. *Welfare State*, crise e gestão da crise: um balanço da literatura internacional. *Revista Brasileira de Ciências Sociais*, São Paulo, Anpocs, n. 6, p. 53-78, fev. 1988.

ESPING-ANDERSEN, Gosta. As três economias políticas do *Welfare State*. *Lua Nova*, São Paulo, Cedec, n. 24, p. 85-116, 1991.

ESTEVÃO, Ana Ramos et al. O leite do Sarney. *Serviço Social & Sociedade*, São Paulo, ano XIV, n. 41, p. 62-82, abr. 1993.

EVANS, Peter. O Estado como problema e solução. *Lua Nova*, São Paulo, Cedec, ns. 28/29, p. 107-156, 1993.

EWALD, François. O Estado Providência (tradução de *L'Etat Providence*), Paris: Grasset, 1986.

FALEIROS, Vicente de Paula. *A política social do Estado capitalista*: as funções da previdência e da assistência sociais. São Paulo: Cortez, 1980.

_____. A questão da assistência social. *Serviço Social & Sociedade*, São Paulo, ano X, n. 30, p. 109-126, abr. 1989.

_____. *O trabalho da política*: saúde e segurança dos trabalhadores. São Paulo: Cortez, 1992.

_____. Qual é o social de Fernando Henrique Cardoso? *Serviço Social & Sociedade*, São Paulo, ano XVI, n. 47, p. 154-155, abr. 1995.

FALEIROS, Vicente de Paula. Serviço Social: questões presentes para o futuro. *Serviço Social & Sociedade*, São Paulo, ano XVII, n. 50, p. 9-39, abr. 1996.

FERNANDES, Florestan. *A revolução burguesa no Brasil*: ensaio de interpretação sociológica. Rio de Janeiro: Zahar, 1976a.

_____. *A sociologia numa era de revolução social*. 2. ed. ampl. Rio de Janeiro: Zahar, 1976b.

FERNANDES, Rubem C. *Privado, porém público*: o terceiro setor na América Latina. Rio de Janeiro: Relume-Dumará, 1994.

FERREIRA, Ivanete S. B. A relação Estado-mercado no processo de constituição da Assistência Social durante o governo Collor. *Serviço Social & Sociedade*, São Paulo, ano XIV, n. 43, p. 45-70, dez. 1993.

FIORI, José Luís. *Em busca do dissenso perdido*: ensaios críticos sobre a festejada crise do Estado. Rio de Janeiro: Insight Editorial, 1995.

FLEURY, Sônia. Assistência e previdência: uma política marginal. In: _____. *Os direitos (dos desassistidos) sociais*. São Paulo: Cortez, 1989. p. 31-108.

_____. *Estado sem cidadãos*: seguridade social na América Latina. Rio de Janeiro: Editora Fiocruz, 1994.

FORTES, Alexandre. Os Conselhos de Direitos da Criança e do Adolescente. A participação popular nos conselhos de gestão. *Cadernos Abong*, n. 15, São Paulo, Ildesfes/Abong, p. 21-33, jul. 1996.

FRANÇA, Bárbara H. *O barnabé*: consciência política do pequeno funcionário público. São Paulo: Cortez, 1993. (Col. Questões da Nossa Época, v. 17.)

GENRO, Tarso. *Utopia possível*. Porto Alegre: Artes e Ofícios, 1995a.

_____. O novo espaço público. *Folha de S.Paulo*, 9 jun. 1995b, p. 5-3, caderno Mais!

_____. Estado globalizado e esfera pública civil. *Folha de S.Paulo*, 18 jul. 1995c, p. 1-3.

GENRO, Tarso. A Esquerda e um novo Estado. *Folha de S.Paulo*, 7 jan. 1996a, p. 1-3.

_____. *Sobre a reforma do Estado como reforma social*. Depoimento no Congresso Nacional. Comissão Especial de Reforma do Estado. Brasília, 31/1/1996b. (Mimeo.)

GOHN, Maria da Glória. Comunidade: a volta do mito e seus significados. *Serviço Social & Sociedade*, São Paulo, ano XI, n. 32, p. 115-125, maio 1990a.

_____. Conselhos populares e participação popular. *Serviço Social & Sociedade*, São Paulo, ano XI, n. 34, dez. 1990b, p. 65-89.

_____. As relações sociedade civil e Estado nos anos 90: perspectivas sobre a participação. *Serviço Social & Sociedade*, São Paulo, ano XII, n. 36, p. 13-20, ago. 1991.

_____. Cidade, ONGs e ações coletivas. *São Paulo em Perspectiva*, São Paulo, Fundação Seade, v. 9, n. 2, p. 33-44, abr./jun. 1995.

GOMES, Ana Lígia. A nova regulamentação da filantropia e o marco legal do terceiro setor. *Serviço Social & Sociedade*, São Paulo, n. 61, p. 91-108, nov. 1999.

GORZ, André. Direito ao trabalho *versus* renda mínima. Paris, Futuribles (trad. Mariangela B. Wanderley, jul./1996). *Serviço Social & Sociedade*, São Paulo, ano XVII, n. 52, p. 76-85, dez. 1996.

GOTTSCHALK, Andréa; LOPES, Juarez B. Recessão, pobreza e família: a década pior do que perdida. *São Paulo em Perspectiva*, São Paulo, Fundação Seade, v. 4, n.1, p. 100-109, jan./mar. 1990.

GRAMSCI, Antonio. *Obras escolhidas*. São Paulo: Martins Fontes, 1978.

GUARESCHI, Pedrinho A. O Programa do Bom Menino ou de como preparar mão de obra barata para o capital. *Serviço Social & Sociedade*, São Paulo, ano IX, n. 27, p. 127-138, out. 1988.

GUARINO, Pablo. Los dilemas de las ONGs en América Latina. In: ENCONTRO LATINO-AMERICANO DE ASSOCIAÇÕES NACIONAIS DE ONGs, 1., *Construindo nossa agenda comum*, São Paulo, Abong, p. 123--164, 1996.

HABERMAS, Jurgen. *Historia y crítica de la opinión pública*: la transformación estructural de la vida pública. 2. ed. Barcelona: Gustavo Gili, 1981.

_____. A nova intransparência: a crise do Estado de Bem-Estar Social e o esgotamento das energias utópicas. *Novos Estudos Cebrap*, São Paulo, Cebrap, n. 18, p. 103-114, set. 1987.

HYPÓLITO, Sonia et al. Solidariedade *ma non troppo*. *Teoria e Debate*, São Paulo, ano 8, n. 29, p. 53-56, jun./ago. 1995.

HOBSBAWM, Eric. Adeus a tudo aquilo. In: BLACKBURN, Robin (Org.). *Depois da queda*: o fracasso do comunismo e o futuro do socialismo. Rio de Janeiro: Paz e Terra, 1993. p. 93-106.

_____ (Org.). *História do marxismo*. Rio de Janeiro: Paz e Terra, 1988. v. 8.

IAMAMOTO, Marilda V. A questão social no capitalismo monopolista e o significado da assistência. In: IAMAMOTO, Marilda V. *Renovação e conservadorismo no Serviço Social*: ensaios críticos. São Paulo: Cortez, 1992a.

_____. *Renovação e conservadorismo no Serviço Social*: ensaios críticos. São Paulo: Cortez, 1992b.

_____; CARVALHO, Raul de. *Relações sociais e Serviço Social no Brasil*. São Paulo: Cortez, 1982.

JACOBI, Pedro. Política social: os velhos problemas, mas sem o déficit. In: KOUTZLI, Flávio (Org.). *Nova República*: um balanço. Porto Alegre: L&PM, 1986. p. 255-269.

LAHUERTA, Milton. A recuperação da esfera pública. *São Paulo em Perspectiva*, São Paulo, Fundação Seade, v. 3, ns. 1/2, p. 46-50, jan./jun. 1989.

LANDIN, Leilah. *Para além do mercado e do Estado? Filantropia e cidadania no Brasil*. Rio de Janeiro, Iser, 1993.

LANDIN, Leilah; COTRIM, Lectícia L. *ONGs: um perfil. Cadastro das filiadas à Associação Brasileira de ONGs (Abong)*. São Paulo, Abong/Iser, 1996.

LARANGEIRA, Sonia (Org.). *Classes sociais e movimentos sociais na América Latina*. São Paulo: Hucitec, 1990.

LAURELL, Asa Cristina. Avançando em direção ao passado: a política social do neoliberalismo. In: _____ (Org.). *Estado e políticas sociais no neoliberalismo*. São Paulo: Cortez/Cedec, 1995. p. 151-178.

_____ (Org.). *Estado e políticas sociais no neoliberalismo*. São Paulo: Cortez/Cedec, 1995.

LOURENÇO, Marta Skinner de. A economia do Brasil real. In: SADER, Emir et al. *O Brasil do Real*. Rio de Janeiro: UERJ, 1996. p. 23-37.

MARINI, Ruy Mauro. *América Latina*: dependência e integração. São Paulo: Editora Brasil Urgente, 1992.

MARSHALL, T. H. *Cidadania, classe social e status*. Rio de Janeiro: Zahar, 1967.

MARTINS, Carlos Estevam. *O circuito do poder*. São Paulo: Entrelinhas, 1994.

MARTINS, José de Souza. *O poder do atraso*: ensaios de sociologia da história lenta. São Paulo: Hucitec, 1994.

MARX, Karl. *O capital*. Rio de Janeiro: Civilização Brasileira, 1968. Livro 1, v. 1.

_____. Prefácio para a crítica da economia política. In: _____ *Marx*. São Paulo: Abril Cultural, 1978. p. 109-138. (Col. Os Pensadores; trad. José Arthur Gianotti e Edgar Malagodi.)

MATTOSO, Jorge. *A desordem do trabalho*. São Paulo: Scritta, 1995.

MEDICI, André C. O desempenho financeiro das políticas sociais federais. *Cadernos Abong*, São Paulo, Sactes/Abong, n. 10, set. 1995.

MEDICI, André C.; MARQUES, Rosa M. O Fundo Social de Emergência e o financiamento da política social no biênio 1994-95. *Pesquisa e Debate*, Programa de Estudos Pós-Graduados em Economia da PUC-SP, São Paulo, EDUC, n. 7, p. 99-123, 1995.

MENEZES, Maria Thereza C. G. *Em busca da teoria*: políticas de assistência pública. São Paulo: Cortez, 1993.

MOORE, Barrington. *Los origenes de la dictatura y de la democracia*. Barcelona: Ediciones Península, 1973.

MOTA, Ana Elizabete. O pacto da assistência: articulações entre empresas e Estado. *Serviço Social & Sociedade*, São Paulo, ano X, n. 30, p. 127-136, abr. 1989.

_____. *Cultura de crise e seguridade social*: um estudo sobre as tendências da previdência e da assistência social brasileira nos anos 80 e 90. São Paulo: Cortez, 1995.

_____. Seguridade social. *Serviço Social & Sociedade*, São Paulo, ano XVII, n. 50, p. 191-195, abr. 1996.

MOURA, Alexandrina S. de (Org.). *O Estado e as políticas públicas na transição democrática*. São Paulo: Vértice/Revista dos Tribunais; Recife: Fundação Joaquim Nabuco, 1989.

NAVARRO, Vicente. Produção e Estado de Bem-Estar: o contexto político das reformas. *Lua Nova*, São Paulo, Cedec, ns. 28/29, p. 157-199, 1993.

NETTO, José Paulo. *Ditadura e serviço social*: uma análise do Serviço Social no Brasil pós-64. São Paulo: Cortez, 1991.

_____. *Capitalismo Monopolista e Serviço Social*. São Paulo: Cortez, 1992.

_____. *Crise do socialismo e ofensiva neoliberal*. São Paulo: Cortez, 1993. (Col. Questões da Nossa Época, v. 20.)

_____. Crise global contemporânea e barbárie. In: VV.AA. *Liberalismo e Socialismo*. São Paulo: Unesp, 1995. p. 183-200.

_____. Transformações societárias e Serviço Social: notas para uma análise prospectiva da profissão no Brasil. *Serviço Social & Sociedade*, São Paulo, ano XVII, n. 50, p. 87-132, abr. 1996.

NUNES, Edson. El gobierno de las ciudades de tamaño medio en Brasil: los casos de Marília y Piracicaba e Conclusión. In: RODRÍGUEZ, Alfredo; VELÁSQUEZ, Fábio (Orgs.). *Municipio y servicios públicos*: gobiernos locales en ciudades intermedias de America Latina. Santiago: Ediciones Sur, 1994. p. 73-100, 183-205.

O'DONNELL, Guilhermo. Anotações para uma teoria do Estado. *Revista de Cultura e Política*, São Paulo, Cedec/Paz e Terra, n. 3, p. 71-93, nov./ jan. 1981.

_____. *Autoritarismo e democratização*. São Paulo: Vértice, 1986.

_____. Situação: microcenas da privatização do público em São Paulo. *Novos Estudos Cebrap*, São Paulo, Cebrap, n. 22, p. 45-52, out. 1988.

_____. Sobre o Estado, a democratização e alguns problemas conceituais. *Novos Estudos Cebrap*, São Paulo, Cebrap, n. 36, p. 122-146, jul. 1993.

OFFE, Claus. *Capitalismo desorganizado*. São Paulo: Brasiliense, 1989a.

_____. Trabalho como categoria sociológica fundamental? In: OFFE, Claus. *Trabalho e sociedade*: problemas estruturais e perspectivas para o futuro da sociedade do trabalho (A Crise). Rio de Janeiro: Tempo Brasileiro, 1989b. v. 1, p. 13-42.

_____. Un diseño no productivista de las politicas sociales. In: LO VUOLO, Rubén (Org.). *Contra la exclusión*: la propuesta del ingreso ciudadano. Buenos Aires: Ciepp/Miño y Dávila editores, 1995. p. 83-108.

OLIVEIRA, Anna Cynthia (consultora). *Terceiro Setor*: uma agenda para reforma do Marco Legal. Terceiro Setor, Comunidade Solidária, 1997. (Série Marco Legal.)

OLIVEIRA, Francisco de. Expansão capitalista, política e Estado no Brasil: notas sobre o passado, o presente e o futuro. In: OLIVEIRA, Francisco de. *A economia da dependência imperfeita*. Rio de Janeiro: Graal, 1980. p. 114-134.

_____. Além da transição, aquém da imaginação. *Novos Estudos Cebrap*, São Paulo, Cebrap, n. 12, p. 2-15, jun. 1985.

_____. O surgimento do antivalor: capital, força de trabalho e fundo público. *Novos Estudos Cebrap*, São Paulo, Cebrap, n. 22, p. 8-28, out. 1988.

_____. Os protagonistas do drama: Estado e sociedade no Brasil. In: LARANGEIRA, Sonia (Org.). *Classes sociais e movimentos sociais na América Latina*. São Paulo: Hucitec, 1990. p. 43-66.

OLIVEIRA, Francisco de. A economia política da social-democracia. Dossiê Liberalismo/Neoliberalismo. *Revista USP*, Coordenadoria de Comunicação Social (CCS), n. 17, p. 136-143, mar./maio 1993a.

_____. Quanto melhor, melhor: o acordo das montadoras. *Novos Estudos Cebrap*, São Paulo, Cebrap, n. 36, p. 3-8, jul. 1993b.

_____. A revolução dos Zés. *São Paulo em Perspectiva*, São Paulo, Fundação Seade, v. 8, n. 3, p. 3-5, jul./set. 1994a.

_____. A prova dos nove: conflito de classes, publicização e nova contratualidade. In: DINIZ, Eli (Org.). *O Brasil no rastro da crise*. São Paulo: Anpocs/Ipea/Hucitec, 1994b. p. 9-15.

_____. A questão do Estado. *Cadernos ABONG*, São Paulo, n. 8, p. 7-8, jun.1995a.

OLIVEIRA, Francisco de. O governo FHC e as políticas sociais. *Jornal da ABONG*. São Paulo, n. 10, p. 3-5, maio 1995b.

_____. Quem tem medo da governabilidade? *Novos Estudos Cebrap*, São Paulo, Cebrap, n. 41, p. 61-77, mar. 1995c.

_____. Vulnerabilidade social e carência de direitos. *Cadernos ABONG*, São Paulo, n. 8, p. 9-19, jun. 1995d.

_____. Um governo de (contra)reformas. In: SADER, Emir et al. *O Brasil do Real*. Rio de Janeiro: UERJ, 1996. p. 93-111.

OLIVEIRA NETO, Waldemar. As ONGs e o fundo público. *Serviço Social & Sociedade*, São Paulo, ano XII, n. 37, p. 129-155, dez. 1991.

PAIVA, Denise. Combate à fome e à miséria. *Mínimos de Cidadania*: ações afirmativas de enfrentamento à exclusão social, cadernos do Núcleo de Seguridade Social, Programa de estudos pós-graduados em Serviço Social da PUC, São Paulo, n. 4. s/d.

PAZ, Rosângela Dias O. O CNAS em questão: entrevista com Marlova Jovchelovitch e Vandevaldo Nogueira. *Serviço Social & Sociedade*, São Paulo, ano XVII, n. 51, p. 75-91, ago. 1996.

PELIANO, Anna Maria. As relações pública e privada na prestação de serviços assistenciais. Entre o público e o privado. *Cadernos CBIA*, Rio de Janeiro, MAS/CBIA, n. 1, p. 11-20, nov. 1991.

PINHO, Alba de Carvalho. Assistência Social no contexto do Estado brasileiro. *Serviço Social & Sociedade*, São Paulo, ano XVI, n. 47, p. 63-78, abr. 1995.

POCHMANN, Marcio. Políticas de emprego e renda no Brasil: algumas considerações. In: BÓGUS, Lúcia; PAULINO, Ana Yara (Orgs.). *Políticas de emprego, políticas de população e direitos sociais*. São Paulo: EDUC, 1997. p. 27-46.

POLANYI, Karl. *A grande transformação*: as origens da nossa época. Rio de Janeiro: Campus, 1980.

PONTES, Lúcia; CACCIA Bava, Silvio. As ONGs e as políticas públicas na construção do Estado democrático. *Serviço Social & Sociedade*, São Paulo, ano XVII, n. 50, p. 133-142, abr. 1996.

POTYARA, A. P. Pereira. *A assistência social na perspectiva dos direitos*: crítica aos padrões dominantes de proteção aos pobres no Brasil. Brasília: Thesaurus, 1996.

POULANTZAS, Nicos. *O Estado, o poder e o socialismo*. Rio de Janeiro: Graal, 1980.

PRZEWORSKI, Adam. *Capitalismo e social-democracia*. São Paulo: Companhia das Letras, 1991.

_____; WALLERSTEIN, Michael. O capitalismo democrático na encruzilhada. *Novos Estudos Cebrap*, São Paulo, Cebrap, p. 29-44, out. 1988.

RAICHELIS, Raquel. *Legitimidade popular e poder público*. São Paulo: Cortez, 1988.

_____. Assistência social e esfera pública: os conselhos no exercício do controle social. *Serviço Social & Sociedade*, São Paulo, p. 77-96, mar. 1998.

_____; ROSA, Cleisa M. M. Considerações a respeito da prática do Serviço Social em movimentos sociais: fragmentos de uma experiência. *Serviço Social & Sociedade*, São Paulo, ano II, n. 8, p. 69-83, mar. 1982.

RAICHELIS, Raquel; ROSA, Cleisa M. M. O Serviço Social e os movimentos sociais: análise de uma prática. *Serviço Social & Sociedade*, São Paulo, p. 74-97, dez. 1985.

RANGEON, François. *L'idéologie de l'intérêt général*. Paris: Ed. Économica, 1986.

RESTREPO, Luis Alberto. A relação entre a sociedade civil e o Estado: elementos para uma fundamentação teórica do papel dos movimentos sociais na América Latina. *Tempo Social*, revista de Sociologia da USP, São Paulo, v. 2, n. 2, p. 61-100, 2. sem. 1990.

RIDENTI, Marcelo. *Classes sociais e representação*. São Paulo: Cortez, 1994. (Col. Questões da Nossa Época, v. 31.)

RODRÍGUEZ, Alfredo; VELÁSQUEZ, Fábio (Orgs.). *Municipio y servicios públicos*: gobiernos locales en ciudades intermedias de America Latina. Santiago: Ediciones Sur, 1994.

ROSANVALLON, Pierre. *A crise do Estado-Providência*. Lisboa: Ed. Inquérito, 1984.

SADER, Eder. *Quando novos personagens entraram em cena*: experiências e lutas dos trabalhadores da Grande São Paulo (1970-1980). Rio de Janeiro: Paz e Terra, 1988.

SADER, Emir. Direitos e cidadania na era da "globalização". In: BÓGUS, Lúcia; PAULINO, Ana Yara (Orgs.). *Políticas de emprego, políticas de população e direitos sociais*. São Paulo: EDUC, 1997. p. 241-246.

_____. Poder, Estado e hegemonia. In: SADER, Emir et al. *O Brasil do Real*. Rio de Janeiro: UERJ, 1996. p. 11-21.

SADER, Emir. et al. *O Brasil do Real*. Rio de Janeiro: UERJ, 1996.

_____; GENTILI, Pablo (Orgs.). *Pós-neoliberalismo*: as políticas sociais e o Estado democrático. Rio de Janeiro: Paz e Terra, 1995.

SANTOS, Wanderley G. *Cidadania e justiça*: a política social na ordem brasileira. Rio de Janeiro: Campus, 1987.

SCHONS, Selma M. *Assistência social entre a ordem e a des-ordem*. São Paulo: Cortez, 1999.

SCHWARTZMAN, Simon. *Bases do autoritarismo brasileiro*. Rio de Janeiro: Campus, 1988.

SILVA, Ademir Alves da. Política de Assistência Social: o *locus* institucional e a questão do financiamento. *Serviço Social & Sociedade*, São Paulo, ano XVI, n. 48, p. 69-83, ago. 1995.

SILVA, Ana Amélia da. Dimensões da interlocução pública: cidade, movimentos sociais e direitos. In: DINIZ, Eli (Org.). *O Brasil no rastro da crise*. São Paulo, Anpocs/Ipea/Hucitec, 1994a. p. 204-224.

_____. Esfera pública e sociedade civil: uma (re)invenção possível. *São Paulo em Perspectiva*, São Paulo, Fundação Seade, v. 8, n. 2, p. 61-67, abr./jun. 1994b.

SIMIONATTO, Ivete. *Gramsci*: sua teoria, incidência no Brasil, influência no Serviço Social. São Paulo/Florianópolis: Cortez/Edufsc, 1995.

SOUSA, Silvia Cristina A. de. *A qualificação da Assistência Social pública*: perspectivas a partir da Lei Orgânica da Assistência Social (Loas). Dissertação (Mestrado) — Pontifícia Universidade Católica, São Paulo, 1995. (Mimeo.)

SPOSATI, Aldaíza. *Vida urbana e gestão da pobreza*. São Paulo: Cortez, 1988.

_____. A assistência social e a trivialização dos padrões de reprodução social. In: _____ et al. *Os direitos (dos desassistidos) sociais*. São Paulo: Cortez, 1989, p. 5-30.

_____. *Políticas sociais*: seguridade social. In: SEMINÁRIO PÓS-NEOLIBERALISMO: AS POLÍTICAS SOCIAIS E O ESTADO DEMOCRÁTICO. Rio de Janeiro, UERJ, set. de 1994a. (Mimeo.)

_____. Sistema de Assistência Social: os espaços público e privado. In: SEMINÁRIO POLÍTICAS SOCIAIS NO BRASIL E NA ALEMANHA: SISTEMA PREVIDENCIÁRIO E MERCADO DE TRABALHO. Brasília, IPEA/Fundação Konrad Adenauer-Stiftung, nov. de 1994b. (Mimeo.)

SPOSATI, Aldaíza. Assistência *x* assistencialismo *x* assistência social. In: VV.AA. *Caderno CNAS/Abong*. Coletânea de textos básicos para a 1ª Conferência Nacional de Assistência Social. São Paulo, CNAS/Abong, p. 4-6, 1995a.

_____. Cidadania e comunidade solidária. *Serviço Social & Sociedade*, São Paulo, ano XVI, n. 48, p. 124-147, ago. 1995b.

_____. *A produção teórica do Serviço Social da PUC-SP na questão da assistência social*. Mesa-redonda promovida pela Faculdade de Serviço Social da PUC-SP. São Paulo, 15 maio 1996. (Mimeo.)

_____ et al. *Assistência na trajetória das políticas sociais brasileiras*: uma questão em análise. São Paulo: Cortez, 1985.

_____. *Os direitos (dos desassistidos) sociais*. São Paulo: Cortez, 1989.

_____ (Coord.). *A assistência social no Brasil — 1983-1990*: carta-tema. São Paulo: Cortez, 1989.

_____ (Coord.). Cidadania ou filantropia: um dilema para o CNAS. *Cadernos do Núcleo de Seguridade e Assistência Social da PUC-SP*, São Paulo, Relatório de pesquisa, n. 1, ago. 1994.

_____; FALCÃO, Maria do Carmo. *LBA*: identidade e efetividade das ações no enfrentamento da pobreza brasileira. São Paulo: EDUC, 1989.

_____. *A assistência social brasileira*: descentralização e municipalização. São Paulo: EDUC, 1990.

_____; LOBO, Elza. Controle social e políticas de saúde. *Cadernos de Saúde Pública*, Rio de Janeiro, n. 8, p. 366-378, out./dez. 1992.

TEIXEIRA, Elenaldo Celso. Movimentos sociais e conselhos. *Cadernos ABONG*, São Paulo, n. 15, p. 7-19, jul. 1996.

TELLES, Vera da Silva. Espaço público e espaço privado na constituição do social: notas sobre o pensamento de Hannah Arendt. *Tempo Social*, São Paulo, v. 2, n. 1, p. 23-48, 1º sem. 1990.

_____. *A cidadania inexistente*: incivilidade e pobreza — um estudo sobre o trabalho e a família na Grande São Paulo. Tese (Doutorado) — Departamento de Sociologia, Universidade de São Paulo, São Paulo, 1992. (Mimeo.)

_____. Sociedade civil, direitos e espaços públicos. *Pólis*, São Paulo, n. 14, p. 43-53, 1994a.

TELLES, Vera da Silva. Sociedade civil e a construção de espaços públicos. In: DAGNINO, Evelina (Org.). *Anos 90*: política e sociedade no Brasil. São Paulo: Brasiliense, 1994b. p. 91-102.

_____. Pobreza, movimentos sociais e cultura política: notas sobre as (difíceis) relações entre pobreza, direitos e democracia. In: DINIZ, Eli (Org.). *O Brasil no rastro da crise*. São Paulo: Anpocs/Ipea/Hucitec, 1994c. p. 225-243.

_____. Sociedade civil e os caminhos (incertos) da cidadania. *São Paulo em Perspectiva*, São Paulo, Fundação Seade, v. 8, n. 2, p. 7-14, abr./jun. 1994d.

_____. Pobreza e cidadania: duas categorias antinômicas. In: *Mínimos de Cidadania* — ações afirmativas de enfrentamento à exclusão social. Cadernos do Núcleo de Seguridade e Assistência Social da PUC-SP, Programa de estudos pós-graduados em Serviço Social. São Paulo, n. 4, p. 3-12, 1994e.

_____. Direitos sociais e direitos dos trabalhadores: por uma ética de cidadania e justiça. In: BOGUS, Lúcia; PAULINO, Ana Yara (Orgs.). *Políticas de emprego, políticas de população e direitos sociais*. São Paulo: EDUC, 1997. p. 213-224.

UTZIG, José Eduardo. Notas sobre o governo do PT em Porto Alegre. *Novos Estudos Cebrap*, São Paulo, Cebrap, n. 45, p. 209-224, jul. 1996.

VALLADARES, Licia; COELHO, Magda P. (Orgs.). *Governabilidade e pobreza no Brasil*. Rio de Janeiro: Civilização Brasileira, 1995.

VÁRIOS AUTORES. Entre o público e o privado. *Cadernos CBIA*, Rio de Janeiro, Ministério da Ação Social, n. 1, 1991.

_____. Mínimos de Cidadania: ações afirmativas de enfrentamento à exclusão social. *Cadernos do Núcleo de Seguridade e Assistência Social da PUC-SP*, São Paulo, n. 4, 1994.

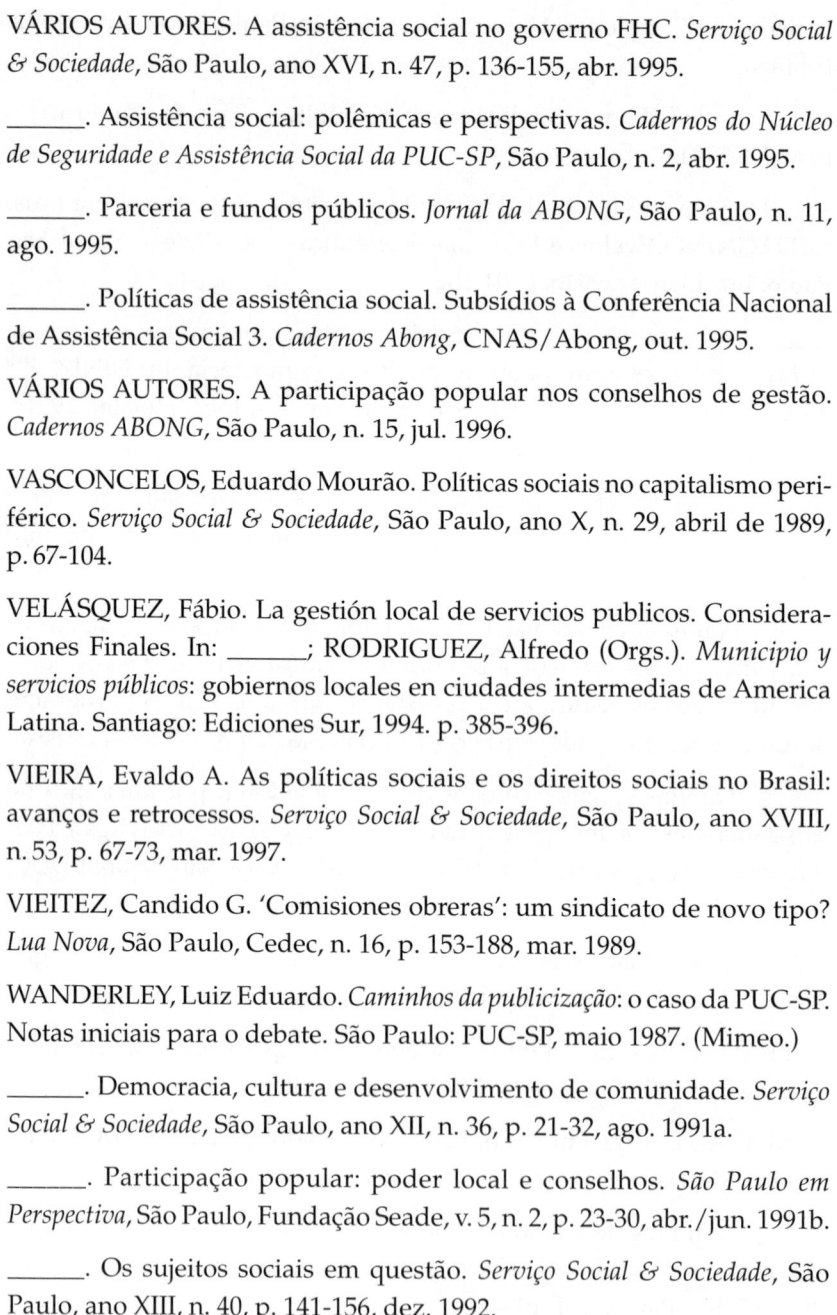

VÁRIOS AUTORES. A assistência social no governo FHC. *Serviço Social & Sociedade*, São Paulo, ano XVI, n. 47, p. 136-155, abr. 1995.

_____. Assistência social: polêmicas e perspectivas. *Cadernos do Núcleo de Seguridade e Assistência Social da PUC-SP*, São Paulo, n. 2, abr. 1995.

_____. Parceria e fundos públicos. *Jornal da ABONG*, São Paulo, n. 11, ago. 1995.

_____. Políticas de assistência social. Subsídios à Conferência Nacional de Assistência Social 3. *Cadernos Abong*, CNAS/Abong, out. 1995.

VÁRIOS AUTORES. A participação popular nos conselhos de gestão. *Cadernos ABONG*, São Paulo, n. 15, jul. 1996.

VASCONCELOS, Eduardo Mourão. Políticas sociais no capitalismo periférico. *Serviço Social & Sociedade*, São Paulo, ano X, n. 29, abril de 1989, p. 67-104.

VELÁSQUEZ, Fábio. La gestión local de servicios publicos. Consideraciones Finales. In: _____; RODRIGUEZ, Alfredo (Orgs.). *Municipio y servicios públicos*: gobiernos locales en ciudades intermedias de America Latina. Santiago: Ediciones Sur, 1994. p. 385-396.

VIEIRA, Evaldo A. As políticas sociais e os direitos sociais no Brasil: avanços e retrocessos. *Serviço Social & Sociedade*, São Paulo, ano XVIII, n. 53, p. 67-73, mar. 1997.

VIEITEZ, Candido G. 'Comisiones obreras': um sindicato de novo tipo? *Lua Nova*, São Paulo, Cedec, n. 16, p. 153-188, mar. 1989.

WANDERLEY, Luiz Eduardo. *Caminhos da publicização*: o caso da PUC-SP. Notas iniciais para o debate. São Paulo: PUC-SP, maio 1987. (Mimeo.)

_____. Democracia, cultura e desenvolvimento de comunidade. *Serviço Social & Sociedade*, São Paulo, ano XII, n. 36, p. 21-32, ago. 1991a.

_____. Participação popular: poder local e conselhos. *São Paulo em Perspectiva*, São Paulo, Fundação Seade, v. 5, n. 2, p. 23-30, abr./jun. 1991b.

_____. Os sujeitos sociais em questão. *Serviço Social & Sociedade*, São Paulo, ano XIII, n. 40, p. 141-156, dez. 1992.

WANDERLEY, Luiz Eduardo. A "nova" (des)ordem mundial: implicações para a universidade e a formação profissional. *Serviço Social & Sociedade*, São Paulo, ano XV, n. 44, p. 5-25, abr. 1994.

_____. A ordem pública no Brasil: a construção do público. *São Paulo em Perspectiva*, São Paulo, Fundação SEADE, v. 10, n. 4, out/dez. 1996.

WILHEIM, Ana Maria; FERRAREZI, Elizabete. Iniciativas empresariais e projetos sociais sem fins lucrativos. *Cadernos ABONG*, São Paulo, n. 12, nov. 1995.

YAZBEK, Maria Carmelita. *Classes subalternas e assistência social*. São Paulo: Cortez, 1993.

YAZBEK, Maria Carmelita. A assistência social no contexto da Medida Provisória n. 813. *Serviço Social & Sociedade*, São Paulo, ano XVI, n. 47, p. 151-153, abr. 1995a.

_____. A política social brasileira nos anos 90: a refilantropização da questão social. *Cadernos ABONG/CNAS*. São Paulo, p. 15-24, out. 1995b.

Documentos — Fontes de pesquisa

BRASIL. Presidência da República. *Brasil*: um projeto de reconstrução nacional. Brasília, 1991.

CNAS/MPAS. *Informes do CNAS*. Brasília, Comissão de Comunicação e Divulgação e Coordenação da Política de Assistência Social, n. 2, dez. 1996.

CONSELHEIROS DA COMUNIDADE SOLIDÁRIA. *A exigência de uma estratégia de desenvolvimento social para o Brasil*: o papel e o lugar da Comunidade Solidária. Excerto editado pelo Ibase. Rio de Janeiro, 8/5/1996.

CONSELHO FEDERAL DE SERVIÇO SOCIAL (CFESS). Serviço Social a caminho do século XXI. *Serviço Social & Sociedade*, São Paulo, Cortez, n. 50, p. 172-190, 1996.

CONSELHO NACIONAL DE ASSISTÊNCIA SOCIAL. *Documento de avaliação da proposta preliminar da Política Nacional de Assistência Social.* Brasília: CNAS/MPAS, Secretaria Executiva do CNAS, 31/10/1996.

CÚPULA MUNDIAL PARA O DESENVOLVIMENTO SOCIAL (Copenhague 1995). *Relatório Nacional Brasileiro.* Brasília: Ministério das Relações Exteriores, fev. 1995.

FIESP/CIESP/SESI/SENAI/IRS. *Área Social:* atuação dos empresários paulistas. São Paulo, 1996 (Resultado da pesquisa: O perfil social da indústria paulista).

FÓRUM DE ASSISTÊNCIA SOCIAL DA CIDADE DE SÃO PAULO. Assistência social entre o desmanche e reafirmação. *Serviço Social & Sociedade,* São Paulo, ano XVI, n. 47, p. 142-146, abr. 1995.

FÓRUM NACIONAL DE AÇÃO DA CIDADANIA. Carta de Vitória, Espírito Santo. *Serviço Social & Sociedade,* São Paulo, ano XVI, n. 48, p. 146-147, 1995.

I CONFERÊNCIA NACIONAL DE ASSISTÊNCIA SOCIAL, 20 a 23 de novembro, Brasília. *Anais...,* Brasília, UnB/Cespe, 1995.

I CONFERÊNCIA NACIONAL DE ASSISTÊNCIA SOCIAL. *Cadernos CNAS-Abong,* São Paulo/Brasília, 1995.

I CONFERÊNCIA NACIONAL DE ASSISTÊNCIA SOCIAL. *Cadernos de Textos,* Brasília, MPAS, 1995.

I CONFERÊNCIA NACIONAL DE ASSISTÊNCIA SOCIAL. *Cadernos de Textos,* Brasília, MPAS, n. 2, 1995.

I CONFERÊNCIA NACIONAL DE ASSISTÊNCIA SOCIAL. *Relatório Final.* Brasília: MPAS/SAS, 1995.

I SEMINÁRIO NACIONAL DA ASSELBA. As políticas sociais na Nova República: transformação da assistência social no país. *Serviço Social & Sociedade,* São Paulo, ano VII, n. 22, p. 147-152, dez. 1986.

MPAS/INSS/SAS. *Relatório do I Encontro do Benefício da Loas.* Brasília: MPAS/INSS/SAS, 1996.

MPAS/SAS. *Política Nacional de Assistência Social* (versão preliminar). Brasília: MPAS/SAS, julho, 1996.

MPAS/CNAS. *Discutindo a Proposta Preliminar da Política Nacional de Assistência Social*. Brasília: MPAS/CNAS, set. 1997.

PARCERIA E TRANSPARÊNCIA: pauta de compromissos para uma nova regulação das relações entre o Estado e as entidades sem fins lucrativos no Brasil direcionada à consolidação da democracia e à redução efetiva das desigualdades sociais. Documento assinado por um conjunto de organizações da sociedade civil. Dezembro, 1994. (Mimeo.)

PLANO DIRETOR DA REFORMA DO APARELHO DE ESTADO. PRESIDÊNCIA DA REPÚBLICA. Câmara da Reforma do Estado. Brasília: Ministério da Administração Federal e Reforma do Estado, nov. 1995.

PROGRAMA DAS NAÇÕES UNIDAS PARA O DESENVOLVIMENTO (PNUD). *Relatório sobre o Desenvolvimento Humano no Brasil*. Rio de Janeiro/Brasília: IPEA. 1996.

SOBRE A AUTORA

Raquel Raichelis, assistente social, mestre e doutora em Serviço Social pela PUC-SP; pós-doutora pela Universidade Autônoma de Barcelona/UAB (2012/2013); bolsa produtividade do CNPq. Dedicada à docência e à pesquisa nas áreas de fundamentos do serviço social, trabalho, política social, política de assistência social, gestão pública, democratização e controle social. É professora do Programa de Estudos Pós-Graduados em Serviço Social da PUC-SP, no qual coordena o Núcleo de Estudos e Pesquisas sobre Trabalho e Profissão, e pesquisadora da Coordenadoria de Estudos e Desenvolvimento de Projetos Especiais da PUC-SP — CEDEPE (ex-IEE). Autora dos livros: *Legitimidade popular e poder público* (1988, 1. ed.); *Esfera pública e Conselhos de Assistência Social:* caminhos da construção democrática (2011, 6. ed.); coautora do livro *O Sistema Único de Assistência Social no Brasil:* uma realidade em movimento (2014, 4. ed.), todos pela Cortez Editora; coautora e co-organizadora do livro: *A cidade de São Paulo:* relações internacionais e gestão pública, Educ/PUC-SP (2009); co-organizadora do livro *Gestão Social:* uma questão em debate, Educ/IEE/PUC-SP (1999, 1. ed.). Autora de capítulos de livros e de artigos em revistas especializadas nas áreas de Serviço Social e Ciências Sociais.

O SISTEMA ÚNICO DE ASSISTÊNCIA SOCIAL NO BRASIL
uma realidade em movimento

Berenice Rojas Couto
Maria Carmelita Yazbek
Maria Ozanira da Silva e Silva
Raquel Raichelis (Orgs.)

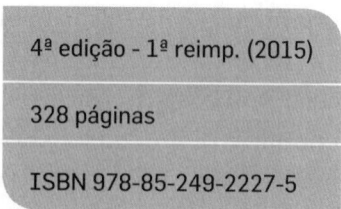

4ª edição - 1ª reimp. (2015)

328 páginas

ISBN 978-85-249-2227-5

Este livro nos oferece uma perspectiva ampla e multifacetada do processo de implantação do SUAS, enriquecida pela densidade de saberes fecundados em rigoroso trabalho intelectual.

CULTURA DA CRISE E SEGURIDADE SOCIAL
um estudo sobre as tendências da previdência e da assistência social nos anos 80 e 90

Ana Elizabete Mota

7ª edição (2015)

280 páginas

ISBN 978-85-249-2320-3

A autora produz um livro essencial para compreender os novos processos hegemônicos na era neoliberal do capitalismo brasileiro.

PROTEÇÃO SOCIAL DE CIDADANIA
Inclusão de idosos e pessoas com deficiência
no Brasil, França e Portugal

Aldaíza Sposati (Org.)

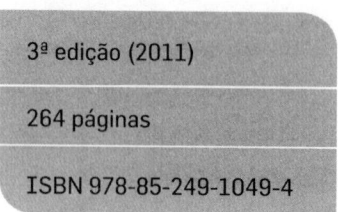

3ª edição (2011)

264 páginas

ISBN 978-85-249-1049-4

O livro reúne reflexões, no campo da proteção
e inclusão social, elaboradas por pesquisadores e
professores brasileiros, franceses e portugueses.
Trata do alcance da proteção social não contributiva
sobre a renda de cidadania para idosos e pessoas
com deficiência.